本书为湖北省社科基金一般项目
"陶弘景道书语法专题研究"（2014209）的最终成果

陶弘景道书语法研究

Taohongjing Daoshu
Yufa Yanjiu

袁媛——著

中国社会科学出版社

图书在版编目(CIP)数据

陶弘景道书语法研究/袁媛著.—北京：中国社会科学出版社，2019.6
ISBN 978-7-5203-3858-5

Ⅰ.①陶… Ⅱ.①袁… Ⅲ.①汉语—语法—研究—中国—南朝时代 Ⅳ.①H141

中国版本图书馆 CIP 数据核字(2019)第 000719 号

出 版 人	赵剑英
责任编辑	吴丽平
责任校对	李　莉
责任印制	李寡寡

出　　版	中国社会科学出版社
社　　址	北京鼓楼西大街甲 158 号
邮　　编	100720
网　　址	http://www.csspw.cn
发 行 部	010-84083685
门 市 部	010-84029450
经　　销	新华书店及其他书店

印　　刷	北京明恒达印务有限公司
装　　订	廊坊市广阳区广增装订厂
版　　次	2019 年 6 月第 1 版
印　　次	2019 年 6 月第 1 次印刷

开　　本	710×1000　1/16
印　　张	17
插　　页	2
字　　数	251 千字
定　　价	68.00 元

凡购买中国社会科学出版社图书，如有质量问题请与本社营销中心联系调换
电话：010-84083683
版权所有　侵权必究

序

袁媛的博士学位论文要出版了，嘱我写个序言，我为之高兴。袁媛一路求学，经历了种种不易，主要是在读书研究之外还要付出不少精力用于照顾家庭、抚育女儿。我在她读博之初颇为她担忧，怕她坚持不下来，不能取得预期成果，因而不能顺利毕业。令我惊异的是，她读博期间特别勤奋和努力，不仅如期完成了学业，且因发表了高质量的研究论文而获得武汉大学研究生学术创新奖，表现得十分优秀。

袁媛的博士论文以陶弘景著作语法为研究对象，比较好地完成了研究任务。她的研究成果主要体现在如下方面：

一是选题有价值。陶弘景是南朝著名的道教领袖，佛道兼修，著作丰赡，在南北朝道教改革中占有重要地位。以陶弘景著作语言为研究对象，具有多重价值，可以发掘其语言现象体现出的时代特色和地域差异，也可以据此总结道教文献语言的一些特点。袁媛选取了陶弘景著作中三本有代表性的道书《真诰》《登真隐诀》《周氏冥通记》，其中，陶弘景根据其弟子周子良"冥通"日记所撰述的《周氏冥通记》是研究南北朝时期汉语的典型语料，口语化程度较高，一直受到学界重视，不过有关该书词汇方面的研究较多，语法方面研究还不够充分。在研究内容上，袁媛选取了三本道书中比较有特色的语法现象如量词、疑问句、祈使句，通过深入的研究，认为三本道书语言的口语程度高于陶弘景其它传世文献，三本道书的语法特征大部分与同时期文献整体一致，个别语法现象如动量词的高频使用和系词"是"的连词化功能扩展为同时期文献所鲜见，体现了未来的发展趋势，这些结论进一步肯定了三本道书的重要语料价值。

二是比较准确地归纳了专书语法的时代特征和文体特征，为三本道书的相关语法现象进行定位。袁嫒采取了合适的研究方法，在描写中注重定量分析与定性分析相结合，同时注重对语法演变机制的阐释。袁嫒比较善于吸收学界先进的理论成果，不少地方思考颇深入。如在前人研究的基础上，从认知与逻辑角度考察"为"字判断句，总结标准的"为"字判断句语义结构和形式特征。又如对疑问句话语标记"不审"的语用功能以及"不审"式话语标记的历时演变进行了详尽分析，认为"不审""未审""不知""未知""未测""莫测"在共时表现和历时演化方面呈不均衡状态，语法化、主观化等级和语用标记度存在差异。还有，袁嫒多处讨论陶弘景道书语法现象的语体特征，文中量词部分谈到新兴的动量词在陶弘景书中大量使用，语法化程度亦高于其它文献，可能是受到"指南"语体的影响；陶弘景道书指南语体祈使句在句法形式方面既具有典型祈使句的共性特征，也表现出指南语体对该句类的特殊要求；文中还对指南语体篇章结构进行了界定，讨论了陶弘景道书126个操作篇章在篇章结构和篇章连贯方面的表现。在一些小的具体问题的讨论中，袁嫒也注重解释，如谓词性副词"同"、"特"、"最"得以进入无判断词判断句可能是"是"字句用法逆推的结果，此类例子甚多，体现出她的钻研精神。

当然，书中也有不少有待继续挖掘的地方，如研究内容虽然选取了有特色的三种语法现象，但其它一些重要的语法现象还有待继续研究；关于道教文献的语言特色在研究中有所关注，如讨论量词的使用与道教改革、道教文化的关系，但还不够充分，尚缺乏系统的关照，以及与早期道书语言的深入比较。

语法研究日新月异，在扎实的基本功之外，需要理论方法的不断更新。袁嫒的理论分析能力不错，工作以后由于岗位安排，有一段较长的时间从事地方文化研究，但她对语言研究领域一直非常执着，经过努力重归了汉语语言学教学研究岗位，她对我曾感慨归队的喜悦，也有科研压力下的忐忑。我对她有信心，经过这么多年的努力耕耘，袁媛家庭美满，女儿以优异成绩被北京大学录取，工作环境平稳，如今年富力强的她，正可以在所热爱的汉语研究领域继续奋力前行，不断取得成果。

萧 红
2018年10月于武汉南湖寓所

目 录

第一章 绪论 …………………………………………………… (1)
 第一节 道经语言本体研究综述（1980—2012）………… (1)
  一 语音 …………………………………………………… (1)
  二 词汇 …………………………………………………… (2)
  三 语法 …………………………………………………… (5)
 第二节 陶弘景三部道书的研究情况 ……………………… (7)
 第三节 选题意义、研究方法和语料使用原则 …………… (12)
  一 选题意义 ……………………………………………… (12)
  二 研究方法 ……………………………………………… (13)
  三 语料使用原则 ………………………………………… (14)

第二章 量词 …………………………………………………… (16)
 第一节 名量词研究 ………………………………………… (20)
  一 名量词概貌 …………………………………………… (20)
  二 名量词的语法化 ……………………………………… (38)
  三 名量词语法化个案研究 ……………………………… (42)
 第二节 动量词研究 ………………………………………… (51)
  一 动量词概貌 …………………………………………… (51)
  二 动量词的语法化 ……………………………………… (58)
 第三节 量词与道教文化 …………………………………… (62)
  一 从名量词看道教的科学实践 ………………………… (62)
  二 从动量词看道术的规范 ……………………………… (64)

第三章　判断句 … (68)

第一节　"是"字判断句研究 … (69)
一　"是"字判断句的形式分类 … (69)
二　系词"是"成熟标准再讨论 … (76)
三　"是"字句的成熟、发展和局限性 … (83)

第二节　"为"字判断句研究 … (90)
一　"为"字判断句研究中存在的不足 … (90)
二　"为"字判断句的认知与逻辑研究 … (93)
三　"为"字判断句的形式分类和语义关系 … (104)
四　南北朝"为"字判断句的发展 … (107)

第三节　主谓相续式判断句 … (112)
一　主谓相续式判断句的形式 … (112)
二　主谓相续式判断句的语义关系 … (114)

第四节　"非"字否定判断句 … (114)

第四章　疑问句 … (118)

第一节　疑问句概貌 … (118)
一　特指问句 … (119)
二　是非问句 … (123)
三　正反问句 … (125)
四　选择问句 … (129)
五　反问句 … (130)
六　设问句 … (138)

第二节　疑问句话语标记语法化研究 … (139)
一　"不审"的共时分析 … (141)
二　"不审"语用功能的实现机制 … (146)
三　"不审"式话语标记的历时演变 … (148)

第五章　祈使句 … (162)

第一节　祈使句研究的理论困境及思考 … (162)

一　祈使句的概念内涵 …………………………………… （162）
　　二　祈使句的外延界定 …………………………………… （163）
第二节　对话语体祈使句 ………………………………………… （167）
　　一　肯定祈使句 …………………………………………… （167）
　　二　否定祈使句 …………………………………………… （178）
第三节　指南语体祈使句 ………………………………………… （182）
　　一　指南语体祈使句的界定 ……………………………… （182）
　　二　指南语体祈使句概貌 ………………………………… （187）
　　三　指南语体祈使句特征 ………………………………… （190）

第六章　指南语体篇章研究 …………………………………… （204）
　第一节　指南语体的篇章结构 …………………………………… （204）
　　一　指南篇章的界定及特点 ……………………………… （204）
　　二　指南语体的篇章结构 ………………………………… （207）
　　三　指南篇章祈使句群的语义关系 ……………………… （211）
　　四　指南篇章的主题标记 ………………………………… （214）
　第二节　指南语体的篇章连贯 …………………………………… （218）
　　一　回指 …………………………………………………… （218）
　　二　主位和主位推进 ……………………………………… （225）
　第三节　小结 ……………………………………………………… （235）

结语 ………………………………………………………………… （237）

语料库参考书目 …………………………………………………… （245）

参考文献 …………………………………………………………… （247）

后记 ………………………………………………………………… （259）

第一章 绪论

第一节 道经语言本体研究综述（1980—2012）

道教文献植根于中国本土文化，运用原汁原味的汉语书写本教教义，与佛教"混合汉语"的性质相比，有独特的汉语史研究价值。自1900年以来的百年间，中国道教文献语言研究从前期以考据为主的文献语言研究发展到后期以语言本体研究为主，由强调经验研究到开始注重理论的系统性，已经步入渐进发展期。尤其是20世纪80年代以来，经过宗教学者和语言学者的共同努力，道经语言在本体研究方面收获了一定数量的成果，并有发展成一门独立学科之势。下面分别从语音、词汇和语法三个方面作出总结。

一 语音

《道藏》中有丰赡的音释类著述，为研究汉语语音的共时情状和历时演变提供了资料。冯利华注意并总结了道书音注的语料价值，她在《道书音注的语料价值》（《古籍整理研究学刊》2007年第9期）利用道书的音义材料并结合道教文化，从收字、注音等方面对《汉语大字典》的缺漏作出补正，并对唐代段成式《酉阳杂俎》作了校勘。她的研究表明，道教文献在辞书编纂和文献校勘方面具有特定的参考价值。

对道书音注材料的研究现有硕、博论文各1篇，分别是较早的汪业全《〈道藏〉音释研究》（硕士学位论文，广西师范大学，2001）和杨荫冲《〈道藏〉音义研究》（博士学位论文，武汉大学，2010）。

前者选取"一点",即选取陈景元《上清大洞真经玉诀音义》对道藏音释类著述进行考察,认为《音义》体例上多承陆、颜,音注多取《广韵》,其音注在注音史上有明显的过渡性。后者着眼"一面",即将《道藏》中的全部音义类著述视为一个整体,从文献学和语言学角度切入,结合历时考察与共时描写,全面考察《道藏》文献、版本、释音等问题,涉及音义之作43种453卷,释音14703条。该文对体式繁多、内容驳杂的《道藏》音义类著作爬梳剔抉,参互考寻,所得结论令人信服,是一部研究《道藏》音义的扛鼎之作。

单篇论文有丁治民《金末道士侯善渊诗词用韵与晋南方言》(《古汉语研究》2002年第3期),舒泉福、邓强、丁治民《〈南华真经直音〉声类研究》(《温州职业技术学院学报》2007年第1期),这两篇论文比较注意结合现代方言考察文献的韵部和声类。汪业全《〈上清大洞真经玉诀音义〉音注考》(《桂林师范高等专科学校学报》2004年第1期)和《史崇玄〈一切道经音义〉考》(《广西师范大学学报(哲学社会科学版)》2004年第2期),以及冯娟、杨超《陈景元道藏音注研究——有关声母系统的研究》(《西华师范大学学报(哲学社会科学版)》2005年第2期)通过参互比较来推求时音,归纳道书音注特点。

二 词汇

(一) 道教专书词汇研究

自1989年第一部专书词汇研究的著作出版面世以来,专书词汇的研究热点依次是儒典—佛典—道典。因为专书词汇研究需要较大的篇幅,这方面的成果集中表现为研究生学位论文,也有一些单篇论文。

博士学位论文有刘祖国《〈太平经〉词汇研究》(博士学位论文,华东师范大学,2009)。文章在考释《太平经》词汇时,尽可能地将零散的词语放到整个中古词汇史的背景中来研究,注重结合其他道经文献,重点突出本经特有的词汇、词义,考察较为全面细致。叶贵良《敦煌道经词汇研究》(博士学位论文,浙江大学,2004)以敦煌道经为语料,从共时和历时两种角度对道经语词的来源、系统、构成及其词义的演变进行分析研究。弄清敦煌道经的成书年代及流传情况、写本的抄写年代及其数量。通过道经文字和词语考释,得出了词汇研究的方法有训释和延伸解读两种方法,指出敦煌道经拥有大量的极具特色的语词,为丰富汉语词汇作出了很大的贡献。该论文篇首"敦煌道经的研究概况"是一篇详尽致密的关于敦煌道经研究现状的综述,分20世纪前半叶、20世纪后半叶的研究和新世纪三个时间段,论述了国内这方面的研究概况,并详尽搜罗了100多年来国外学者在敦煌道经研究方面作出的巨大贡献。文章用力精勤,是敦煌道经研究中的上乘之作。

硕士学位论文有李娜《〈抱朴子〉反义词研究》(硕士学位论文,山东师范大学,2003)、曹静《〈太平经〉的同义连文》(硕士学位论文,四川大学,2006)、刘祖国《〈太平经〉复音词研究与〈汉语大词典〉》(硕士学位论文,华东师范大学,2006)、王宝珠《〈玄怪录〉与〈续玄怪录〉复音词研究》(硕士学位论文,南京师范大学,2007)等。

单篇论文有方一新、柴红梅《〈神仙传〉的词汇特点与研究价值》(《古汉语研究》2010年第1期),该论文指出《神仙传》词汇的特点之一是含有丰富的道教语词。董玉芝关于《抱朴子》的复音词有一系列的论文(1994a,1994b,1995,1996,1998)。另有黄建宁(2001)、夏雨晴(2003)对《太平经》的构词法进行了探讨。

(二)道教断代词汇研究

冯利华博士论文《中古道书词语研究》(博士学位论文,浙江大学,2003)明确中古道书的成书年代以及研究意义之后,着重从词语、俗字和隐语三个方面来论述,在道书语料的基础上对某些研究视点提出了新的思考。她的《六朝道经词语研究发微——以古上清经为中心》(与李双兵合著,《唐都学刊》2006年第3期)就古上清经中一些字面普通而义别的词作出考释,并结合常用词研究提出:道教经典在汉语史研究中具有不可忽视的价值。周作明《东晋南朝道教上清派经典词汇新词新义研究》(硕士学位论文,四川大学,2004)、《东晋南朝道教上清派经典行为词新质研究》(博士学位论文,四川大学,2007)以上清经的词汇为研究对象,分述名物、动作和性质状态三个词群，由此管窥道经在语言学上的地位和作用。

（三）词汇研究征引道教语料

周作明《从概念场看文献中新旧词语的语用地位》（《西南民族大学学报（人文社科版）》2009年第9期），对中古上清经中典型概念场的新旧语词作了定量统计和定性分析。宋琳《晋代偏正式复音新词系统的特征和产生规律初探》（《东岳论丛》2011年第1期）个别语料来自《抱朴子》。王冰《北朝汉语复音词研究》（博士学位论文，吉林大学，2008）语料包含北朝道教文献7部。

汪维辉《六世纪汉语词汇的南北差异——以〈齐民要术〉与〈周氏冥通记〉为例》（《中国语文》2007年第2期）值得注意，该文把《齐民要术》和《周氏冥通记》分别作为北方、南方词汇的代表，运用比较法，尝试全面揭示南北朝时期南北方言的词汇差异。

（四）其他文献涉及的道教词汇研究。

道教被视为中国的民族宗教，它植根于中华民族的历史文化土壤，从创立至今1800多年来，对我国社会生活的各个领域产生巨大影响。它的宗教意识也以语言为载体，渗透到其他文献中，相关的专书研究论文注意到了这一点。郭颖《〈诸病源候论〉词语研究》（博士学位论文，浙江大学，2005）指出《诸病源候论》道教用词出现频率较高。周文《〈全相平话五种〉语词研究》（博士学位论文，浙江大学，2006）指出《全相平话五种》有一些新词新义源于道教思想，如"谶语""仙长""道童""作法"等。敏春芳《敦煌愿文词汇研究》（博士学位论文，兰州大学，2006）表明敦煌佛教愿文不仅大量借用道教方术的用语，而且还借用了道教的一般常用语词。李继刚《唐传奇词汇研究》（硕士学位论文，山东大学，2008）指出唐传奇出现了一些有关道家称谓、道术仪式的词语，还有一些佛道共用的词语。郭晓东《〈仙传拾遗〉复音词研究》（硕士学位论文，东北师范大学，2009）指出《仙传拾遗》记载了不少有特色的道教词汇。刘进《唐代传奇词汇研究》（博士学位论文，四川大学，2003）第三章有专节论述"佛道词汇"。

（五）词汇研究综述及其他

张婷、曾昭聪、曹小云《十年来道教典籍词汇研究综述》（《滁州学院学报》2005年第8期）回顾了1996—2005年的道教典籍词汇研究，指出道教典籍是汉语词汇史研究和辞书编纂的重要语料，呼吁道教典籍应当得到更多的关注。刘晓《〈太平经〉的词汇研究》（《社会科学家》2006年第1期）是一篇《太平经》的词汇研究述评。文章认为，对《太平经》语言的研究主要成就集中在文字校勘方面，在词汇、语法方面的成果不多。有关《太平经》词汇研究的成果主要分布在词语考释，熟语、提顿语等特殊词汇，同素异序，以及同义复词等四个方面。俞理明《东汉佛道文献词汇研究的构想》（《汉语史研究集刊（第八辑）》，巴蜀书社2005年版）从宏观上对词汇研究作出了思考，提出利用东汉佛道文献寻找词汇新质，对词汇的深入研究具有指导意义。

一些博士论文论及道教典籍词汇的研究现状，如叶贵良。另有马莲《〈扬雄集〉词汇研究》（博士学位论文，华东师范大学，2006）在第一章"二十世纪以来的两汉词汇研究"第一节"词汇研究材料不断开掘"中简要介绍了道藏典籍（主要是对《太平经》）的词汇研究。还有一些词汇研究综述也谈到道经词汇研究，限于篇幅，恕不一一罗列。

三 语法

在词汇研究蓬勃发展的基础上，语法研究亦随之兴起。我们注意到，在6篇做道教专书词类研究的硕士论文中，研究《太平经》的就有3篇：刘文正《〈太平经〉动词及相关基本句法研究》（硕士学位论文，湖南师范大学，2009）、饶贵平《〈太平经〉名词动词转用现象研究》（硕士学位论文，西南大学，2010）、方松《〈太平经〉连词研究》（硕士学位论文，西南大学，2010）。另外3篇是王磊《〈真诰〉连词研究》（硕士学位论文，四川大学，2004）、黄静《〈抱朴子〉助动词研究》（硕士学位论文，山东师范大学，2009）和胡晓娜《〈抱朴子内篇〉介词研究》（硕士学位论文，东北师范大学，2009）。

语法研究中全部或部分语料取自《太平经》的单篇论文有葛佳才《对疑问副词"亦"东汉消亡说的一点补充》（《中国语文》2006年第1期）、胡萍《〈太平经〉中的"被"字被动式》（《华侨大学学报》(哲学社会科学版)2009年第3期)、陈练军《论"志"的语素化》(《西华师范大学学报(哲学社会科学版)》2010年第2期)、李为政《连词"缘"的语法化及相关问题考察》(《新乡学院学报(社会科学版)》2010年第1期)。

李素英《中古汉语语气副词研究》(博士学位论文,山东大学,2010)选取语料之一为《太平经》。周建姣《东汉砖文虚词研究》(博士学位论文,华东师范大学,2006)将东汉砖文虚词与同时代的传世文献作为参照,参照对象中就选取了《太平经》。

另外,随着汉语史研究不断深化和精细化,语法学者开始了对同时期各种语料的综合比较和总结。萧红《六世纪汉语第一、第二人称代词的南北差异——以〈齐民要术〉与〈周氏冥通记〉为例》(《长江学术》2010年第4期)全面分析了北魏史书、佛经、诏令、诗歌、墓志等文献中的第一、第二人称代词,并与同时期的《齐民要术》和《周氏冥通记》作对比,探讨6世纪汉语第一人称、第二人称的南北差异。文章将汉语史和方言史结合起来,征引语料全面,统计数字翔实可靠,所得结论令人信服。

道教语言研究是处于学科交叉的边缘学科。王卡先生总结近现代的道教研究方法时曾提出新旧范式之别,旧范式指"文史学研究",新范式则随着考古新资料以及田野调查资料的发现,转为一种对"实践中的道教"的研究[①]。语言研究情况稍有不同。"旧范式"即"文献语言学",早期的研究目的"为文献"代替了"为语言"。"新范式"表现有二:一方面是对符箓咒语等活材料的考察;另一方面是新的语言学方法的介入,从中探寻汉语史发展的脉络。可以说,在旧范式中,语言是文史的附庸,治道经语言文字的学者多为宗教学者、文史专家、考古学家,真正的语言学家寥寥。后来受到佛典语言研究的推动,不少语言学者转而注意道教文献,宏观上将道教文献视为语言研究的语料,微观上不以一字一词得释为目的,自觉运用语言学规律观照道经的词汇和语法,实现了语言本体的回归,大大改变了道教语言研究面貌,走上了"实证"研究的新范式。随着信息技术的发展

---

① 参见王卡《道教研究》,载卓新平《中国宗教学30年:1978—2008》,中国社会科学出版社2008年版,第143—144页。

和电子语料库的建设，道教语言研究将朝着更加精细化、系统化的方向发展。

道教对整个中华文明的发展进步产生了广阔而深远的影响，它既有不逊色于儒佛二家的经典文献，又有不断出土的道教文物考古资料提供新的证据，还有手印、符箓等"超语言"材料，这些都为道教语言研究提供了丰富的研究内容和不竭的资源。我们相信，只要时彦同仁努力探索，互补短长，道教语言研究一定会取得长足进展。

第二节　陶弘景三部道书的研究情况

陶弘景（456—536），字通明，丹阳秣陵（今江苏南京）人。一生经历南朝宋、齐、梁三个朝代，是南朝时期道教上清派茅山宗的一代宗师，同时又是著名的医药学家、文学家。陶弘景现存著作约11种，涉医学、文学、宗教等多个领域。由于身份的多元，陶的生平和作品受到了较多的关注，相关研究取得了一定的成果。具体来说，目前以《真诰》为对象的研究论文约70篇。大致可分为宗教、文学、考据和语言文字四类。其中文学10余篇，张厚知、张振谦、赵益等学者先后研究了《真诰》的文体特点以及对后世文学的影响。宗教方面10余篇，其中刘永霞的博士论文《陶弘景研究》颇具分量。考据类文章20篇，关涉宗教仪式、地理、人物等诸方面。其中文献学方面的考据文章引人注目：陈国符先生在《道藏源流考》中多引《真诰·叙录》来考证上清经之出世及散出前后；赵益、王家葵、冯利华在21世纪初相继发表了关于《真诰》版本源流的成果，使得这一经典的形成脉络逐渐清晰。这些学者主要是结合《真诰·叙录》对《真诰》成书前后的经过详加考证。语言文字方面的单篇论文约20篇，其中10篇左右是关于《真诰》词语考释的内容；另外10余篇是在汉语史词汇、语法的研究中征引《真诰》的文本内容来观照某一个词汇、范畴或结构、句式的发展，而且此类文章呈现出日渐增多的趋势。冯利华、徐望驾《陶弘景〈真诰〉的语料价值》，认为《真诰》用词独特，叙述平实，并从语言研究的角度，对其中的词汇、语音、俗字以及校勘进行初步的探讨。最近有夏先忠、俞理明从用韵角度来考察《真诰》的成书年代并提出："《真诰》的成书年代主要在晋代，但少部分文献应为齐梁时期写定的。"① 从语音这一客观角度来论证使文章的结论较为可信。

关于《周氏冥通记》和《登真隐诀》的单篇论文仅 10 篇，多集中在文献考据、词语训释和语言研究三个方面。魏世民对《周氏冥通记》的成书年代作了考证，得出结论："本书当成于梁天监十五年（516）十一月到十二月间。"② 该书可称得上是研究南朝梁时期语言的著者可信、年代可靠的不可多得的上佳语料。词语训释文章多集中在对刘雄峰《〈周氏冥通记〉研究（译注篇）》的个别词语和句读进行商兑。在语言学领域，汪维辉关于《周代冥通记》词汇研究用力颇勤，已有《〈周氏冥通记〉词汇研究》《六世纪汉语词汇的南北差异——以〈齐民要术〉与〈周氏冥通记〉为例》等专题成果；萧红在语法方面著有《六世纪汉语第一、第二人称代词的南北差异——以〈齐民要术〉和〈周氏冥通记〉为例》。现有研究表明，《周氏冥通记》的口语化程度较高，且其中蕴含了一些富于南方地域色彩的词语。《周氏冥通记》的语言兼有汉语史、方言地理学等多方面的价值，值得深入挖掘。《登真隐诀》的实际作者和成书年代历来存在争议，但陶弘景是此书的整理者这一事实比较清楚。③

三本道书的版本考述均有学者做过探讨。冯利华（2006）撰文研究了《真诰》在历代的流传和刊刻情况，特别是对存世的古本尽量一睹真容，作了较为细致的描述。她指出："就笔者知见的版本而言，以《道藏》本、北大所藏俞安期二十八年刊本为优，在作整理时是较好的底本选择，至于他本，则可补两本之不足。"④ 随着学术研究和普及的需要，《真诰》在 20 世纪初开始走出"养在深闺人不识"的状态，不断面世出版。最初是 1936 年由商务印书馆《丛书集成初

---

① 夏先忠等：《〈真诰〉用韵年代研究》，《湖北民族学院学报（哲学社会科学版）》2012 年第 3 期。

② 魏世民：《南朝梁七部小说成书年代考》，《衡阳师范学院学报（社会科学版）》2003 年第 1 期。

③ 相关研究情况可参见夏先忠等《从陶弘景诗文用韵看〈登真隐诀〉作者及成书年代》，《古籍整理研究学刊》2012 年第 4 期。

④ 冯利华：《〈真诰〉版本考述》，《古籍整理研究学刊》2006 年第 4 期。

编》选入出版，全套三册，1949年后又获补印。1989年上海古籍出版社出版《道藏要籍选刊（四）》收《真诰》。2004年张继禹主编《中华道藏》（华夏出版社出版），《真诰》列第一部类"三洞真经"第二册"洞真上清经"，该本最早对《真诰》作了标点。2005年6月北京图书馆出版社出版"中华再造善本"系列，含据宋葛长庚写本出版的《华阳隐居真诰（一函一册）》。台湾新文丰出版公司于1977年影印出版《正统道藏》，《真诰》在35册太玄部。上述几种《真诰》在目前的市场上几不可见，近几年有学者有感于此，《真诰》的付梓因此再续新篇。其一是日本学者吉川忠夫、麦谷邦夫编著《真诰研究（译注篇）》，经国内学者朱越利翻译并更名为《真诰校注》，于2006年12月由中国社会科学出版社出版问世。该书日文本是日本京都大学人文科学研究所"六朝道教研究"课题共同研究班20多位学者集体劳动的成果，他们发扬滴水穿石的精神，积15年之功整理、笺注《真诰》，并翻译成现代日文，堪称精善之作。该书"以上海涵芬楼影印《正统道藏》（637—640册）为底本，校以日本宫内厅藏《正统道藏》本、俞安期本和学津讨原本，并参校《云笈七签》等其他道经，共同删补校改文字550余处，纠正错简两处。……此外，他们引经据典，做了比较详尽、准确的注释"①。其二是2011年9月中华书局《道教典籍选刊·真诰》出版，由赵益点校。赵本的点校"以恢复《真诰》原有分条为重点。在俞安期的基础上，根据《真诰》文本的内容及藏本尚存的种种痕迹，交互参酌，力求复其原貌"。该书也参照了《真诰校注》，意在"为学界提供一方便易读之标点本"②。依笔者之见，此二书可满足有不同阅读习惯的读者，朱译本是横排本，陶注与原文字体不变，仅用括号括出，分条较细，注释详密，但有些批注"注而不释"，仅引他例而未加解释，还有些援引失误的例子，不免有白璧微瑕之憾。赵本竖排，陶注为小号字体，校点上避免了一些朱译本显见的失误，是后出转精之作。笔者在准备语料时，以朱译本为底本，参校赵本，个别文句的点断加入了个人的

---

① 朱越利：《真诰校注·译者序言》，载《真诰校注》，中国社会科学出版社2006年版。

② （梁）陶弘景撰：《真诰》，赵益点校，中华书局2011年版，第32—33页。

见解。

《真诰》记载了许谧、许翙通过杨羲这个"灵媒"通灵登仙的事迹，形式上是一种汇编性的手稿，《真诰》书后《真诰叙录》系陶氏自撰，详细说明了成书之经过。"三君书有全卷者，唯道授（二许写），鄷都宫记（杨及掾书），并有首尾完具，事亦相类。"其余"或五纸三纸、一纸一片"，常有"岁月积久，或首尾零落，或鱼烂缺失"，"毁除碎败"，"不能悉相连补"之处，"今并挑拔，取其年月事类相贯"，即按时间顺序整理成书，成书殊为不易。《真诰叙录》同时交代，该书辗转流传多人之手，流传过程中曾遭篡改，书中内容有讹误漏缺之处，但整体来说尚为完整。在行文上，《真诰》一反北方正一教系"禁忌深重，仪轨谨严""呆板枯燥"的语言面貌，代之以"鲜活细微的形象与委婉剀切的训示"，它的重点"不在于铺叙，而是更注重对机缘、突变、因果的渲染，以及场景的描述"[①]。虽然《真诰》中有一部分篇幅以韵文的形式出现，记录了众仙真的诗、赋、咒、符，其辞多故作高深，古奥艰涩，但余下大部分文字语言较为通畅晓切，语料价值相对较高，而且也确实出现了一些中古汉语特有的语言现象。冯利华、徐望驾（2003）从词汇、语音、文字、校勘四个方面探讨了《真诰》的语料价值，遗憾的是未能从语法方面着眼。就我们初读《真诰》的体验来看，《真诰》中有述补式复音词如"充溢"，限定范围副词"止"，程度副词"过""粗""稍""最为""甚为""殊自""小小"等中古新兴词法现象；句法方面以"是"字判断句为例，系词"是"前多受副词修饰，且"是"字判断句在全部"是"字句用例中所占比重高达90%，说明《真诰》的语料价值也体现在语法上。

三本道书中，《周氏冥通记》的语料价值最高。作者周子良是陶弘景的内弟子，师徒朝夕相处，彼此熟悉。在周子良依神仙的指示结束了自己的生命后，生性谨严且追求"本真"的陶弘景亲自搜寻得到了周子良通灵的遗稿，细致整理并上呈梁武帝，有《进周氏冥通记启》和梁武帝的批答传世，《隋志》《唐志》均有著录，来历清楚，

---

① 赵益：《〈真诰〉与唐诗》，《中华文史论丛》2007年第2期。

较少疑伪，卷帙保存最为完整。汪维辉先生认为《周氏冥通记》的语言性质是"南朝通语+吴语"①，"具有六朝南方口语的特色，跟同是陶弘景撰写的《真诰》等书相比，反映当时日常口语的程度要高得多，是研究南北朝时期汉语的宝贵资料，值得作深入的发掘"②。《登真隐诀》原24卷，今不全。程乐松（2010）专门讨论了《登真隐诀》的版本和辑佚问题，尝试从各类藏内外文献资料中索隐钩稽，还原《登真隐诀》全本的内容和结构。《周代冥通记》《登真隐诀》与《真诰》同列《道藏》"三洞"之"洞真"分册，出版情况相类，各家出版的道藏均收此二书，《登真隐诀》附于《真诰》之后，《周氏冥通记》由于本身的传记性质，纳入道藏"道史仙传"部类之"神仙高道传记"分册。日本京都大学人文科学研究所"六朝道教研究"课题共同研究班成员还编著了《真诰研究（译注篇）》的姐妹篇《〈周氏冥通记〉研究（译注篇）》，该书以涵芬楼影印《正统道藏》本《冥通记》为底本，参校了日本宫内厅所藏《正统道藏》本、《学津讨原》本及《津逮秘书》本，与《真诰研究（译注篇）》体例相同。现经刘雄峰翻译，已出同名中文本（齐鲁书社2010年版），是目前《周氏冥通记》较适宜阅读的注译本，但其中白话文翻译讹误较多。笔者选取此本为底本，参校《正统道藏》。2011年8月中华书局《道教典籍选刊》系列出版《登真隐诀》王家葵先生辑校本，较为精善，笔者径取为语料来源。

对《真诰》《周氏冥通记》这类道经文献语言资源的挖掘和利用成为汉语史研究新的学术生长点，近年有人提出了"道经语言学"的概念③，本文的选题亦属这一学术领域的实践研究。我们选取陶弘景道教思想的三本代表著作——《真诰》《周氏冥通记》和《登真隐

---

① 汪维辉：《六世纪汉语词汇的南北差异——以〈齐民要术〉与〈周氏冥通记〉为例》，《中国语文》2007年第2期。
② 汪维辉：《汉语词汇史新探》，上海人民出版社2007年版，第99页。
③ 刘祖国《试论道经语言学》提出："道经语言学，是以中国道教经典的语言为研究对象，研究中国道教经典中的语言现象和规律。它是一门道教学和语言学相结合的交义学科，利用既有的文字学、音韵学、训诂学、词汇学、语法学等多方面的知识，去读懂道经，把里面的语言现象搞清楚，发现其中的特点，进而总结道经语言中的规律。"载《船山学刊》2010年第3期。

诀》作为封闭语料来研究蕴藏其中的语法特点。这三本著作语料价值较高,思想上圆融一体,互为阐发①,《周氏冥通记》《登真隐诀》二书是对《真诰》内容的补充和生发,三本道书是一主二次的关系。

第三节 选题意义、研究方法和语料使用原则

一 选题意义

陶弘景道书语法研究具有十分重要的现实意义和理论意义。

(1) 陶弘景道书是南北朝语言研究的重要文献资源,探讨若干语法专题在陶弘景三部道书中的使用情况,为构建完整意义上的"道经语言学"提供南北朝时期的资料。从某种意义上说,陶弘景道书能够反映南北朝文献语言的一些基本特点,把握住陶弘景道书语法的某些特点也就把握住南北朝道经文献的语言实际。

(2) 就整个汉语史的发展来看,陶弘景所处的刘宋时期处在汉语由上古向中古汉语演变的一个重要的完成时段。从目前的研究来看,南北朝断代汉语的研究远未达到全面、深入的程度,出于这方面研究的需要,同时也是研究中古汉语的需要,我们必须选择南北朝文献中一批著者确切、来源清晰、保存相对完整的文献先行展开研究,这对研究中古汉语的意义十分重大。

(3) 对陶弘景道书中的某些特色语法形式的来源及演变轨迹、演变机制进行探讨,可以丰富汉语语法史研究的细节。如"不审"式话题标记源流的探索、量词演变的个案研究及某些特殊构式的研究等。

(4) 借鉴现代汉语语法研究理论和方法,如话题标记、篇章语法等,辅之以穷尽统计的手段处理陶弘景道书的语言,力求将中古汉语的专书专题研究引向深入,希望在研究理念和分析框架上有所发明与

---

① 程乐松指出:"陶弘景的编注和诠释的成果——《真诰》《登真隐诀》及《周氏冥通记》及其中的注释文本——应该被视作一个整体……换言之,正是陶弘景的注释塑造了茅山真人之诰的神学体系,不仅是以同样的体例与方法进行诠释,也是在同一个神学思想体系中进行的叙事重构与意义诠释。"载程乐松《即神即心——真人之诰与陶弘景的信仰世界》,中国人民大学出版社2010年版,第16页。

创获。就汉语史研究来说，也是有益的理论与方法上的探索。

二 研究方法

本书主要通过穷尽性语料分析和数理计量的方法研究时代可信的文献语言材料，对若干语法专题进行探讨。研究方法注重以下五个方面。

（一）共时和历时结合

共时研究和历时研究的结合已成为目前汉语史研究的大趋向。汉语史学科从甫立之初至今，宏观上大致的历史分期已经取得学界共识，微观上专书研究和断代研究等也已走过了约100年的筚路蓝缕，掌握了大量的事实基础，并在理论上有所建树。目前的汉语史研究相对前一段时期来说，更注重考察语言的历时发展，运用动态的、发展的眼光来分析语法问题已经成为学者们的研究自觉，"演变""发展""语法化过程"等字眼在近几年公开发表的论文标题中频频见到，有的学者对一个问题的论述能够穷极整个汉语史，如张赪关于汉语语序的研究。但是，共时层面的专书研究和断代研究仍有存在的必要，一方面因为这方面的研究仍然不能称之为完备详尽，尚留有不少空白领域需要我们去发掘、分析和利用，特别是新的材料还在不断涌现。另一方面随着历时层面研究的深入，对共时层面的研究提出了更多更高的要求。

（二）语法和语义结合

语义研究和语法形式相结合，是近年来语法研究的一个总趋势。蒋绍愚指出，在语法研究中引入语义研究，追求的是二者的结合"或者是从语义入手，寻找不同语义的语法表现；或者从语法形式入手，寻找不同语法形式的语义根据。这样才能把语法研究推向深入"[1]。王云路、楚艳芳（2010）在总结过去30年的中古语法研究时指出："不论是词语结构还是句法结构都是形式与意义的统一体。对词语或句法结构进行分析，需要从形式与意义两个方面入手，已经成为学者们的共识。"[2] 注意这里的语义可以是词汇的概念意义，在语法研究

---

[1] 蒋绍愚：《近代汉语语法史研究综述》，商务印书馆2005年版，第13页。
[2] 王云路、楚艳芳：《中古汉语语法研究综述》，《古汉语研究》2010年第3期。

的框架内，应是一种抽象的语法语义，如语义范畴、语义指向、语义关系等。语法形式有语法标记、结构（又有构式、格式、框架几种名称，具体所指大同小异）、语序等几种。我们在确立研究专题的过程中，主要是从语法形式入手，在具体研究中将结合语义、功能等展开讨论。

（三）分析和综合结合

在对封闭的指定语料作详尽的描写之后，需要结合同期语料的研究现状对该历史时期的语法作综合全面的研究和描写。对目标语料的总体语言性质进行总结，如相对于同期语言现状，是相对保守、基本同步还是相对活跃？必要时还要解释形成这种性质的原因。

（四）定性和定量结合

汉语史初期研究多是定性研究，前辈学者凭借敏锐的语言感知力对大的历史分期中的语法现象作出大致的定性判断，这在当时是必要的。一些语法关节点已经解决了"有"或"无"的问题，现在我们要做的工作是回答"有"的比例是多少，通过数据使结论更为精细。在现有的条件下，定量统计可以通过计算机的辅助来实现，但仅仅罗列统计数据远远不够，还需要发挥人的主观能动性来下结论、定性质。定性与定量二者是辩证统一的关系，定性要以定量为基础，定量是定性的前提条件，二者缺一不可。

（五）比较的方法

比较的方法容易看出个性和特点，本文在撰写的过程中采用横向比较和纵向比较的方法。横向比较主要是与相同时期相关文献作对比。如与《齐民要术》等作比较来全面认识陶弘景道书中的语言事实。纵向比较是针对特定语言事实，和汉语史不同时期的语料进行对比，以探究该语言事实的来源、发展和演变轨迹，并尝试对演变机制、原因作出解释。

三 语料使用原则

（一）以封闭语料为主，以开放语料为辅

在封闭语料的范围内检视特定语法专题的分布和功能，并将结果与其他语料对比。对比语料即开放性质语料，因为对比的目的不同，选取的语料也不尽相同。同时语料主要有北魏贾思勰《齐民要术》。历时比较语料选用的原则是每个汉语史分期选取 2—4 篇代表语料，涉及先秦诸子文献、《史记》、《论衡》、《六度集经》、《贤愚经》、《神仙传》、《世说新语》、《敦煌变文集》、《朱子语类》、《祖堂集》、《五灯会元》及部分现代汉语语料。

（二）把握语料时代共性，亦不忽视语料个性

《真诰》《登真隐诀》是陶弘景收集整理茅山真人诰受的成果，其中原始经文距陶生活的时代大约已经过了 150 年，陶注属随文注释，涉及字音字义、人物、事迹、典故考释等。从思想体系来说，原始经文和陶注体现了陶弘景的修道思想，相辅相成，融为一体。《周氏冥通记》情况又有不同，周子良为主要作者，陶弘景为整理者。[①]这使得三书虽然都冠名陶弘景，但作为语料来看，三书的作者、语体并不同质，能够确定的是成书年代和陶弘景整理并批注的历史事实，文本语言经过陶弘景审校，为陶弘景所认可。本选题在论述宏观层面的语法问题时，把这三本书视为同质语料，忽略其异质属性。但必要时会分析其异质性，来说明某些语法现象的差异表现。

在写作之前，我们将《真诰》《周氏冥通记》《登真隐诀》三本书的电子版本与纸质善本逐字核校，然后利用 Excel 软件处理成电子表格以便检索、摘录之用。论文中所引语料凡出自此三本道书的，均于其后注明所引书名、卷名。凡需要总称这三本书的地方，一律并称为"陶书"。

[①] 也有学者认为《周氏冥通记》系陶弘景炮制之作，参见王家葵《陶弘景丛考》，齐鲁书社 2003 年版，第 33 页。

第二章 量词

南北朝时期是中古汉语的核心发展阶段，这一时期是量词发展成熟的重要时期，具体表现为名量词成员日渐增多、语法角色渐趋稳定；动量词从无到有，步入渐进发展期。对南北朝量词的断代研究始自20世纪60年代刘世儒先生，在1959—1965年发表系列论文，并在此基础上撰集成《魏晋南北朝量词研究》致力于勾勒科学系统的汉语量词发展史，首开量词断代研究先河，为南北朝量词的研究乃至于整个汉语史量词的研究奠下了坚实的基础，为此后的现代汉语、上古汉语、近代汉语量词研究提供了研究的样本。其学术影响力经久不衰，即便是今天看来，刘先生的研究仍然具有重要的目标导向作用、方法论意义和现实启示。[1]下文凡引刘著，均用"（《魏》：页码）"的形式随文注明出处，不再另外出注。刘著使得这一时期的量词研究肇始之初便有了一个制高点，后期研究是在汉语史研究纵深发展以后才渐次展开的。

从历时角度观察，量词经历了从无到有、从少到多的发展过程，对共时层面量词语法特征形成原因的追问也促使语法学家从历时层面寻找原因，因此历时研究一直是量词研究的重要方向。所有关于量词历时的研究又可分为宏观和微观两个视角。宏观层面的研究主要集中在量词的产生时间、产生原因和发展趋势，侧重于弄清量词这一词类范畴在汉语语法体系中的作用及其对汉语整体语法面貌的影响。据邢志群（2007），"研究的焦点在'数+量+名'是

---

[1] 如万曼璐《〈华阳国志〉的文献和语法研究》（博士学位论文，复旦大学，2011年）第五章"《华阳国志》的量词"就完全借用了刘世儒的量词分类体系。

如何从'名+数+量'演变而来的（太田辰夫1958；王力1958；李宇明2000；吴福祥等2006）。有些国外的学者从语用、认知语言学的角度说明某些量词的语义功能（Tai & Wang1990；Sun 1989；Tao 2006），也有一些学者从语言类型学的角度分析量词产生的原因和发展趋势（Schafer 1948；Erbaugh 1986；Ahrens 1994；Bisang 1999、2002）"[①]。法国学者贝罗贝《上古、中古汉语量词的历时发展》考察了从上古到中古文献出现的七种计量样式（结构），其中作为判断量词出现标志的样式五"N + Num + CL"和样式七"Num + CL + N"大约出现于汉末，而"在六朝时代（公元220—589），量词越来越多，但不是在所有文献中都同样普遍"。并指出，"中古早期时代（公元220年前后——笔者注），在带数词的NP里，量词仍然不是非用不可的。数据显示没有量词的样式一（Num + N——笔者注）仍然是在这个时期的主要形式。不过，我们还是可以将汉语量词普及化的时期确定在中古早期"[②]。贝氏的文章结合形式论证量词的产生，他的结论虽然有值得商榷的地方，但采用的方法对量词研究具有方法论的意义。

微观研究即个案研究，一般着手于探究单个量词或若干个语义相类的量词的源流演变，往往追溯到量词昌炽的南北朝时期。我们检索到这类论文30余篇，几乎涉及所有南北朝时期常见量词。名量词约占2/3，下面按字头罗列如下："头"——叶桂郴（2004）、王彤伟（2005）、叶桂郴 & 罗智丰（2009）；"个"——张谊生（2003）、王立群（2007）、赵忠江（2009）、陈云香（2009）、薛健（2009）；"把"——宗守云（2009）、李秋杨 & 陈晨（2010）；"幅"——宗守云（2007）、孟繁杰 & 李焱（2010）；"重/层"——牛太清（2001）、周苓（2010）；"两"——杜鹃（2005）、张院利（2011）；"品"——叶桂郴 & 罗智丰（2009）；"人"——宋成吉 & 张桂梅（2010）；"张"——孟繁杰 & 李

[①] 邢志群：《汉语量词的语义和结构演变及语法化》，载吴福祥、崔希亮主编《语法化与语法研究（四）》，商务印书馆2007年版，第445—468页。由邢文可知从语用、认知语言学角度和类型学角度来考察汉语量词是由国外语言学家率先开始的，但是国外的这部分研究成果较少为国内的综述性文章所提及。

[②] ［法］贝罗贝：《上古、中古汉语量词的历时发展》，载北京大学中文系《语言学论丛》编委会《语言学论丛（第21辑）》，商务印书馆1998年版，第113页。

如龙（2010）；"束"——宗守云（2008）；"个/枚"——张万起（1998）、李建成&张显成（2009）、叶桂郴&刘炎飞（2008）；"窠/棵/科"——李计伟（2009）；"根"——李计伟（2010）；"祀/年/岁/载"——李小平（2009），另外还有1篇"人"量词叶桂郴（2004）和1篇"树木"个体量词张鹏丽&陈明富（2012）。动量词约占1/3，分别按字头罗列如下："过"——金颖（2006）、于立昌（2011）；"次"——金桂桃（2007）；"过/次"——刘玉朝（2008）；"顿"——王毅力（2011）。此外"通""周/匝"在历史上先后衍生出名量词和动量词的用法，魏兆惠&华学诚（2008）和魏兆惠（2010）两篇文章梳理了它们各自的演化途径，并剖析了深层次的原因。这类关注个体量词成员历时演变途径的文章从微观层面探析演变轨迹、动因和机制，既突出个体发展特点，又归纳某种类化特征，为宏观层面上的量词演变提供事实证据。此外还有量词专书和专类的研究。

综上所述，目前南北朝量词研究有如下几个特点。

1. 南北朝量词发展阶段的历史定位、基本特点初具共识

虽然关于量词产生的时间还有争议，但是对于魏晋南北朝时期在量词发展史上的历史定位学界已经取得了一些共识，即魏晋南北朝时期是量词的发展时期、普及时期。本期量词的使用还不具有强制性，旧有的"名+量"结构仍然占据相当部分的比重，在语义上量词大多还具有实在的词汇意义。

2. 南北朝量词研究呈现出方法模式化、理论多元化的特点

量词研究在经历了早期的摸索阶段之后，形成了一套成熟的模式化的研究方法，特别是在专书描写中表现较为突出。即圈定成员，统计数量，总结适用结构和分析语义流变。在语义分析中多从认知角度出发，并结合语法化理论。

3. 南北朝量词研究向着精细化、个体化方向发展

在前辈学者的提倡下，专书研究、个案研究这类"点"的研究已经成为汉语史学者的学术自觉。经过10余年的不懈努力，形成了一定的研究规模，取得了一定数量的研究成果。检索最近5年以来的量词历时研究论文，多为个案研究，表明量词的研究正在向着精细化、个体化方向发展。

就目前的研究成果来看，大部分常见的、通用的量词源流已经研究得比较透彻，后期要做的工作可分两步走：一步是继续扩大研究范围，堵漏填空；另一步是比较同类量词的发展脉络，提取共性因素，寻找语言规律。模式化的研究有助于弄清量词的历时演化和共时分布，但长期如此，不利于量词研究的进一步深化。现阶段亟须突破研究定式，发掘量词研究新视角，笔者认为可从以下几个方面着手。

1. 选取新的视角

历时考察是研究中"纵"的角度，目前的研究从纵向角度基本弄清了量词产生、发展、繁荣的脉络，但横向比较似嫌不足。以后的研究似可从"横"的角度展开，如探讨语言现象在共时平面上的地域分布差异，挖掘南北朝时期南北方汉语的语言事实，已经有学者从词汇学角度作了尝试性的研究，从方法上为研究六朝时期南北地域差异提供了一些具有可操作性的样本。① 对量词领域进一步研究的启示是可以开展六朝时期南北两地文献在量词使用上的差异比较。

2. 吸收新的理论

目前量词研究主要运用语法化理论、认知语言学理论，在此基础上，还可借鉴语体语法理论，开展不同语体对量词的选择性研究。另外还可开展专人作品量词研究、精细层次上的断代研究。

刘世儒《魏晋南北朝量词研究》多次征引陶弘景作品中的书证，这些书证包括《真诰》《周氏冥通记》，还有《全梁文》中收入的陶氏作品。兹转引数例如下：

1）乃封其先真经一厨子。（真诰·翼真检）
2）一人把大卷书，一人持纸笔大砚。（周氏冥通记·卷一）
3）今故赍尔杯、盘一具。（全梁文·卷46陶弘景文）

这说明陶弘景作品所用语言贴合当时语言事实，蕴含量词词量丰富，能够反映同时代量词的面貌，有必要在《魏》的基础上作深入挖掘。本章拟运用计量统计方法展现三部道书中的量词全貌，剖析句法特征和语义特点，并探究陶弘景三部道书量词体系蕴含的宗教文化因素。

---

① 参见汪维辉《六世纪汉语词汇的南北差异——以〈齐民要术〉与〈周氏冥通记〉为例》，《中国语文》2007年第2期。

第一节 名量词研究

一 名量词概貌

"名量词,是量词类系中的第一大类。这类量词在南北朝特别得到发展,其词量的丰富,分工的细密,规范的明确,都不是这个时代以前任何一个时代可比拟的。汉语名量词发展到这一阶段,可以说基本上已经进入成熟时期了。"(《魏》:4)据我们统计,陶书名量词有43个,动量词有6个。按一般惯例名量词可分为个体量词、集体量词和称量词,时间量词未计入。个体量词24个,占名量词总数的55.8%;集体量词1个,占名量词总数的2.3%;称量词18个,占名量词总数的41.9%(表2.1)。

表2.1　　　　　　　　陶书名量词分类统计表

类别		成员	合计	百分比(%)
个体量词	辞章组	条₁、卷、篇、本、行、段	24	55.8
	泛用组	枚、片、具		
	次泛用组	间、纸、所、番、口、方、丸、头、株、枝、簿、层、封、函、条₂		
集体量词		束	1	2.3
称量词		匹、丈、仞、尺、寸、分、里、步、石、斤、两、铢、檐、斛、斗、升、顷、亩	18	41.9

(一)个体量词

考虑到量词在用法和功能上的不均衡性,我们把24个个体量词分为辞章组、泛用组和次泛用组。下面分组讨论。

1. 辞章组

这组词的量词性质有争议。马庆株(1990)视之为兼属"序量词"和"基量词"二类的特殊量词,郭先珍(2002)《现代汉语量词用法词典》收录为量词,李葆嘉(2007)则主张区别对待,"可以前加序数词的实体词是辞章名词,可以和基数词组合修饰中心语的,是辞章计量的单位词"①。我们将根据不同的研究目的采取不同的策略：为了达到细致描写的目的，前面借鉴马庆株的做法，全面展示这些词语的分布情况。后面在对此期量词历史发展定性时则采取李葆嘉的做法，以便在相对纯净的成员基础上得出符合语言实际的结论。陶书辞章组量词有条、卷、篇、本、段、行6个成员，共同构成辞章类单位层级，使用频率高，用法上表现出一些相同的趋势，下面分别叙述之。

"条（條）$_1$"共计出现282次，其中《真诰》194次，《周氏冥通记》（以下简称《冥通记》）69次，《登真隐诀》（以下简称《登真》）19次，多出现在注释性语句中，用来指称和计量表达一定意义的文字的集合，如：

4）右六条是手新写，应是保命君所告也。（真诰·卷十四）

5）右初起五月二十三日至二十八日，凡四条事，大书小八白纸。（冥通记·卷一）

6）凡自带以下，阴间诸患，凡十二条皆是也。（登真隐诀·卷下）

关于量词"条"的产生，针对王力和刘世儒提出的"小枝—条状物—分项的抽象事物"的单线发展观点，孟繁杰在详细考察了上古至近代汉语的51种历史文献之后提出，"'条'首先是由本义引申为'条令条款'，本义及其引申义均为名词，之后分别从本义和表'条令、条款'的引申义分两条线虚化为量词，由本义虚化而来的量词用以称量'条状物'，由引申义虚化而来的量词用以称量'分项的抽象事物'，二者只在实义上相联系，虚化为量词后没有直接关系"②。孟文的分析符合"条"字的历时演变事实，"条"字并非遵循"具象—抽象"的单线引申路径，因为"条理""条令"之类的抽象意义很早就产生了。《汉语大字典》"条"字义项6"条令、条款"首见于《战国策》，此义项下引申出的量词义首见书证出自《汉书》。义项2"泛称一般长条形物体"首见书证出自北周庾信《七夕赋》，相应量词义

---

① 李葆嘉：《语义语法学导论》，中华书局2007年版，第399页。
② 孟繁杰：《量词"条"的产生及其历史演变》，《宁夏大学学报（人文社会科学版）》2009年第1期。

举了南朝齐谢朓《咏兔丝诗》。这可佐证"条"的量词义演化轨迹并非单线条的引申关系，而是同源双轨式演化路径。孟文指出前人对量词"条"在产生及演变方面的认识不足，但对其演变的原因未给出令人信服的解释。

我们认为"条$_1$"的产生出于现实需要。随着人类文明的发展，出于建立国家和维持社会秩序的需要，统治者制定了法律。"夏有乱政，而作五刑"，早在夏禹时期我国就制定了历史上第一部奴隶制法典《禹刑》，法典的内容一般是一条条分列的条文律令。有了法律，人们在从事法律事务活动时也离不开对条文律令的援引和使用，因此对法律条款的称代和计量应该是一种现实的需求。所以"条$_1$"的产生时代应该与法律的诞生年代相距不远，在特定的语言环境中也获得了比"条$_2$"要高的使用频率。但"条$_1$"与其引申基点义"条款、条令"关系密切，称量对象比较固定，故而其词汇意义相对来说保留较多，语法化程度不高。沿用至现代，"条$_1$"的称量对象虽然稍有扩展（如可搭配条文义、计策义名词），但仍然以"条令、条款"为主。陶书中"条"几乎全部是用来称量文字记录等抽象事物，称量条状物体的例子仅 1 例（条$_2$），"条$_1$"多出现在陶弘景的注释说明语句中，这些句子多用"此一条"作为话题，然后对这些条目的含义、文字真伪进行考订和评说。

"卷"共计出现 117 次，其中《真诰》89 次，《冥通记》11 次，《登真》17 次，亦多出现在注释性语句中，用来计量或称代经文、书籍等成卷的物品。该词的语法化过程与"条"类似，是由"书的卷轴"这一名词义演化而来，与"一卷铺盖"中的量词"卷"并无直接的承继关系。例子如下：

7) 真人告云："栉头理发，欲得过多。"事亦在第三卷。（真诰·卷一）

8) 六月三十日夜，九华真妃与紫微王夫人、南岳夫人同降，真妃坐良久，乃命侍女发检囊之中，出二卷书以见付。（真诰·卷二）

9) 一人挟坐席，一人把如意五色毛扇，一人把大卷书，一人持纸笔大砚，砚黑色，笔犹如世上笔。（冥通记·卷一）

这三个句子分别代表了"卷"演化的三个阶段。例 7) 中的"第三卷"是相对于整本书而言的一部分,是实体名词。例8)中的"二卷书"中"卷"位于数词和名词之间,"卷"获得了量词的资格。例9)中的"大卷书","卷"前有形容词"大"修饰,这正是典型量词的用法。

"篇"全部用例凡84次,其中《真诰》82次,《登真隐诀》2次。用于计量或称说诗、文等对象。据《汉语大字典》列出的各个义项来看,"篇"的语法化轨迹比较明晰和单一。《说文解字》:"篇,书也。"后引申出"首尾完整的诗文"和"成部著作中的一个组成部分",在此基础上又生发出称量文章的量词义。分别举例如下:

10)玄白事已重抄出,在第三篇修用中。(真诰·卷十三)

11)右从"腾跃"来,凡十三篇并有杨书,又杂有掾写。(真诰·卷三)

"本"全部用例凡26次,其中《真诰》17次,《登真隐诀》9次。均出现在注释说明类文字中,用于量指经书。刘世儒(《魏》:97)注意到了"本"的两种量词用法来源不同,"论来源,量'书'的'本'同量植物的'本'也有所不同;量植物的'本'是直接地由'根本'义引申出来的;量书的'本'是间接地由'本源'义引申出来的(古人传书各有所本,因之就把所传之书叫作'本')"。量植物的用法陶书未见其例,26例全部用于称量书册。这26个句子中"本"的量词身份还很可疑,如下面两句:

12)今一事乃有两三本,皆是二许重写,悉无异同,然杨诸书记,都无重本。(真诰·卷十九)

13)又掾更写,两本悉无异,并各成一卷相随,始末讫此耳。(真诰·卷十六)

考察"本"在上两句出现的语境,"本"的实际意义更偏重于"版本"义,前一句说"一事乃有两三本",当是一件事有两三样版本的说法,后一句"两本悉无异,并各成一卷相随",如果"本"已是量词,那何以又"各成一卷"?但不可否认的是,在数词后加量词已经逐渐变为一种语法规范的时候,这里的"两本"是有可能由"数+名"结构被重新分析为"数+量"结构的。可以确定的是,称量书本的量词"本"虽然在陶弘景的时代尚未产生,但应当距此期不远。《汉语大字典》中为此义举出的书证为清代语料，无疑大大滞后于该义项实际出现的时间。

"行"共计9例，均称量书写时的竖列文字。刘世儒分析"行"作量词的动因时说："凡物体排成'行'的，都可以用'行'量，因此，'行'就用成专表行列义的集体量词。"凡9例"行"与名词联系并不紧密，有的地方和"数+字"构成类似于同位语的关系。例子见下：

14) 秦敛天下兵器，铸以为铜人十二。置此十四字共一行，行前鱼烂，余十在今，足令成字如此之诸官。（真诰·卷十七）

15) 愿与诸药俱致，无见可否？足借，斧当于悬下少一行十许字。（真诰·卷十八）

"段"共5例。刘世儒根据中心词的不同将"段"的量词用法分为4种：量物、量文、量事、量时，这里的5例有4例量"文"，但都没有后接名词的用法，仍是实体名词：

16) 右此前一段所说不记何年月，以后王逸少事检之，则犹应是乙丑年也。（真诰·卷十五）

17) 此皆后段所说，似犹是荀中侯，所以止道或不称姓，而顗复云姓，恐以分别周顗也。（真诰·卷十六）

18) 陶曰："此段易迁中有柳妙基。"（冥通记·卷三）

一例量"人"较为特殊：

19) 三代乃远，而两汉魏晋实有一段才名人，如刘向、董仲舒、扬雄、张衡、蔡邕、郑玄、王弼、阮、嵇之俦，并不应空散。（真诰·卷十六）

"段"的核心意象是"相对于整体可以截断、分开的一部分"，通过隐喻的方式扩散到其他抽象事物：事件和时间，历史朝代的更番交替适宜用"段"来称量，连带着生活在某个连续历史阶段的人物也可作类似的指称，故而有"一段才名人"的说法。

辞章组6词称量对象都与文献内容有关，或称量书册，诗文，或称量段落、项目，各自保留的词汇意义十分明显，量词性质比较特殊。这6个词能够进入的句法形式主要有6种，表2.2是该组成员在6种句法形式中的用例数及百分比。

表2.2　　　　　辞章组量词句法形式用例及百分比统计表

	条 用例数	卷* 用例数	篇 用例数	本 用例数	行 用例数	段 用例数	合计	百分比（%）
第+数+量	0	36	11	0	0	0	47	9
数+量	34	32	25	20	4	1	116	22.2
数+量+名	7	7	2	0	0	1	17	3.3
名+数+量	1	6	5	0	0	0	12	2.3
方位词/指代词（+数）+量	233	11	30	2	5	3	284	54.4
独用	7	24	11	4	0	0	46	8.8
合计	282	116	84	26	9	5	522	100

＊"卷"还有一例"形+量+名"式。

上表显示，这6个量词在句法形式的分布上存在一些共性。具体来说，量词的标志性句法形式"名+数+量""数+量+名"在表中的百分比只有2.3%和3.3%，"本""行""段"的比重近乎是0（"段"字有一例"一段才名人"的特殊用法），说明这6个词的量词化程度还不高。南北朝期间的量词更多的时候表现为一种"名词—量词"的连续统效应，产生最早也可能是上古至中古时期最常见的计量格式"数+量"结构（也可能是"数+名"结构）占有一定的比例，有的无法补出名词。从理论上说，量词是必须放在名词前面，数词或指示词后面的词，以此为标准来衡量，则"本""段"和"行"的量词身份尚处于酝酿期，"条""卷"和"篇"的量词身份处于萌芽期。

"卷""篇"分别在"第+数+名/量"的格式中出现了36和11次，值得关注。马庆株（1990）根据是否含有［次第］义把量词分为序量词和基量词："量词的类和数词的类相互选择。有些量词前加数词表示次序等第。这种数量结构只看量词就可以确定前面的数字是序数。……这种量词可以称作序量词或次第量词、O类量词，序量词有标示次序的作用。""总是构成表示基数的数量结构的量词，可以称为基量词或非次第量词、C类量词。"[①] "有时构成表示序数的数量结构，又有时构成表示基数的数量结构的量词，语义特征不稳定，可以记作［±次第］［±O］……多兼属CR、OR两类"，并举了现代汉语中的"版、册、卷、章、节、页、排、行"作为兼属二类的例子。以此为标准来看，"卷""篇"兼属二类的情况在南北朝时期就存在了，进入"第+数+量"结构就是它们序量词属性的表现。它们共同构成一个系列，彼此之间有"包括被包括关系即上下级单位的关系"，马庆株称之为"OR3部分量词"[②]，我们在此也借用马文中的关系符来表示这6个量词之间的包含关系（左边的大单位包含右边的小单位）：

本/卷＞篇＞段＞条/行

与序量词相对应的是序量结构"第+数+量"的来源问题。"序数"这一范畴在不同的历史时期有不同的形态表现，上古时期"序数"范畴并无专门的表现形式，比如在《左传》中"序数用整数形式表示，因而与基数无形态之别"[③]。这样做的结果是很容易产生歧义，如下面两句（转引自林涛1984）：

20)《静女》之三章，取彤管焉。（左传·定公九年）

21)（荀林父）为（先蔑）赋《板》之三章，又弗听。（左传·文公十七年）

上一句"三章"指全部的三个章节，后一句的"三章"指第三章，如何区别，全靠语境和阅读者的背景知识。还有一种规避歧义的手段是增加定指性词语，如前加代词"其"构成"其X章"，或加诗赋名构成"赋+篇名+之+X章"。后来的发展趋势总的来说，基数表达倾向于无标记，序数表达倾向于有标记。最经济的手段便是使用专用的序数标记词，汉语里专用序数标记词"第"的产生是汉代的事情，《汉语大字典》"第"字条下的"词缀。用在整数数词前边，表示顺序"义项下举的两则书证一则来自《史记·太史公自序》：

[①] 马庆株：《数词、量词的语义成分和数量结构的语法特征》，载《忧乐斋文存——马庆株自选集》，南开大学出版社2004年版，第84—86页。

[②] 同上书，第83页。

[③] 林涛：《〈左传〉序数考》，《广西大学学报（哲学社会科学版）》1984年第1期。

"维昔黄帝，法天则地，四圣遵序，各成法度，唐尧逊位，虞舜不台，厥美帝功，万世载之，作《五帝本纪》第一。"一则出自《汉书·贾谊传》："文帝初立，闻河南守吴公治平为天下第一。"王力先生（1958）也指出："'第'字在汉代已经用为序数的词头了。……在'第'字用为词头的初期，虽有'第一''第二''第四'等，但是后面还不能带名词。带名词是汉末以后的事。"[①] 张延成（2009）在王力先生的基础上进一步明确："'第+数+中心语'在西汉时期萌芽，东汉以后使用渐广，中古时期普遍使用。"[②] 这些论述表明，"第+数+量"结构可能经历了"第+数"→"第+数+名"→"第+数+量"的发展轨迹，"第+数+量"大约是随着量词系统的逐步确立而最后成形的。但这并不是说这个结构在中古时期就已经发展得和现代汉语毫无二致了，至少在当时来说并非所有的量词都能够自由地进入"第+数+量"结构，至于像"第一个人"这样的"第+数+量+名"结构还远未产生。林涛（1984）把《左传》中的序数按语义分为四类：时间顺序、位置顺序、事情顺序和诗章顺序，它们进入强势序数标记结构"第+数+量+名"的时间有先有后。据我们观察，诗章顺序这一类洎乎汉代开始使用"第+数+量"形式表达序数义，《真诰》中有"第二子"之类的位置顺序用例，但"子"并非位序量词。总的来说，南北朝时期的诗章顺序义开始使用"第+数+量"结构表达，其中的量词多为辞章类词语。从意义上说，这里的"卷""篇"都是相对于一个整体而言的部分，和典型量词的个体化功能有所不同，尚未取得量词的资格。只有脱离了序数表达的语境控制，"卷""篇"的"个体化"功能方得以凸显，试比较下面两组句子：

a1）所书东卿论季主事，本别书青纸，与此不相随，今在第四篇中。（真诰·卷十七）

a2）此前又已有一授，不记何月日，并在第四卷中，自余无有先此者。（真诰·卷一）

b1）凡有经传四五卷，真受七八篇，今犹在杜家。（真诰·卷二十）

---

① 王力：《汉语史稿》，科学出版社1958年版，第257页。
② 张延成：《中古汉语表序法》，《长江学术》2009年第4期。

b2) 诗一篇，并致火澣布手巾一枚、金玉条脱各一枚。(真诰·卷一)

b3) 凡三君手书，今见在世者，经传大小十余篇，多掾写；真受四十余卷，多杨书。(真诰·卷十九)

a 组使用"第+数+量"结构是方便在一个集合中迅速确定某个成员的具体位置，凸显的还是名词的"指别"意义；b 组 3 个句子"篇""卷"强调事物的整体性（个体性），特别是 b2) 中"诗一篇"和"火澣布手巾一枚、金玉条脱各一枚"等典型量词并列而言，"篇"才算获得了量词的资格。此外 b1) 和 b3)"卷""篇"的称说对象"经传""真受"可以互换，足见此处量词的使用仅为了计量称说的方便，此时"篇""卷"就是马庆株所说的基量词，也就是个体量词，和它们的序量词用法在共时平面上呈互补分布。

"方位词/指代词（+数）+量"也是 6 种格式中值得注意的一种格式，辞章组 6 个词都能进入，且出现的频次都不低。看起来"方位词/指代词（+数）+量"与"第+数+量"似乎表达的意义相差不多，但这二者的句法构成以及充当句子成分表现有明显的差别。就句法构成来说，后者可以分析成"（第+数）+量"，前者则更可能是"方位词/指代词（+数+量）"，因为序数标记"第"和基数词共同构成序数结构，再和量词组合；而后者则是数词和量词组合成数量结构之后再附到前面的方位词或指代词上。充当句子成分情况也有区别，以"篇"为例，11 例"第+数+量"结构在句中无一例外充当宾语，30 例"方位词/指代词（+数）+量"有 23 例在句中充当主语，且多用于判断句。各举一例如下：

22) 玄白事已重抄出，在第三篇修用中。(真诰·卷十三)

23) 此一篇亦是《玄为论》中语，不知此复以何所明喻耳。(真诰·卷十七)

比较而言，"第+数+量"的功能主要是"指别"和"定位"，"方位词/指代词（+数）+量"的主要功能则是"确指"和"替代"。与功能相对应的是，进入"第+数+量"格式的量词在语义上凸显 [+序列] [+部分] 义，那么进入"方位词/指代词（+数）+量"的量词则在语义上凸显 [+离散] [+整体] 义。有人提出典型量词的功能之一是使事物"个体化"(大河内康宪，1988)，以此来看，则"方位词/指代词（+数）+量"结构中的量词性质更为典型和确定。

2. 泛用组

泛用组量词称量对象较广，不局限于哪一类事物，属于语法化程度比较高的量词。本组量词成员有"枚""片"和"具"。

"枚"在全部语料中出现17次，修饰13种物品：金玉条脱、手巾、赤玉箱、栉、枣、银叉、铜钟、锺簴、弹丸、荧火芝、黄长命缕等，还包括令符和纸。这些物品质地各异，有金属制品、丝织品、纸制品等人工制品，也有自然生成的果实；形状不一，有长条形的金玉条脱、银叉、黄长命缕，有圆形的枣、弹丸，还有长方体形状的赤玉箱等。具体例子如下：

24）良常山有荧火芝，此物在地如荧火状，其实似草而非也，大如豆形，紫华，夜视有光，得食一枚，心中一孔明，食七枚，七孔明，可夜书，计得食四十七枚，寿万年。(真诰·卷十三)

25）而紫微又云更番用之，此便是用一栉恐热，损头伤发故耳。今当四五枚更互用，使冷也。(登真隐诀·卷中)

26）并各以节日，旦服一为始，令符有十六枚，故服尽则止。(登真隐诀·卷上)

27）陶休以二百纸与汝，吾留百枚。(真诰·卷十八)

第3例称量"令符"，同样是在《登真隐诀》中，"符"另见用"纸"称量1例。第4例前半句提到"二百纸"，后半句的"吾留百枚"当指"百枚纸"，前面用"数+名"式是因为"纸"在这里首次出现，后面再次提到纸的时候采用"数+量"式，这正是量词产生的动因之一，即为了避免重复，在第二次提到前文的某个事物时选择采用量词来代指。

和数词结合之后，"条"表示"条令、条款"的词汇意义还很明显，"枚"的词汇意义则已经无法详细获知了。就最能显示量词化程度的两个格式"数+量+名"和"名+数+量"的比例来看，"条"进入这两个格式的比例合计2.8%，"枚"则高达69.2%，这是比较有说服力的数据，说明"枚"的语法化程度大大超过"条"。

"片"共有9例,《真诰》6例,《登真隐诀》1例,《冥通记》2例。修饰最多的名词是"纸",另有纸制的"符",还有"熏陆"和"地"。例子见下:

28)此盖指论金陵地肺一片地能如此耳,其余处未必有所免辟耳。(真诰·卷十一)

29)时用香炉烧一片熏陆如狸豆大,烟犹未息。(冥通记·卷一)

30)佩符亦以初守,立春之日平旦,画符竟,未服,仍更朱书三元符白素上,剪为三片,俱执而祝。(登真隐诀·卷上)

孟繁杰、李如龙(2011)详细探讨了"片"的语法化规律,他们认为,"'片'是一个集'个体量词'、'分体量词'和'整体量词'于一身的综合量词,在魏晋南北朝时期还具有'不定量词'的属性。用于称量从整体上分离出来的事物,这部分事物与整体具有'自相似性','片'属于'分体量词',量词前的数词不限。用于称量'平面、小、薄状'的离散性事物,'片'属于'个体量词',量词前的数词不限。用于称量'非离散性'的具有'整体'义的事物,'片'属于整体量词"[①]。据此判断,陶书的"片"涵盖了三种属性,第3句"剪为三片"的符是从一整张符上分离出来,是"分体量词"。称量熏陆时,强调熏陆小而薄的形状,是"个体量词"。称量"地"时,强调"地"的整体义,是整体量词。这三种属性的"片"都出现在陶弘景的作品中,体现了语法化过程中的"共存原则"。

"具",陶书中仅《真诰》中有1例修饰"杯盘"的用例:

31)良久书毕,即见示曰:"此书可通否耶?"书曰:"日月之道,虞晟再拜,今奉佳画酒杯盘一具于南方,来年六月,可以入郭。"(真诰·卷十七)

虽然陶书中用例不多,但纵观南北朝时期语料,"具"的量词用法已经发展得较为成熟,关于量词"具"的历史发展轨迹将在后文辟专节讨论。

[①] 孟繁杰、李如龙:《量词"片"的语法化》,《语言研究》2011年第3期。

3. 次泛用组

这组量词在书中多与固定事物相配，数量较多，总计 15 个：

间、纸、所、番、口、方、丸、头、株、枝、簿、层、封、函、条₂

"间"10 例，用于称量房屋、桥廊、宫室等。

32）大有宫室数千间，郁郁不可名。（真诰·卷十七）

33）虽建三间粗屋，经时未毕。（冥通记·卷一）

"纸"，全书中有 15 例"纸"仅与数词共现，属于"只能后置不能前附的，所以它们顶多只能算是名词的量词化，不能认为就是正规的量词"（《魏》：160）。例子如下：

34）其余或五纸三纸，一纸一片，悉后人糊连相随，非本家次比。（真诰·卷十九）

35）此章自不过两纸，所丸亦无多，必应一过顿服，以清水送之，不得分为两三也。（登真隐诀·卷下）

36）一函与师；一函与后麋姨母等；一函与舅徐普明；一大函有四纸，与南馆东山诸道士，并是告别。（冥通记·卷一）

确凿无疑为量词的有 4 例，分别是"一纸文"2 例，"一纸符"1 例，"一纸诗"1 例。其中《真诰》3 例，《登真隐诀》1 例：

37）又良久，真妃见告曰："欲作一纸文相赠，便因君以笔运我鄙意，当可尔乎？"某答"奉命"。（真诰·卷一）

38）紫微夫人曰："我复因尔作一纸文以相晓者，以示善事耳。"（真诰·卷一）

39）临去，授作一纸诗，毕，乃吟歌……（真诰·卷三）

40）祝毕，即各卷并内紫锦囊中，佩头上，毕，乃服一纸符。（登真隐诀·卷上）

刘世儒（《魏》：159）认为，"'纸'是书写的工具，把'纸'作为量词，这就是一种'工具称量法'"。"一纸文"中"纸"是载"文"的材料，具有使"文"的形象具体可感的效果，还可强调事物的整体性，"两纸文"的说法似乎就不容易见到，后世的"一笔好字"亦与此相类，从性质上说它们都是整体量词。

"所"3 例，义同"处"，多与"洪水"（此处"洪水"不是指暴涨的大水，而是指多条水流汇集而成的较深的水）搭配。例子见下：

41）对庙后第二高山西头，汧洪水一所，发地长四丈余，广三尺余，入土四尺，水势挞地三百余步，去路二里。（真诰·卷十四）

"番"3例。纸张专用计量单位。《汉语大字典》："古代计算纸张的单位。"并举《新唐书·杜暹传》为首见书证，太晚。既专用于称量纸张，当在造纸技术问世之后不久。"番"量"纸"首见晋代道教文献：

42）盟青缯二十七尺，素丝五两，和香二裹，笔一枚，纸百番，丹一两，帝君不宣泄之盟，师弟子对斋百日，告盟而传。（太真玉帝四极明科经·卷三）

书中用例均来自《冥通记》中陶氏对周子良日记材料的描述：

43）右从目录，凡用墨、朱、黄三色，书大度白及细纸，合十六番。（冥通记·卷四）

"番"作纸的专用量词大约是从泛用量词发展而来，同期"番"还可用于称量干鱼等片状物，如：

44）蒙赉干鱼十番。（全后周文卷十·谢赵王）

"口"2例，称量人口。刘世儒（《魏》：87—89）认为这种用法始于汉代，南北朝时期已经发展出了称量动物和器物的用法。书中例子见下：

45）郗回父无辜戮人数百口，取其财宝，殃考探重，怨主恒讼诉。（真诰·卷八）

"方"1例。作"方向"义多见"四方""五方""八方"，甚至还可以重叠为"方方"，但这些都不是真正的量词。只有称量方形物体时才算是真正的量词，仅1例：

46）一方五尺*安窗下，施书案，东向，砚本在案北头，笔格在南头，故移就砚而隐案也。（冥通记·卷一）

＊五尺：指床，大概因床宽五尺而代称。见汪维辉（2007）。

"丸"2例。《说文》："丸，圜，倾侧而转者。"刘世儒（《魏》：116）："在这一时期，它适用的对象虽然已经不止一种，但一般还是以'丸状之物'为范围的。"书中主要称量药丸：

47）又法：成术一斛，水盛洗，洗乃干，干乃细捣为屑，大枣四斗去核，乃捣令和合，清酒五斗，会于铜器中，煎搅使成饵状，日服如李子三丸，百病不能伤，而面如童子，而耐寒冻。（真诰·卷十）

"头"1例。刘世儒（《魏》：92）观察到，"'头'这个量词，对于兽类来说，是无所不能适用的……可见它的适应力之强了"。书中仅1例量狗：

48）许长史所使人盗他家狗六头，于长史灶下蒸煮，共食之，长史何以不检校，使臭腥之气熏染肴饭？既食而步上道，亦已犯真人之星也。（真诰·卷七）

"株"1例。刘世儒（《魏》：98）说"株"："始终没有超出'植物'这个范围而向外扩展一步；在南北朝是如此，在后来也仍然是如此。"极是，本书例子见下：

49）周所住廨庭坛有数株大柏树，其户前一树甚丰茂。（冥通记·卷一）

"枝"1例。在南北朝时期"枝"作量词已经扩展，但主要搭配对象还是"植物"，例子见下：

50）亟折两枝见示，以插户帘上，十余日犹在。（冥通记·卷一）

"簿"1例。又作"薄"，见刘世儒（《魏》：238）。刘氏认为"薄"指用来包装的薄形物体，犹如现代汉语的"蒲包"，这种猜测并无确切证据。唐代段公路《北户录》："茗为薄为夹。《温贡》：'茗二百大薄。'《梁科律》：'薄茗若干夹'。"这里是说，茗的多少以"薄"和"夹"来论，"夹"是制茶工具的一种。陆羽《茶经·四之器》有云："夹，以小青竹为之，长一尺二寸，令一寸有节，节以上剖之，以炙茶也。"据此推测，"薄"也可能是一种制茶的工具，且"簿""薄""箔"音义相近，都指厚度小的物体，作量词也应与此有关，当是称量厚度小的片状物体。书中例子见下：

51）给事云："南州还，当并急，四月半间，欲至东山，想无差错矣。"比更告茶一簿。（真诰·卷十八）

"层"1例。《说文》："层，重屋也。"用于称量建筑物。例子见下：

52）有浮图，以金玉缕之，或有高百丈者，数十（层）（谓应作

层字)楼也。(真诰·卷九)

"函"4例。"函"的本义王国维以为是"盛矢之器"(转引自《汉语大字典》),引申出封套、套子义,又专指信封,继而演变为称量书信的量词。例子见下:

53)又尔日于书案上得四函书,并封题,上皆湿。一函与师;一函与后廯姨母等;一函与舅徐普明;一大函有四纸,与南馆东山诸道士,并是告别。(冥通记·卷一)

"封"1例。刘世儒(《魏》:178)认为:"(封)同'函'异源而同用,只不过'函'多见于加工较多的语言,而'封'则多见于接近口语的语言而已。"这两个量词均出《冥通记》,例子见下:

54)又寻所烧者,定当非此例,无容一封一焚故也。(冥通记·卷一)

"条$_2$"1例。和"条$_1$"不同,"条$_2$"专门用来称量长条形状的事物,此期仍以植物为主。例子见下:

55)日中后,其舅暂还廨,忽见步廊竹根生一笋,三寸已上分为二条,并抽筼䈾,齐长九寸。(冥通记·卷一)

(二)称量词

称量词又叫单位词、度量衡量词,是类型学视野下的"非量词",但有些本土学者认为在语言使用中称量词和个体量词并无分别,在此作出统计描写,以供参考。全书中称量词共计20个,大多数先秦就已产生,沿用至南北朝时期,虽然有些单位的具体量值发生了改变,但总体来说仍然有一套较为完备的量级单位系列,能够满足当时人们的称量需求。书中所见有长度、重量、容积、面积等系列:

匹 > 丈 > 仞 > 尺 > 寸 > 分

里 > 步

石 > 斤 > 两 > 铢 > 分

檐 > 斛 > 斗 > 升

顷 > 亩

"刀圭"这一量器大约产生自汉代,《汉书·律历志上》有"度长短者不失豪氂,量多少者不失圭撮"。新兴的仅有"厨子"一词,借用容器作量词,带有临时性质。下面逐一描述:

"里"78例。长度单位,《汉语大字典》:"周制三百步为一里。"一般用于量指路程距离,但也可用于量指山的高度和周长。例子如下:

56)山高二千六百里,周回三万里。(真诰·卷十五)

"寸"42例。长度单位,介于"尺"和"分"之间。《说文·寸部》:"寸,十分也。"《登真隐诀》30例,主要用于标明存在于人身体的各"宫"的准确位置。

"尺"36例。长度单位,用于长、厚、高、周长等。《说文·尺部》:"尺,十寸也。人手却十分动脉为寸口,十寸为尺。"《冥通记》中复合词"五尺"为床的代称。

"丈"33例。长度单位,《说文》:"丈,十尺也。"用于计量身高、楼高、山高和井深等。

"分"20例。既作长度单位,又是重量单位。《汉语大字典》释量词"分":"长度,尺的百分之一;重量,两的百分之一。"具体量值因时而异,陶注就指出:

57)上章毕,用真朱二分,古秤,即今之一两也。(登真隐诀·卷下)

"步"18例。长度单位,《汉语大字典》:"古代的长度单位,其制历代不一。""步"当指人行走一步的距离,故而多与"行""入"等动词搭配。

"斛"13例。容积单位,《汉语大字典》:"斛,十斗也。"书中用于称量清水、麻脲、成尤等。

"斤"13例。重量单位,《汉语大字典》:"斤,重量单位之一,旧制1斤多为16两。"书中用于称量各种炼丹原料、宝玉黄金等。

"斗"9例。容积单位,《说文·斗部》:"斗,十升也。"《汉语大字典》:"十升为一斗,十斗为一石。"书中用来称量油、水、米、玉浆等。

"两"7例。重量单位。《说文》:"二十四铢为一两。"多用于方剂语域,称量各种中草药。

"升"5例。容积单位。《说文》:"升,十龠也。"书中用于称量饭食、蜜餐、酒等。

"顷"5例。面积单位。《玉篇·页部》："顷，田百亩也。"书中用于称量田、地面积。

"石"3例。重量单位，《汉语大字典》："古重量单位，重一百二十斤。"书中3例为"二千石"，这是汉代以俸禄称代官职用法的沿袭，未见用于称量实物。

"仞"3例。长度单位，《说文》："仞，伸臂一寻，八尺。"其制历代不一。书中以"千仞""万仞"来极言山高，多见于韵文。

"亩"2例。面积单位，多用于丈量土地，具体面积历代规定不一。

"匹"1例。长度单位。《说文·匚部》："匹，四丈也。"书中用于称量丝制品缣。

58）上闻叹曰："韩崇所谓百炼不销也。"赐缣五十匹。（真诰·卷十二）

"铢"1例。重量单位。《说文》："铢，权十分黍之重也。"书中用于称量真珠：

59）常以甲子之旬，经用庚午之日，日中之时，取东流清水合真丹，经用水一斗，真珠二铢，向月建，左行搅之二七过。（登真隐诀·卷中）

"檐"1例。容积单位。《汉语大字典》："檐，同'儋'。量词。《吕氏春秋·异宝》：'荆国之法，得五员者，爵执圭、禄万檐、金千镒。'高诱注：'万檐，万石也。'"班叔皮《王命论一首》："夫饿馑流隶，饥寒道路，思有短褐之袭，檐石之蓄。"李善注："晋灼曰：'无一檐与一斛之余。'"。

书中1例如下：

60）（蔡天生）小为啸父，卖杂香于野外，以自业赡，情性仁笃，口不言恶，道逢河伯少女，从天生市香，天生知是异人，再拜，上一檐香。（真诰·卷十四）

"檐"与"斛""石"并提，同为称量词，至唐仍适用：

61）槐白皮一担（檐），剉，内釜中煮，令味极出。置大盆中，适寒温坐其中，如浴状。虫悉出，冷又易之，不过二三即瘥。（《备急千金要方·卷第二十三》）

"厨子"1例。"厨"同"橱",指盛装物品的箱柜。书中说"真经一厨子",是取盛装真经的容器来称量经书,这种用法具有临时性。书中见1例:

62)元嘉六年,许丞欲移归钱塘,乃封其先真经一厨子,且付马朗净室之中。(真诰·卷十九)

"刀圭"1例。《汉语大词典》该词条下注:"中药的量器名。"下引书证两条:晋葛洪《抱朴子·金丹》:"服之三刀圭,三尸九虫皆即消坏,百病皆愈也。"王明校释:"刀圭,量药具。武威汉墓出土医药木简中有刀圭之称。"《本草纲目·序例》引陶弘景《名医别录·合药分剂法则》:"凡散云刀圭者,十分方寸匕之一,准如梧桐子大也……一撮者,四刀圭也。"书中仅1例如下:

63)太极真人遗带散,白粉,服一刀圭,当暴心痛如刺,三日欲饮,饮既足一斛,气乃绝。(真诰·卷十)

在当时"刀圭"还可以用来作药的代名词,这种由量器代指内容物的借代用法比较少见:

64)挹九转而尸虀,吞刀圭而虫流,司马季主、宁仲君、燕昭王、王子晋是也。(真诰·卷十四)

"束"1例。"束"本义是动词,《说文》:"束,缚也。"刘世儒(《魏》:244)说它"在上古也是常用作'定数集合法'的……发展到南北朝这种办法一般也就不再沿用了"。《汉语大字典》"束"字"量词"条下列了一种约量和两种确量,分别指:①用于捆在一起的东西。《诗·小雅·白驹》:"生刍一束,其人如玉。"②十个器物,《礼记注疏》:"纳币一束,束五两,两五寻。"郑玄注"十个为束。"③布五匹。《左传·襄公十九年》:"贿荀偃束锦,加璧乘马。"杜预注:"五匹为束。"只有第①种用法最具生命力,一直沿用到现代汉语。本书的例子是:

65)文幸云:"二十六日,烧两束书,可百余纸,不听人见。"(冥通记·卷一)

句子里交代得很清楚,"两束书"大约有"百余纸",很明显是指约量。

称量词绝大多数历史悠久,在汉代即有大量用例,同一个量词在每个时代的量值可能有变化，但它们在同一个称量序列中的位置一般不发生变化。南北朝新兴的称量词较少，仅"厨子"一词，是一种盛器临时作量词的用法。

二 名量词的语法化

自刘世儒得出魏晋南北朝时期名量词"完全成熟"的结论之后，随着语法化研究的深入，这一时期量词的语法化程度引起了部分学者的研究兴趣。吴福祥（2005）作了探索性的工作，他提出了判定量词语法化程度的三个参数，即"文本频率""句法行为"以及"语义泛化程度"[①]。文本频率即数名或数动直接结合而不通过量词结合和使用量词结合两种情况之比；句法行为是考察量词所能进入的结构之比；语义泛化程度分别考察语义关联程度和组配范围大小两项，吴文在量词的语法化程度量化方面为我们提供了思路，但具体操作过程中的一些细节和结论尚有可商榷之处。

为了结论的可靠性，有必要对统计项目进行界定，排除一些似是而非的情况。一是"数+名"的界定。首先要剔除"数+名"式专有名词，这类名词在全部语料中数量庞大，共计1128词次，如"三元""三尸""五神""八会""九转"等。其次是个别词语的归属问题，如"人"究竟该算作名词还是量词就有不同看法，我们的办法是一律作为名词来处理。"纸"则兼属名、量二类，需要逐一甄别，按具体情况分别统计。二是量词的界定。根据吴福祥（2005）和亓文香（2006）的统计标准，我们统计的量词包括个体量词、集体量词和称量词，不含时量词和我们认为有量词化倾向但尚未取得量词资格的词（指"段""本""行"）。以亓文香（2006）对《齐民要术》以及包括《齐民要术》在内的魏晋南北朝7部中土（以下简称"亓文"）文献物量词的统计数据作为参照（表2.3）。[②]

[①] 吴福祥：《魏晋南北朝时期汉语名量词范畴的语法化程度》，载沈家煊等主编《语法化与语法研究3》，商务印书馆2007年版，第247页。

[②] 参见亓文香《从〈世说新语〉〈搜神记〉等看魏晋南北朝物量表示法》，《上饶师范学院学报》2006年第2期。亓文香选取的7部中土文献为：《世说新语》《搜神记》《搜神后记》《洛阳伽蓝记》《水经注》《颜氏家训》《齐民要术》。

表 2.3　　　　　　陶书数名组合与量名结构参照统计表

	数名直接组合		使用量词	
	用例	百分比（%）	用例	百分比（%）
陶书	611	42.2	838	57.8
齐民要术	195	17.7	906	82.3
中土 7 部文献	2527	60.5	1652	39.5

由上表显示，陶书使用名量词和数名直接组合的比率接近 4∶6，高于亓文香统计的中土 7 部文献的平均水平，但与《齐民要术》的 2∶8 相比还有差距。与吴福祥"这个时期的文献里将近 90% 的数量结构都是数名直接组合而不用个体量词/单位词介绍的"结论有较大出入。① 吴文在考察该项时选取了魏晋南北朝时期的 4 部作品：《世说新语》《贤愚经》《百喻经》和《六度集经》，其中佛经占了 3 部，据汪祎（2008）考证，"整个中古时期的译经在量词使用和范围上，要逊色于同时期的中土文献"。"佛经文献是翻译性质的作品，由于原典量词使用情况的限制和译经格式的影响，造成佛经量词的出现和使用，较之中土文献有一定的滞后性。"② 由此可知吴文在语料的选取上不具有代表性，这一偏颇造成他的统计数据难以反映共时语言事实，影响了结论的可信度。亓文香据此认为，"这说明在魏晋时期量词的使用已逐渐普遍，但不使用量词来表达事物数量的情况仍是主流"，通过对陶书名量词的数量统计，我们认为亓文香的结论略嫌保守。理由有三：一是文献语言的滞后性。一般来说，文献语言总是落后于口头语言，如果文献中名量词的使用已经较为普遍（《齐民要术》使用名量词的比率高达 80%），那么口头语言中量词的使用很可能已经成为主流。黄盛璋很早就指出这一点，他说："就量词数量的发展来考察，典籍中量词远远少于口语，汉简中有许多量词就是汉代典籍中所未见的，有些直到魏晋六朝甚至隋唐时代才出现在书面语中。……这些都说明书面语中的量词的发展一般要落在口语的后面，

---

① 参见吴福祥《魏晋南北朝时期汉语名量词范畴的语法化程度》，载沈家煊等主编《语法化与语法研究 3》，商务印书馆 2007 年版，第 250 页。

② 汪祎：《中古佛典量词研究》，博士学位论文，南京师范大学，2008 年，第 183 页。

口语中已经应用的常常要经过一段时间才应用到书面语言中去。这种现象，也是造成书面语与口语有距离的重要原因之一，从量词的应用上可以看到这种情形汉代已经发生，愈往后当然就愈严重。"① 二是此期个体量词已相当丰富。个体量词的丰富与否是衡量名量词范畴成熟程度的依据之一，表2.1的统计显示，此期个体量词的数量已占全部名量词数量的55.8%，一般的事物名词几乎都有相应的量词与之搭配，名量词系统的成熟不容否定。三是数名组合中大量名词已表现出某种程度的量词化。虽然数名组合在部分文献中数量上仍占有优势，但其中有些名词已经量词化，只不过其性质或用法距典型量词尚有一定差距。如陶书611个数名组合用例中仅"数+人"组合就占了一半还多（336例），"人"就是一个量词化了的名词，还有"县""郡""代""处"等。这些半量词半名词的词语有的一直沿用至现代汉语，被称为"自主量词"（吕叔湘，1981）或"准量词"（朱德熙，1982）。我们赞同刘世儒（《魏》：5）的观点，即"南北朝时代，在一般的情况下，数词和名词发生关系就经常需要通过量词作介绍，否则就不合这个时代造句的规范了"。

第二个参数是句法行为，即考察"数+量+名"和"名+数+量"两种格式的数量对比，理论前提是"'数+量+名'相对于'名+数+量'的比率越高，则量词范畴的语法化程度就越高②"。吴文在考察第二个参数时扩大了统计范围，考察了中古本土和佛经共12种文献中的10个典型量词，为便于比较，我们统计了陶书的典型量词（"名量词"中泛用组和次泛用组）在三种格式中的出现比例，参照数据来自亓文香（2006）和吴福祥（2005）③，结果见表2.4。

---

① 黄盛璋：《两汉时代的量词》，《中国语文》1961年第8期。
② 吴福祥：《魏晋南北朝时期汉语名量词范畴的语法化程度》，载沈家煊等主编《语法化与语法研究3》，商务印书馆2007年版，第248页。
③ 同上书，第260页。12种文献分别是《齐民要术》《三国志》《全晋文》《搜神记》《世说新语》《古小说钩沉》《六度集经》《增壹阿含经》《贤愚经》《出曜经》《百喻经》《佛本行集经》。10个个体量词分别是口、头、只、匹、枝、根、张、两、件、条。

表 2.4　　　　　　　陶书名量词句法形式参照统计表

	数+量		数+量+名		名+数+量	
	用例	百分比（%）	用例	百分比（%）	用例	百分比（%）
陶书	18	32.1	16	28.6	22	39.3
齐民要术	169	18.8	118	13.1	613	68.1
中土7部文献	271	16.7	257	15.8	1099	67.5
12部文献	63	24.13	39	14.91	159	60.91

由上表显示，吴文在扩大考察范围后，和亓文的各项统计指标趋同，较能代表魏晋南北朝时期名量词句法行为的真实状况。与吴、亓的平均数据相比，陶书的句法结构有自己的特点："数+量+名"格式比例相对偏高，是平均比例的近一倍；"名+数+量"格式比平均比例低20个百分点；"数+量"格式所占比率相对来说略高于平均水平，可能受到考察对象的选取、作家用语习惯和语体内容等的影响。

第三个参数是语义泛化程度。相对来说更加不易把握，且缺乏相应的形式特征，吴福祥也承认"这个参数操作起来难度很大"①。他尝试给出了两个鉴别指标：语义关联程度和组配范围大小，并对"口""只""张""条""件"做了抽样测试。该项目在操作性上商讨的余地很大，仅以"条"为例，表示抽象事物的"条"并不比表示长条形物体的"条"语法化程度更高，前者也并不由后者单线演化而来（具体参见前"辞章组""条"字头下）。个中原因吴福祥已经指出，"因为迄今为止我们对很多个体量词语义演变和语法化过程的细节还所知甚少"，故而仅凭臆测来判断某个量词的语义泛化程度这一做法目前尚不现实。为慎重起见，该参数我们不作相关统计。

综合文本频率和句法形式两个参数的统计结果来看，陶弘景道书中的名量词系统完备成熟，个体量词数量丰富，名词和数词结合通过量词介绍的情况占多数，量词的两大典型句法结构"名+数+量"和"数+量+名"前者仍处上风，但差距不大。总的来说，陶书个

---

① 吴福祥：《魏晋南北朝时期汉语名量词范畴的语法化程度》，载沈家煊等主编《语法化与语法研究3》，商务印书馆2007年版，第255页。

体量词的语法化程度要高于同期平均水平。

三 名量词语法化个案研究

名量词多由名词语法化而来,我们这里探讨名量词"具"的语法化过程。"具"的本义尚不明确。《汉语大字典》引《说文》:"具,共置也。从廾,从贝省。古以贝为货。"又引陈梦家《西周铜器断代》:"具字从鼎,郭沫若所释以为'古从鼎作之字后多误为贝',字像两手举鼎之形,举、具古音亦相近。""具"在上古就已经具备多个义项,据《辞源》,首见书证出自上古文献的义项就有八个:①供置、供设。②备办。③具有。④完备。⑤器具、工具。⑥酒肴、食器。⑦副词。都,全。⑧量词。这对弄清"具"字的本义造成了一定的困扰。考察这些义项,联系"具"的甲金文字形,我们认为"具"的本义许慎和陈梦家都只说对了一半。据义项⑥,能作食器的只能是"鼎"而不可能是"贝"。鼎的用途很多,但最主要的功能是作食器。《汉语大字典》引《说文·鼎部》"鼎,三足两耳,和五味之宝器也"和《玉篇·鼎部》:"鼎,器也,所以熟食者",给"鼎"字释义为:"用于煮、盛物品,或置于宗庙作铭功记绩的礼器。统治者亦用作烹人的刑具。东周和汉代常用陶鼎作为陪葬的明器"。考虑到鼎的重量和用途,"具"的字形很可能不是"两手举鼎",而是"两手向鼎"。请看从《汉语大字典》上剪切下来的"具"的甲金文字样(图2.1):

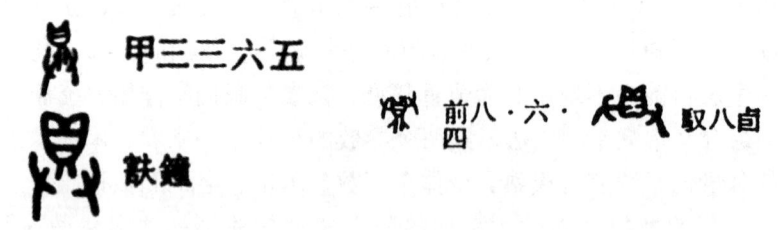

图2.1 "具"的甲金文字形

从图片来看,作为"具"的重要部件的两只手的位置并不固定,有时在"鼎"下,有时在"鼎"左右。其实,针对许慎的从"贝"

说，南宋时期文字学家戴侗就发表过不同看法。他在《六书故》"具"字条下指出，"按，贝之文本作目，非贝省。且贝于其义亦迂从，鼎有明徵。"他说：

> 具，健芊切。膳饔之馔具也。从鼎省从廾。凡饗食之礼，□定则实诸鼎，乃告具。故凡馔具皆曰具。《周礼》曰："祭祀掌其具脩。"又曰："比官府之具。"《传》曰："具五獻之籩豆于幕下，皆谓共具也。"引而申之，凡备具者皆曰具。（《六书故》卷二十八）

戴侗明确指出"具"的字形与"鼎"这种馔具有关，将食物放入鼎内表示备办完成。到了近代，出土文献的证据越来越多，"具"从鼎从廾已确定无疑。张舜徽肯定了戴侗的说法："戴说是也。具从廾奉鼎以进，即具馔之事。因引申为凡共置之称。"① 戴侗认为"具"的本义是食器馔具，"备具"是引申义；张舜徽在戴氏的基础上提出"具"的本义是备办供设食物，两种观点一个凸显事物，另一个凸显动作，但都离不开"两手向鼎"这一意象。后来朱维德（1995）在辨析《冯谖客孟尝君》中"草具"一词的确切含义时提出了自己的观点，他认为："'具'字从鼎正表明具之本义当是指备办陈设肉食佳肴，进而直接引申指肉食佳肴；后来词义扩大，指备办陈设各种食物（饭食）；再引申指各种食物。由于'具'字有指肉食佳肴之义，所以在叙写祭礼上的古文献中，'具'字常用以特指祭祀的牲品（猪牛羊肉等祭品），这类'具'字很容易误为指'器具'或'食具'……'具'偶尔也引申用来指盛满牲品的高贵礼器。"② 朱氏认为"具"指肉食佳肴，"草具"仅指粗恶的饮食，"具"指食器只是偶一为之的引申用法，并且只限于指高贵的礼器。同时据此否认王力、朱东润等提出的"装盛粗劣饮食的食具"之说。我们认为朱氏的观点有以偏概全之嫌。

鼎是食器，两手为"廾"，段玉裁在"弁"字下总结说："从廾

---

① 张舜徽：《说文约注（上）》，中州书画社1983年版，第723页。
② 朱维德：《"草具"、"晨炊蓐食"及"一旦不能有，输来其间……"注译商兑》，《武汉教育学院学报》1995年第4期。

者，敬以承之也。"故而两手向鼎有可能是在向神灵或祖先"共置"（供置）祭祀食物，后来意义进一步泛化为备办。①"供置"、②"备办"都带有一种庄重和正式的意味。备办的过程就是准备事物的过程，由此引申出义项③"具有"、④"完备"和⑦"全、都"的副词义，这几个义项都是单向发展而来。⑤和⑥应互换位置，此二项以"两手向鼎"的名词义为起点生发出来，从专用器具"食器"泛化为一般的"器具、工具"义。从"具"的历时发展来看，"食器"义最终消失，而"器物、工具"义沿用至今。

关于"具"量词义的产生，有两种观点。一种是《汉语大字典》在"具"的量词义下注明："用于完整物件"，这大约是认为"具"的量词义由"具备、完备"的形容词义引申而来。另一种说法出自刘世儒。他认为"具"的量词义来源于动词"备具"，"'具'的作为量词由'备具'义引申而来，凡配备具足、成套可用的事物都可用它作量词"（《魏》：210）。并以此为理据解释了大量用"具"称量的物品。虽然"具"的本义表示"备办"的可能性很大，但如果说"具"的量词义直接源于此恐难成立。首先，大多数名量词是由名词义引申演化而来，"具"的量词义如果源自动词"备具"，从承继关系上来讲似乎迂曲难通。其次刘氏的"配套"之说在某些例子上难以自圆其说。如刘氏举出孔颖达"履以两只为具"来说明"成套可用的事物"用"具"作量词，我们认为这里的"具"是"用具、器具"的意思，意思是说两只鞋子合在一起才能为人所用，并非指明两只履为一具。再如：

66）今赠……青毡床褥三具……铃耗一具。（全三国文卷三·与太尉杨彪书）（魏武帝《与太尉杨彪书》；"毡"与"褥"相配）

括号内文字为刘氏原注，引文"铃耗"前脱一"十"字，应为"十铃耗"，是毡类毛织品耗的一种。这里刘氏仅指出"毡"与"褥"配套，却对其后的"（十）铃耗"与何物配套未置一词，因为这里的"耗"不支持刘氏的观点，无物与之相配。由此来看，"配套"之说可能难以解释全部"具"字的用例。

另有李小平（2006）认为"具"兼有两指：一指成双成套的东西，另一指事物的整体，并举下例说明后者：

67)（榆）十五年后，中为车毂……男女初生，各与小树二十株，比至嫁娶，悉任车毂。一树三具，一具直绢三匹。(《齐民要术·种榆、白杨》)

为了证明"具"修饰的是"配套"的事物，这里的"车毂一具"被解释为"含毂、辐在内的整个车轮"[1]，这是未经考证强为之解的轻率之说。《周礼·冬官考工记》记载了制作车轮的工艺："轮人为轮，斩三材必以其时，三材既具，巧者和之。"郑玄注云："三材，所以为毂、辐、牙也。斩之以时，材在阳，则中冬斩之；在阴，则中夏斩之。今世毂用杂榆，辐以檀，牙以橿也。"西周车辆选材考究，辐条用檀木，取其支撑力强；车毂用杂榆，取其有韧性不易断裂；牙用橿，取其能自曲也，这些都有考古发掘的实物为证。由此可见"具"在此仅量指车轮上车毂这一个部件，"具"的"整体"说和"配套"说均不能成立。倒是此句的"一具直绢三匹"值得注意，说明车毂因为是整个车轮上最吃力的部件，所以价值特别贵重。

另外，刘氏举出的"甲胄""鞍勒""被褥""杯盘""床帐""弓箭"与其说是配套事物，不如用训诂学"浑言"的观点来看：这些事物分说的时候强调它们各自的独特性，但统说的时候则注重它们的整体一致性，如说"弓箭一具"就是把弓和箭视为一个整体，"弓箭"这类词后来凝固为偏义复词，部分语素义甚至丢失，这时"配套"说更显捉襟见肘。

我们认为量词"具"的理据可从两个方面来钩索。其显性意义当源于"具"的"器械、工具"义，凡器具类物品都可用"具"称量。这类物品的共同特征是指称在空间体积上"大型"、在质量上"厚重"，并且具有一定功能用途的物体，语义属性表现为可以归属到"X器"或"X具"的总名之下。其隐性意义则要追溯到"具"的本义，其中糅合了"鼎"这种体形庞大、高贵持重的礼器和与之相伴而生的庄严肃穆的仪式氛围，使得"具"修饰的对象非"贵"即"重"，并且语言交际者在使用"具"称量物体的时候有往"大"了说的主观表达意向。这种"器具""贵重""正式"的叠合意象是其

---

[1] 李小平：《〈齐民要术〉中的量词及其特点》，《广西社会科学》2006年第9期。

后衍生的量词用法的理据。

先秦时期的兵书《六韬》中大量使用"具"作为量词,① 例子见下：

68）太公曰："战攻守御之具，尽在于人事。"言攻守之器异，尽于农人之事。相为符舍耒耜者其行马蒺藜也。马牛车舆者，其营垒蔽橹也。锄耰之具，其矛戟也。（《龙韬》）

69）武王问太公曰："王者举兵，三军器用，攻守之具，科品众寡，岂有法乎？"太公曰："大哉，王之问也！夫攻守之具各有科品。"（《虎韬·军用》）

70）太公曰："凡用兵之大数，将甲士万人，法用武卫大扶胥三十六乘，材士强弩矛戟为翼，一车二十四人推之。以八尺车轮，车上立旗鼓兵法，谓之震骇。陷坚陈，败强敌。武翼大橹矛戟扶胥七十二具，材士强弩矛戟为翼，以五尺车轮，绞车连弩自副，陷坚陈，败强敌。提翼小橹扶胥一百四十六具，绞车连弩自副，以鹿车轮，陷坚陈，败强敌。"（《虎韬·军用》）

前两例中的"具"指武器、农具。最后一例讨论了战攻守御所需兵器的种类、数量、编配和运用。这里"扶胥"指战车，一处用"乘"，这是中心词"车"的常规搭配量词，另一处用"具"，强调战车的武器属性。《六韬》中与"具"搭配的名词还有"木蒺藜""铁蒺藜""铤矛""矛戟小楯""辘轳""铁械锁""虎落锁""飞江""天浮"（后两种是渡桥之类——笔者注），这些物体虽然形制、质量不一，但均为"武器"这一总名的下属名词。

至汉代，"具"的使用有所扩展，涉及寝具、馔具、明器、骑具等物体。《汉语大字典》举《史记·货殖列传》"旃席千具，佗果菜千钟"为首见书证，"具"修饰寝具"旃席"。另《汉书》中还有如下3例：

71）光薨，上及皇太后亲临光丧……赐金钱、缯絮、绣被百领，

---

① 《六韬》旧题周吕望撰，历来被认为是伪作。自山东临沂银雀山西汉前期墓葬出土了部分《六韬》竹简以后，通过与传世文献对比后，现一般认为《六韬》为先秦时期的兵书无疑。参见解文超、崔红艳《〈六韬〉真伪考》，《青海大学学报（哲学社会科学版）》2005年第2期。

衣五十箧，璧珠玑玉衣，梓宫、便房、黄肠题凑各一具，枞木外臧椁十五具。（汉书·霍光传）

72）单于正月朝天子于甘泉宫……赐以冠带、衣裳，黄金玺、盭绶，玉具剑、佩刀，弓一张，矢四发，棨戟十，安车一乘，鞍勒一具……（汉书·匈奴传）

73）于是莽稽首再拜，受绿韨衮冕衣裳，瑒珤玡……甲胄一具，秬鬯二卣，圭瓒二，九命青玉珪二，朱户纳陛。（汉书·王莽传）

这里"具"修饰的名词含明器"黄肠题凑""臧椁"和骑具"鞍勒"、护具"甲胄"，均见于"赏赐"语境，器物之贵重自不待言。

中古时期"具"的量词用法有了一些新的发展，刘世儒指出称量对象扩大到衣服、杯盘、首饰类物品。但一个共同的倾向是此期被"具"量指的事物仍然附着贵重色彩，如衣服类物品与"具"搭配，就不再是普通意义上的"衣服"，而是附着了一层"贵重"的主观意义。我们可以通过"具"与"衣""服"搭配的情况来验证我们的观点。"衣"本义是平常的衣服，《说文》："衣，依也。上曰衣，下曰裳。""岂曰无衣，与子同袍"说的是普通士兵身上穿的衣服。"服"的意义要复杂一些。《说文》："服，用也。"据《辞源》，"服"的本义是"使用，包括对各种事物的利用"。后引申出"穿着、执持"以及"食用"等动词义。至于表示"衣服"义最开始是和宫室车骑一起泛称"器服"，另特指丧礼规定穿戴的丧服。[①] 可见，"服"是一种正式的有特殊含义的"器"，这一语言符号承载的礼仪功能、文化意味多过仅仅用来御寒遮羞的"衣"。唐代历史上记载了一个"朝服劝谏"的故事：

上尝罢朝，怒曰："会须杀此田舍翁！"后问为谁，上曰："魏征每廷辱我。"后退，具朝服，立于庭上。惊问其故，后曰："妾闻主明臣直，今魏征直，由陛下之明故也。妾敢不贺。"上乃悦。（《资治通鉴·唐纪》）

"具朝服"的举动之所以使唐太宗大惊，是因为朝服仅在举行盛

---

① 《辞源·月部》（第1479页）"服"下义项十：衣服。引《周礼·春官·都宗人》："正都礼，与其服。"郑玄注："服谓衣服及宫室车骑。"

大仪式时才能穿具,非平常服饰。明严衍《资治通鉴补》在"具朝服"后注云:

唐制:皇后之服袆衣者,受册、助祭、朝会大事之服也。深青织成,为之画翚。赤质,五色,十二等。素纱中单,黼领。朱罗縠褾、襈,蔽膝,随裳色以缴领为缘,用翟为章,三等。青衣革带,大带随衣色,䙅纽约佩绶如天子。青袜舄,加金饰首饰大小华十二树以象衮冕之旒,又有两博鬓。

由此可见"朝服"是皇后最高等级的礼服,极为庄重。"具"在这里作动词,与动词"穿"相比多了一层庄重、正式的意味。"衣"和"服"作为现代汉语的构词语素仍保留了这一区别,日常生活所用、贴身私密的多称"衣",如"内衣""秋衣"等;正式场合穿戴的一般称"服",如"西服""晚礼服"。在《中国基本古籍库》南北朝文献中检索"具"和"衣""服"搭配的情况,"衣—具"仅2例,分别是"黄衣"和"绣衣",都出现在"赏赐"语域中,可见不是普通的衣物。"服—具"29例,多是"朝服""命服",都是在正式场合下穿着的服装。"服"的礼仪功能、文化意味唯"具"才能配合、彰显。

南北朝时期"具"的量词用法有了一些新的发展,隐性意义有所减弱。刘氏指出称量对象扩大到衣服、杯盘、首饰类,《真诰》中即有1例修饰"杯盘":

74)良久书毕,即见示曰:"此书可通否耶?"书曰:"日月之道,虞晟再拜,今奉佳画酒杯盘一具于南方,来年六月,可以入郭。"(真诰·卷十七)

例74)中,"具"修饰的"杯盘"作为赠品奉致他人,想来不是凡常轻贱之物。

魏晋南北朝时期量词"具"发展出了一类特殊用法未被刘氏注意,即"具"可称量动物的骨骼、脏器。东晋葛洪撰《肘后备急方》中"具"可称量"鼍肝""獭肝""猪蹄""虎头骨""猪肝""猪脬""猪胰""蛇蜕皮"等10多种动物身体部位。如:

75)又方,鼍肝一具,熟煮,切食之,令尽。亦用蒜齑。(《肘后备急方》卷一)

76）又方，獭肝一具，阴干，捣末，水服。(《肘后备急方》卷一)

77）又方，猪脬一具，薄切，以苦酒煮食，令尽，不过二服。(《肘后备急方》卷三)

78）大猪蹄一具，洗净理如食法，煮浆如胶，夜以涂面，晓以浆水洗，面皮急矣。(《肘后备急方》卷六)

这一用法多见于方剂类文献，后世的医书多所沿用，如唐孙思邈《千金翼方》、宋王衮《博济方》和明代李时珍《本草纲目》用例甚繁，不胜枚举。南北朝时期的例子如：

79）取猪胰一具，合蒿叶于好酒中痛捼，使汁甚滑白。(《齐民要术》卷五)

80）汉惠帝七年夏，雷震南山林，木皆自火燃至根，其地悉皆燋黄。后其雨迅过，人就其间得龙骨一具。(《述异记》卷下)

81）枕麝香一具于颈间，辟水注之来，绝恶梦矣。(真诰·卷八)

《齐民要术》中"具"可称量的有"羊蹄""猪蹄""猪胰""羊肠"，若以"配套"义解释"具"，"猪肝"等尚勉强可通，但"猪脬""猪胰"等单个脏器则无从解释，以至于认为"猪蹄一具"就是指四只猪蹄，这种看法恐怕更难成立。[①] 我们推测，这类受"具"修饰的脏器类名词多不作日常食用，而是作为疗伤治病的药材，基于一种珍视的社会心理，人们在语言上选择使用"具"来修饰。

至此，量词"具"搭配的对象大致可分为两类：一类是器物类，称量对象多为"X器"或"X具"的下位概念，相当一部分分布在"赏赐、进献"语域中，这类语域文字颇多拟古，所以"具"在语义表达上偏"重"这一点并无实质性变化。另一类是骨骼脏器类，主要用于"方剂"类语域中，这类语域要求表量清楚准确，较少感情色彩。发展到现代汉语，随着前一类语域范围的急遽缩小，"具"作器物量词的内涵和外延都发生了很大改变，就外延来说，仅搭配"机器"类名词，偶见搭配"棺椁"类名词；内涵意义也相应变得客观准确。现在"具"称量的范围相对专一固定，多搭配"遗骸""尸

---

① 如贺芳芳《〈齐民要术〉量词研究》，硕士学位论文，山东大学，2005年，第28页。

体"和"化石",特别是"尸体",几乎无一例外使用"具"作称量词。我们以"一具"为关键词检索CCL现代汉语语料库,随机抽取的100个句子中"尸骸"类名词占68%,其余32%用于"机器""棺椁"。这些句子主要见于科普文章、新闻报道等语域。试各举几例如下:

82) 直升机还有一个奇怪的尾巴,这种长长的尾巴末端向上翘着,上面装着一具小螺旋桨。

83) 喷火器是一种步兵近战武器,一具喷火器可连续喷射三次,最大射程70米。

84) 考古学家在对该木乃伊的牙齿和骨骼研究后得出结论,这是一具雄狮的木乃伊。

85) 当晚7时,妈庙派出所接到群众报告,在澳头发现一具无名男尸。

86) 1974年,在非洲的埃塞俄比亚,发现了一具300万年前的南猿化石。

现代汉语量词系统中用来修饰"尸体"的还有"个"和"条",例子如下:

87) 遗憾的是:他所解剖的只是一个尸体,而不是鲁迅笔下生活在那个社会里的活的人身。

88) 鬼子见自己已处于死地,呜里哇啦一阵怪叫,端着刺刀直冲过来,在一阵手榴弹爆炸声中,他们丢下两条尸体,冲出重围了。

"具"和"个""条"修饰事物相同,概念义相当,主要的差异是隐性含义不同。一是情感色彩义的差异。"具"体现的是一种"客观中性",偏向褒义的情感色彩。"个""条"都表达了某种主观情绪,"条"带有贬义色彩,"两条尸体"是"鬼子"的,表达了对敌人的憎恶情绪。二是主观量不同。前面已经论述过,"具"有往"大"处说的倾向,属主观大量义的表达手段。"个""条"则没有这种倾向,"个"还含有一种往"小"处说的主观小量义。如上句"他所解剖的只是一个尸体",跟副词"只"组配,共同发挥减量的作用。三是语体风格不同。"个""条"一般跟口语体相组配,而"具"表现出书面语的语体倾向。

综上所述，量词"具"的历时发展情况见表2.5。

表2.5　　　　　　　　量词"具"历时发展情况列表

	称量对象	语域	语体特点
先秦—汉	器具类	赏赐清单	书面语：正式、典雅
魏晋南北朝—明清	器具类	赏赐清单	书面语：正式、拟古
		其他	书面语：正式
	脏器类	方剂	书面语：客观、准确
现代汉语	机器类（32%）	科普文章	书面语：客观、准确
	尸骸类（68%）	新闻报道、科普文章	书面语：客观、准确

量词"具"先秦就已产生，修饰在空间体积上"大型"、在质量上"厚重"，并且具有一定功能用途的可以归属到"X器"或"X具"的总名之下物体。字源中"鼎"字的意义潜含其中，使得"具"修饰的对象非"贵"即"重"，语用功能上有往"大"了说的主观表达意向，彰显正式、典雅的语体色彩，主要用于"赏赐"语域；中古时期扩展了量指"脏器"的用法，大量用于"方剂"语域。后来可以说"枯骸一具"，逐渐发展成为现代汉语中"尸骸"类名词的专用称量词。这类事物最大的特点就是生命体征的丧失，没有灵魂徒有其表的躯壳与无生命的机器无异，故而用"具"称量。"具"的发展轨迹说明，"其实汉字是形象表意的，汉语是趋源性极强的，量词都可据形索源，它的意义形象可感，与其他词的搭配有极强的规律性和系统性"[1]。虽然量词"具"在历时演变过程中称量对象、适用语域及语体色彩发生了改变，但本质上仍有所保留，因为贯穿始终的是"具"的字源意义。

第二节　动量词研究

一　动量词概貌

陶弘景作品中的量词比较充分地体现了宋、齐、梁三朝语言的发

---

[1]　万献初：《汉语量词分类系源》，《咸宁师专学报》2000年第4期。

展特征，以当时的无色动量词"过"为例，《魏》共列举27例，引自《真诰》《周氏冥通记》二部作品的就有9例，占到全部书证的1/3。

（一）专用动量词

全书专用动量词有6个，借用动量词1个。

过 量词"过"是从"经过"的动词义演变而来，《说文》："过，度也。从辵，呙声。"据金颖（2006）的考察，"东汉三国时期'过'还未见动量词用法"[①]。由此推断动量词"过"产生于魏晋时期。刘世儒指出，"过"用来"泛表一般动作的次数"，是南北朝时期的无色量词。就陶书的分布来看，情况的确如此。具体来说，"过"的用例在5个动量词中最多，达104次。修饰的动词涉及按（目下）、读（黄庭经）、服（三色气）、针、灸、呼气、咽液、摩墨、蹑（捏人中）、上章、诵、洗目、咽气、挹、栉头理发、祝、啄齿等几十种动作，还有一些复杂的动作一般用"如此X过"来计量，如：

89）此存法，昼夜有闲便为之，先摩掌及热，以摩面目数遍，复切掌又摩，如此四五过，乃度手项后及两鬓，更互摩鬓，向上就经，状如栉头，数十过止，此法虽解，童颜还白之良方也。（登真隐诀·卷中）

90）欲卧时，常先向北祝之三过，微其音也。祝曰："吾是太上弟子，下统六天……"止，乃啄齿六下乃卧，辟诸鬼邪之气。如此凡三过也。（真诰·卷十）

上面2例，前1例"如此四五过"进行的动作包括两个步骤：第一摩掌及热，第二以摩面目。"数十过"进行的动作是"度两手项后及两鬓，更互摩鬓，向上就经，状如栉头"这一套复杂的动作。后1例"如此凡三过"指先北向祝祷，然后啄齿六下。与"下"等计量单一动作的量词不同，"过"可以和单一动作搭配，也可以对一整套前后相续的动作计数。而这正是无色动量词的职能所在。

通 "通"的本义是到达。《说文》："通，达也。从辵，甬声。"刘世儒（《魏》：260）指出"通"的名量和动量用法都是从"通括、

[①] 金颖：《试论动量词"过"的产生发展及其相关问题》，《古汉语研究》2006年第1期。

通彻"义转来的,他分别描写了魏晋南北朝时期"通"的名量和动量词用法。魏兆惠、华学诚(2008)全面考察了"通"在汉语史上出现的度量衡量词、名量词和动量词用法。文中指出:"表度量的'通'先秦时期就消失了。名量词的用法在魏晋南北朝时期达到繁荣。""通"的动量词用法萌芽于西汉,用于称量言说动词,后来逐渐发展出称量"挝鼓""叩击"义动词(魏晋以后)以及"吹号角"(唐宋时期)。"总的来讲,在汉语史上,'通'作动量词的使用频率并不高。"① 其中"叩击"义动词主要见于道经文献,其中又以陶弘景三部道经体现得最为集中,试举若干用例如下:

91)谓向呼出二十四气,使与外雾相交,两烟合体,然后服之,故顿服五十过,则是服雾气得二十六通矣。(登真隐诀·卷中)

92)夜卧觉,常更叩齿九通,咽液九过,毕,以手按鼻之边,左右上下数十过,微咒曰:"太上四明,九门发精,耳目玄彻,通真达灵……"(真诰·卷九)

93)祝毕,又心拜四方,叩齿三通,咽液三过。(真诰·卷十)

94)存之俱毕,因三呼三君名字,叩齿九通,则千妖伏息,万鬼灭形也。(登真隐诀·卷上)

95)捻毕,因叩齿七通,毕,又进手心以掩鼻,捻毕未去手,仍叩齿,叩齿竟,仍进手掌以掩鼻口,指端至发际,拜覆明堂上。(登真隐诀·卷中)

"通"共出现25次,用于"叩齿"和"啄齿"义的就有24次,占全部用例的82.8%。其他义类的动词有"服气"和"缮写"。"叩齿"属于可持续可反复的"敲击"义动词,当来源于"挝鼓一千槌,三百三十三槌为一通"这一原型意义。修饰"缮写"类动词的功能可能源于"通"曾经的名量词用法。

在陶书中,"通"和"过"出现的语境相同,部分修饰义类有交集,在此有必要对这两个词语的用法作出比较。首先就组合功能来看。"过"修饰的动词较多较杂,用例较多的是"咽液"(占"过"全部用例的35.9%),然后是"按""诵读""呼气"等。"通"则几

---

① 魏兆惠、华学诚:《量词"通"的历史发展》,《汉语学报》2008年第1期。

乎以"叩齿"为主（占"通"全部用例的82.8%）。"叩齿"和"咽液"作为上清派常见的修习基本功，经常出现在同一个句子里，但所用量词界限分明，互不混淆：

96）毕，可叩齿九通，咽液九过。（登真隐诀·卷中）

97）毕，又叩齿七通，咽液七过，乃开目，事讫。（登真隐诀·卷中）

仅有1例"过"修饰动作"啄齿"：

98）亦当少斜向癸地，通作一遍，祝竟，辄六过啄齿，乃重祝，凡三过止也。（登真隐诀·卷中）

此例中的"六过啄齿"不能换成"六通啄齿"，这是因为"过"和"通"在表义方面最大的区别是"过"用于计量单次动作，"通"用于计量集合动作。"六过啄齿"意思是啄齿六下，连续啄齿多次方为一通，而且语料中更为普遍的说法应该是"啄齿六通"。"咽液"操作起来不如"啄齿"简便易行，不能够反复多次进行，故而只能用"过"修饰，"咽液一过"表示吞一次唾液。就句法功能来看，"过"在"数+量""数+量+V（+O）"和"V（+O）+数+量"三种结构中都有分布，但"通"只出现在"V（+O）+数+量"中。说明"过"在当时的活动能力要强于"通"，可出现在状语、补语位置；"通"只能出现在补语位置。可能是"通"的用法更顺应后来动量词发展的大潮流，所以一直保存至今。

遍 刘世儒认为"遍"由动词发展成为动量词是在南北朝时期才完成，表示的是"长时距"，并举了《真诰》与"叩齿"搭配的2例来质疑王力"遍"表示读书完毕的次数的观点。就陶书"遍"的分布情况来看，"遍"共出现19次，表现得相当活跃，可搭配的动词涉及若干义类："言说"类，共10次，包括"诵""读""咏""祝"；"肢体动作"类，共5次，包括"叩齿""咽""啄齿"和"摩面目"；与"作"搭配1例表示一套连续动作；3例构成复合词"遍数"。可见"遍"适应多种情状的动作场景，既有短时距动作，又有长时距动作，就句法功能来看，有13例和数词结合后构成"V（+O）+数+量"结构。考察"遍"动量词用法的来源，需要从它的本义入手。《汉语大字典》引《广韵》："徧，周也。《说文》：帀也。

遍，俗。"而"帀"的本义据《说文》："帀，周也。"即环绕。由此可知，"遍"的动量词用法源于"周遍"义，读书一次称"遍"可能是"遍"后起的动量用法之一。

下 刘世儒（《魏》：260）对"下"的来源和语义功能均有研究。他说，"下"的动量词用法是由方位词"下"引申出来的。由此量词"下"常常称量自上而下的"打击"义动作，又因为"打击"义动作一般进行得比较快，故而动量词"下"又兼含"短时距"的意味。陶书"下"共出现5次，全部和"叩齿""琢（啄）齿"搭配，上下牙碰一次为"啄齿一下"。句法格式也比较单一，全部为"V（+O）+数+量"结构，数词要么是"六"，要么是"三十六"，这和道家的数字崇拜心理有关。

止 刘著动量词下没有收"止"。我们推测，"止"作量词当来自"止"的"停止"义。汉刘熙《释名》："趾，止也，言一进一止也。"动作的发生有始有止，故可以"止"的次数来计量动作发生的次数，可以视为以事件的局部过程替代全部过程来计数。汉以前计量动作多用"数+V"结构，动量词系统尚未形成，这种情况下的"一止"只能解释为停止一次。到了汉代，"一止"多见于医书对脉象的描述：

99）脉来缓时一止复来，名曰"结"。脉来数时一止复来，名曰"促"。（金匮玉函经·卷二）

晋代王叔和在该条下注释曰："脉一息四至曰平，一息三至曰迟，小快于迟曰缓，一息六至曰数，时有一止者，阴阳之气不得相续也。"[①] 这里的"止"指脉动之间较长的停顿。王叔和还在《脉经》中详细总结了脉象的规律：

100）脉一动一止，二日死。二动一止，三日死。三动一止，四日死，或五日死。四动一止，六日死。五动一止，五日死，或七日死。（脉经·诊脉动止投数疏数死期年月第六）

这里"止"和"动"相对出现，说明"止"仍是动词，意思是停顿不动。相对高频率的使用有可能造成"止"的量词化倾向，但

---

① （汉）张仲景著，（晋）王叔和撰次，（金）成无己注，（明）汪济川校：《注解伤寒论》，人民卫生出版社1963年版，第4页。

缺乏更多的文献证据，故而"止"演变的细节尚缺少更多的证据。可以确定的是在陶弘景的时代"止"确乎已经向动量词迈进了一步，明显的表征是"止"出现的句法环境较之此前有所改变。陶书的全部2次用例如下：

101)《大洞真经·精景案摩篇》曰："卧起，当平炁正坐，先叉两手，乃度以掩项后，因仰面视上举项，使项与两手争，为之三四止，使人精和血通，风气不入，能久行之，不死不病。"（真诰·卷九）

102) 乃度以掩项后，因仰面视上，举项，使举两手，手争为之三四止。（登真隐诀·卷中）

在"为之三四止"中，如果句读分析成"为之三四，止"的话，可能遇到以下难点：第一，在当时使用动量词已经相当普遍的情况下，该小句数词后的量词缺省，与共时语法不符；第二，这种指导如何修行的文本很少见到类似的说法，一般教人做某动作多少次，没有必要加上"停止"的提示。此句应被分析为当时已经比较普遍的"V＋O＋数＋量"动补式结构，数量结构"三四止"在其中作补语，"止"的量词身份可以成立。

"止"的动量词用法仅见于道经文献，从陶弘景的时代相袭沿用至唐宋元时期仍然依稀可见：

103) 又法，三月三日若十三日、二十三日，取白茅根净洗、细切、水服亦可。暴末并备之日服五六止，勿大饱长服。令人美色不老，伏鬼神。（《要修科仪戒律钞》卷十四·断谷服药缘）

104) 夜半后生气时，或五更睡觉或无事闲坐腹空时，宽衣解带，先微微呵出腹中浊气一九止或五六止，定心闭目，叩齿三十六通以集身神。（《三元延寿参赞书》卷五·导引有法）

以上2例均出自明正统道藏本，103)例标明"服药"的次数，104)例标明"呵出腹中浊气"的次数，语意功能和句法结构都和南北朝时期基本相同，可以看作一种仿拟用法，因为同期其他文献均未见到"止"的这种用法。

动量词"止"在汉语史上堪称昙花一现。"止"的活动时间仅限于南北朝时期，它从产生到消失可能有以下几个原因：道教经典中对烦琐复杂的科仪的准确描述需要相应的动作计量手段，催生了动量词的多样性以适应这种需要，"止"就在这样的大环境中应运而生。但比起适用范围更广的"过"、生命力更强的"通""遍"，"止"仅仅是动量词队伍中的替补成员。使用频率不高再加上自身的词汇意义实在，"止"的衰落不可避免。

转 刘世儒认为，"转"在南北朝时期尚处于萌芽状态，真正的动量词用法还没有产生。就陶弘景三书中所见仅2例：

105）拜毕长跪，瞑目祝曰：十转既周，乞登龙軿。经序本云"万遍方得彻视五藏"而已，今始得十转，便乞登龙軿。（登真隐诀·卷下）

106）左行摩墨四十九过止，重摩墨亦四十九转。（登真隐诀·卷下）

前1例前一句为原文，句号以后为陶氏注文，注文中把"万遍"与"十转"相提并论，后1例"摩墨亦四十九转"后附陶注"重摩墨者，谓程墨时四十九过"，说明陶氏是把"转"视作与"遍""过"一类的动量词。"摩墨"这一动作是在砚池内持墨作圆形回旋运动，和"转"的"转圈"义相匹配。同时期《世说新语》中检得1例"转"修饰"盘马"：

107）阮语女："闻庚郎能骑，我何由得见？"妇告翼，翼便为于道开卤簿，盘马始两转，坠马堕地，意色自若。（世说新语·雅量）

"盘马"指跨马盘旋驰骋，这一动作指在一个较大的场地中骑手策马绕圈奔跑。从"摩墨"和"盘马"这两个动作中，我们可以抽绎出动量词"转"组合动词的义类特征，即"在一定的空间内作圆形闭合运动"，这一语义特征在南北朝时期的若干用例中体现得很明显。在句法特征上，南北朝时期的动词与数量结构结合得还不像现在这么紧密，上面几个例子动词和数量结构之间还插入有"亦""始"等其他成分，这符合当时数量成分作补语尚未成熟的特点。一直到唐五代，这种情况才真正有了改变，数量成分附于中心词之后，中间没有其他成分插入：

108）如今耳有与摩汉摩出来，试弄一转看作摩生。（祖堂集·卷十）

109）雪峰一日譇曰："俗头陁未曾经历诸方，何妨看一转乎？"如是得四度。（祖堂集·卷十）

上面 2 例中与"转"搭配的动词分别是泛义动词"弄"，视类动词"看"，适用范围相对扩大，核心意义仍保留了"在一定的空间内作圆形闭合运动"，这说明随着汉语的历时发展，"转"的用法已在一定程度上语法化了。刘氏引叶圣陶《多收了三五斗》作补充书证，未免太晚，且中间历时发展太过模糊。

总的来说，此期动量词系统初具雏形。无色动量词"过"的使用解决了一般动词表量的需求，集合量词"通"可以补充"过"的不足，为动量的表达提供更大的选择余地。新兴的"遍""下""止""转"能够满足动量表达多样化的需求。

（二）借用动量词

刘世儒（《魏》：275）高度评价了借用动量词的历史地位："副位动量词（即借用动量词）的兴起在全部动量词系统中是占有特殊的地位的，是值得在动量词发展史上大书特书的。因为它使汉语语法在结构方式上更趋多样化、简洁化了。"并总结了这个时期借用动量词的特点：一是能借用来作量词的仅限于名词，二是它们一般不能充当状语。书中借用动量词仅有"杵"1 个。《说文》："杵，舂杵也。"本是舂米、捣衣、筑土等用的棒槌状工具。全书共 2 例：

110）又法：尤散五斤，伏苓煮三沸，捣取散五斤，右二物合和，更捣三千杵，盛以密器，旦服五合，百灾百毒百疫不能犯，面童而壮健，久服，能飞越峰谷，耳聪目明矣。（真诰·卷十）

111）又以药滓置木臼中，捣三百二十杵，纸裹令密。（冥通记·卷四）

二 动量词的语法化

刘世儒（《魏》：43）指出："南北朝虽然是动量词刚刚产生、发展的阶段，但到了中晚期就已经开始成为一种明确的范畴：行为称量法，总须通过量词，否则总不免带有上古汉语的浓重气息，总觉得同这个时代的行为称量法的体系不大对头。"这一结论明确指出南北朝晚期动量词范畴体系已经建立，陶弘景生活的时代正好跨越南朝宋、齐、梁，属于南北朝晚期，可以通过统计陶书动量词用例来进一步论证动量词范畴是否已经确立的相关问题。上面讨论名量词时采用了吴福祥提出的判定量词语法化程度的两个参数，即"文本频率"和"句法行为"。虽然这两个参数是针对名量词提出的，但同样适用于动量词。下面我们尝试运用这两个参数来衡量陶弘景三部道书中动量词语法化的程度。

（一）文本频率，即数动组合和使用动量词组合的比率

动量词是汉语量范畴的一种语法形式，在这种语法形式产生之前，主要是通过"数词+动词"这种形式来表现动量范畴。从数动直接组合发展到现代汉语中以动量词量指动作发生的频率和次数经历了漫长的历史演变，考察计量动作的语境中动量词出现的比率是衡量某个历史阶段动量词语法化程度的重要指标。我们首先统计了数动组合和动量词的使用频度，统计数动组合时剔除了"一"不作数词的情况，即不可以被其他数词替换，如"一云""一名""一曰""一作""一得……便"，另外"X+沸"计入数动组合。统计结果见表2.6。

表2.6　　　　陶书数动结构与动量结构分项统计表

	数动直接组合	使用动量词
"叩齿"动作	8	53
百分比（%）	13	87
全部用例数	64	157
百分比（%）	29	71

表2.6显示，陶书使用动量词与数动直接组合的比率至少达到了7:3，使用动量词的情况占到了大多数。我们还检索了道家修行常用之术"叩齿"（两个动词"叩齿""啄（琢）齿"）在陶书中的61个句子（结果见表2.6），其中采用了动量词"通""过"或其他动量词的有53例，占全部用例的87%；仍然采用"数词+动词"的用例有8例，仅占13%。后一种情况举3例如下：

112) 此一遍呪讫，六啄齿，毕又呪，如此三过乃卧耳。（真诰·

卷十五)

113) 毕，四言一啄齿以为节也。(登真隐诀·卷中)

114) 平坐临目，叩齿三十六通，乃存神，既非制邪大祝，乃后四九叩齿存神，如此经例所无也。(登真隐诀·卷下)

我们总结了几种不使用量词的情况：

（1）固定结构不使用动量词。主要有频率式"X＋V1＋一＋V2"和连动式"X＋V1＋Y＋V2"，前者如"四言一啄齿"，现代汉语中仍然有其一席之地，如"三步一回头"。后者如"三进三出""一吸一咽"。

（2）高频单音节数词有时不用动量词。高频单音节词有"一""三"，特别是"三＋V"的用例较多，如"三呼""三弹指""三捻香"等。

（3）用"再"表示两次、第二次时。"再"有时候单独使用，如"再拜"；有时候与"三"组合成"再三"表示约量，如"吟此再三""再三读之"。

综合来看，陶书中动名组合仍然占有一席之地，但使用动量词的情况已占有明显优势，说明动量词虽然较名量词晚起，但发展迅速，在陶弘景时代已经确立了自己的范畴地位。动量词结构取代"数＋动"结构的根本原因是语言表意的精密化要求。以"叩齿"为例，在全书中既有表示离散量的"叩齿三下"，也有表示连续量的"叩齿三通"。而"三叩齿"这种数动组合式不能明确区分这两种含义，容易造成理解上的歧义，无法适应语言交际中纷繁多变的需求，因而被新兴的动量词取代。

（二）句法行为，即"数＋量＋V（＋O）"与"V（+O）＋数＋量"的比率

上面统计了动量词在陶书中的文本频率，在计量事件的表达上约占七成比率。据此可以知道，对在一定时间内动作的持续状态或发生需要计数的情况下，动量词的使用已经是语言中普遍适用的规则。联系现代汉语动量词的句法特点，我们会发现动量词和数词联合构成的数量结构经历了一个变化的过程：由动词前的位置变为动词后。表2.7统计了陶书6个动量词在句子中构成的4种样式以及次数。

表2.7　　　　　　　　　陶书动量词句法形式统计表

	出现次数	数+量		数+量+V（+O）		V（+O）+数+量		独用或构成量名式复合词	
		次数	比例（%）	次数	比例（%）	次数	比例（%）	次数	比例（%）
过	104	18	17.3	13	12.5	71	68.2	2	1.9
通	25	0	0	0	0	25	100	0	0
遍	19	3	15.8	0	0	13	68.4	3	15.8
下	5	0	0	0	0	5	100	0	0
止	2	0	0	0	0	2	100	0	0
转	2	1	50	0	0	1	50	0	0
总计	157	22	14	13	8.3	115	73.2	5	3.2

上表显示，四种样式中"数+量+V（+O）"结构仅通用动量词"过"有不多的13个例子，"V（+O）+数+量"结构则几乎每个动量词都能进入，两种样式的频次比达到1∶9。动量词后置成为当时的主流分布格式。我们尝试归纳了"数+量"结构前置于动词的几种情况：

（1）动词是单音节。如"针""灸"多说成"三过灸"和"十三过针"。这种情况可能受制于结构的韵律特征，因为数词和量词的结合发生得更早，固化程度更高，故而形成了较为稳定的双音节结构，即"标准音步"。"当标准音步的动作完成以后，如果还有剩余的单音节成分，那么这些单音节成分就要贴附在一个相邻的双音步上，构成三音步。"[①] 如"三过灸"中，数词"三"与量词"过"联系更紧密，动词"灸"只能附在后面。例子如下：

115）灸气得温，浮上臂血得风痹，故宜三过灸，乃得补定流津，使筋属不滞也。（真诰·卷十）

116）十三过针，三过灸，无不愈，左手胜右手也。（真诰·卷十）

117）少阳左肘手脉内缠，故宜十三过针，乃得理内脉入少阳也。（真诰·卷十）

[①] 冯胜利：《汉语的韵律、词法与句法》，北京大学出版社1997年版，第3页。

(2) 句子所叙述的事件或动作已经发生或处于完成状态。

118) 自此往来,一月之中,辄六过来耳。(真诰·卷一)

119) 尔已经三过上仙籍,其中或犯非法而复落去。(冥通记·卷二)

(3) 其他。"V(+O)+数+量"和"数+量+V(+O)"处于竞争状态,究竟选用哪种结构具有随意性。

120) 凡研味至道,及读诵神经者,十言二十言中辄当一二过舐唇咽液,百言五十言中辄两三过叩齿,以会神灵,充和血气,使灵液凝满,帝一欣宅,所谓冲气不劳,启血不泄也。(真诰·卷十)

121) 亦当少斜向癸地,通作一遍,祝竟,辄六过啄齿,乃重祝,凡三过止也。(登真隐诀·卷中)

上面已经提到,"V(+O)+数+量"结构在4种动量词结构中居主流地位,与"数+量+V(+O)"结构之比更是达到9∶1,这说明动量词一经产生,其范畴化确立的速度非常迅速,陶书动量词的使用频率高出同期其他文献,语法结构以"V(+O)+数+量"为主,奠定了后世动量词句法行为的基本角色。陶书动量词语法化程度达到了前所未有的高度,能够代表同时代动量词发展的最高水平。

第三节 量词与道教文化

一 从名量词看道教的科学实践

中国古代科技史的事实证明,道家蕴藏着朴素的科学主义精神。"当我们探讨历史上道教与科学的关系及这种关系所产生的历史作用,不难看到道士人格的双重性:集宗教信仰与科学实践于一身。他们用宗教理想推动着科学探索的车轮,谋求通过科学手段实现其宗教理想。"[①] 陶弘景就是这种双重人格的代表人物,他的一生中有大部分时间在从事"方术形式的原科学领域的思考和实践"[②],唐代李渤评

[①] 姜生:《论道教与科学》,《自然辩证法通讯》2003年第5期。
[②] 钟国发:《陶弘景评传》,南京大学出版社2005年版,第345页。

价他"尤长于铨正伪谬,地理历算,文不空发,成即为体"①,在从事科学实践的过程中,陶弘景力求全面、准确地认识自然世界,是一名具有朴素科学思想的宗教实践者。这种科学思想的表现之一就是对量的精确性的追求,在语言上体现为对量词的重视和运用。

单位量值的考订和规范。陶弘景时代使用的称量词大多起源较早,经过朝代更替、战乱纷争之后,各个词语的具体量值混乱不一。为了保证最大限度地沿用古法,准确计量,陶弘景发挥"善稽古,训诂七经"的特长,考订了当时使用的计量单位的准确量值,并加以规范。如称量词"两":"古秤唯有铢两而无分名,今则以十黍为一铢,六铢为一分,四分为一两,十六两为一斤,此则神农之秤也。吴人以二两为一两,隋人以三两为一两,今依四分为一两为定。""但古秤皆复,今南秤是也。晋秤始,后汉末以来,分一斤为二斤耳,一两为二两耳。金银丝绵,并与药同,无轻重矣。古秤唯有仲景,而已涉今秤,若用古称作汤,则水为殊少,故知非复秤,悉用今者耳。"② 语料中也有这样的说明:

122)上章毕,用真朱二分,古秤,即今之一两也。(登真隐诀·卷下)

阐明了药物计量单位"刀圭"与"方寸匕"的关系:"凡散药有云刀圭者,十分方寸匕之一,准如梧桐子大也。"③

丹药制作的精确量化。"服食"是道教从古代方术中吸收的养生内容,陶书记载了几种药物炮制的方法,均一一交代清楚用料、质量和制作方法。如"炼麻脾法":

123)炼麻脾法:清水三斛,麻脾一斛,薤白二斤,合三物会煎之,以木盖盖上,勿令脾烟散出,取一斛止,内酒中服之,亦可单服。(真诰·卷十)

三部书中都提到的"桃竹汤方"制作方法:

124)其法用竹叶十两,桃皮削取白四两,以清水一斛二斗,于

---

① (唐)李渤:《梁茅山贞白先生传》,载周绍良主编《全唐文新编·卷七一二》,吉林文史出版社2000年版,第8083页。

② (唐)王焘:《外台秘要》卷三十一,载《四库提要著录丛书》明崇祯程衍道经余居刻本,北京出版社2011年版,子部第4—190页。

③ 同上书,第190页。

釜中煮之，令一沸，出，适寒温以浴形，即万淹消除也。（真诰·卷九）

句曲洞天的精确定位和准确描述。洞天福地是道教信仰的重要因素，主要是指地上仙境，与神仙居住的"三十六天"和遥不可及的"十洲三岛"相比，洞天福地更为实在可及。《真诰》"稽神枢"描述了金陵句曲山有一处洞宫，名为"金坛华阳之天"，实为道家推崇的"养真之福境，成神之灵墟"。对这样一处修行胜地，书中详细地描述了它的地理位置：

125）大天之内有地中之洞天三十六所，其第八是句曲山之洞，周回一百五十里，名曰金坛华阳之天。洞墟四郭，上下皆石也。上平处，在土下正当十三、四里而出上地耳。东西四十五里，南北三十五里，正方平，其内虚空之处一百七十丈，下处一百丈，下墟犹有原阜垅堰，上盖正平也。（真诰·卷十一）

上一段话用了7个量词，详细介绍了句曲山洞天的具体地点、形制和大小，给道教信仰者营造了具体可感的修行所在。"道教既继承了人类早期的巫术技术，也是成熟的组织化的神学宗教，更有着源远流长的科学探索精神。"[①] 从某种程度上来说，正是这种求真索实的科学精神冲淡了道教的玄怪色彩，传达了一种倡导理性、强调实用、注重实效的观点和作风。

二 从动量词看道术的规范

道教的终极目的是得道羽化成仙，达到这一目的的途径是持之以恒练习修行之术。"道教的根本是修炼。……'术'是得'道'的途径、修炼的手段。"[②] 道家的修行之术名目繁多，茅山一宗的修行之术主张形神双修，大致有存思、行气、叩齿、咽液、按摩等几种。陶弘景清整上清派的措施之一便是着力于总结、贯彻实际可行的修行之术，并将其规范化。这种规范化的努力尤其体现在《真诰》和《登真隐诀》中，为贯彻"形神双修"的宗旨，书中对修行的方法、量

[①] 杨子路：《从修行方法互补性看魏晋南北朝佛道双修现象》，《法音》2009年第5期。

[②] 孔令宏：《道、学、术·道教史研究的新视角》，《文史哲》2006年第3期。

的多少都有具体详细的指导，几乎达到了事无巨细又精确无比的地步。这部分文字表现出一种"指南"性质的语用特征，在语言上表现为对新兴的动量词的高频运用，文本中动量词的使用频率占到了70%。这些高频率使用动量词的修行术包括如下方面。

叩齿。叩齿又叫"琢齿"或"啄齿"，即指上下牙相碰，在陶书中是一种普遍常见的养生术。道教认为叩齿益处很多，可以固齿、治病、驱邪鬼，修炼时可以单独施行，也可以和咽液、符咒等一起施行。《真诰》中专门解释了"叩齿"何以能驱邪鬼的原因：

126）夜行常琢齿，琢齿亦无正限数也。煞鬼、邪鬼常畏琢齿声，是故不得犯人也。叩齿即神存，故鬼邪不得干。（真诰·卷十五）

陶书记载的上清派修行之术大多包括"叩齿"，用于此义的量词占全部动量词用例的1/4，陶书中修饰"叩齿"最多的是量词"通"，其次是"下"，仅1例用"过"。这主要是因为"通"的动量词语义来源与"击鼓"有关，连续多次的击鼓方为"一通"，后来"通"的语义泛化，与击鼓动作有相似之处的"叩齿"优先采用集合动量词"通"计量。同时使用"下"和"过"两个单次动量词来作为详细表量的补充。

咽液。又叫"咽唾""咽津""饮玉泉"。也是一种常见的养生术，可单独施行，也可和叩齿相伴进行，常用于祝祷开始和结束的时候。如：

127）"旦、中、暮，恒咽液三九过，急以手三九阴按之以为常，令致灵彻视、杜遏万邪之道也，一日三过行耳。"紫微夫人言。（真诰·卷九）

128）祝毕，咽液五十过。（真诰·卷九）

129）毕，因咽液三十六过。（真诰·卷九）

130）服毕，咽液五过，叩齿五通，勿令人见。（真诰·卷九）

在陶书全部动量词用例中咽液与叩齿义持平，也占1/4，全书共计有一半的动量词是为了计量"咽液"和"叩齿"这两个动作。咽液几乎都是用量词"过"来修饰，这可能与"过"的本义有关，"过"的本义是"经过"，咽一次液就表示唾液从喉头经过一次。

行气。行气是一种呼吸修炼方法，吸气是"服气"，又叫"内

(纳)""咽气",方向相反的动作是"呼气",行气时往往伴有存思等联想行为。行气的次数多用量词"过"。

131)于是服气百二十过,都毕。(真诰·卷十三)

132)毕,因口呼出气二十四过,临目为之,使目见五色之气相绕缠在面上郁然,因又口内此五色气五十过,毕,咽唾六十过。(真诰·卷十三)

133)谓向呼出二十四气,使与外雾相交,两烟合体,然后服之,故顿服五十过,则是服雾气得二十六通矣。(登真隐诀·卷中)

按摩。又叫"导引",多指一种自我按摩的修行方法。"按"和"摩"在当时分别指两种不同的动作,"按"是用手向下压,作用对象往往是一点;"摩"是手按在物体上来回擦动,作用对象是一个面。这两个动词多数情况下用"过"计量,也有用"遍"的,但数量不多。

134)都毕,以手按目四眥二九过,觉令见光分明,是检眼神之道,久为之,得见百灵。(真诰·卷九)

135)道曰:"常以手按两眉后小穴中三九过,又以手心及指摩两目权上,以手旋耳行三十过,摩唯令数,无时节也。"(真诰·卷九)

136)以手大指后掌,各左右按拭目就耳门,使两掌俱交会于项中三九过,此近掌后,从大指边起,先微按目有云,仍各左右拭目,摩耳门过,交于项后,如此更还,三九乃止。(登真隐诀·卷中)

137)此存法,昼夜有闲便为之,先摩掌及热,以摩面目数遍,复切掌又摩,如此四五过,乃度手项后及两鬓,更互摩鬓,向上就经,状如栉头,数十过止,此法虽解,童颜还白之良方也。(登真隐诀·卷中)

诵经。诵经可以看作一种语言崇拜,认为只要诵读经书达到一定的次数就能实现羽化成仙的目的,与此相似的还有念咒和祝祷。《真诰》中用一个诵读经书的故事来启示修道者:

138)又昔周君兄弟三人,并少而好道,在于常山中积九十七年,精思无所不感,忽然见老公,头首皓白,三人知是大神,乃叩头流血,涕泪交连,悲喜自搏,就之请道。公乃出素书七卷以与诵之,兄弟三人俱精读之。奄有一白鹿在山边,二弟放书观之,周君读之不废，二弟还，周君多其弟七过。其二弟内意或云仙人化作白鹿，呼周视之，周君不应。周君诵之万过，二弟诵得九千七百三十三过，周君翻然飞仙。二弟取书诵之，石室忽有石爆成火，烧去书，二人遂不得仙。（真诰·卷五）

故事中的少年周君读书万遍而"翻然飞仙"，其余二弟因为少读了经书"遂不得仙"，故事的寓意是教导修行者要不折不扣地遵从"术"的规范，完成种种修习之"术"在量上的要求，借以达到"道"的实现。这些言语动作包括"诵""读""咏"和"祝"，多用"过"修饰，少数用"遍"。

139）山世远受孟先生法，暮卧，先读《黄庭内景经》一过乃眠，使人魂魄自制炼，恒行此，二十一年亦仙矣。（真诰·卷九）

140）诵大洞万过，七祖方得九宫之仙，今咏黄庭十遍，而便乞朝宴帝庐，不亦过乎。（登真隐诀·卷下）

141）欲卧时，常先向北祝之三过，微其音也。（真诰·卷十）

综上所述，陶弘景在道书中用大量的篇幅规范了修行之"术"的具体实施，阐明了修行之"术"在操作量上的要求，为道士个体修炼提供了详细可靠的"指南"。作为"指南"，语言表述上应该简明易懂，具体操作上应准确无误，使向道之人能够无师自通，从而规范自我的个体修炼。受到"指南"这种特殊语域的影响，新兴的动量词在陶书中大量使用，语法化程度亦高于其他文献，使我们得以从中一窥此期动量词发展的最新动向。

第三章 判断句

中古时期是判断句的成熟期，主要体现在形式标记"是"系词地位的最终确立上。系词"是"的历史源流问题受到了学界的持续关注和深入研究，虽然对于系词"是"出现在上古的准确时间尚有争议，但在南北朝时期"是"字句确乎已经发展成熟。如潘允中（1982）："判断句使用系词'是'确是萌芽于先秦，而完成和普遍于西汉，这是无可争辩的事实。至于南北朝以后，判断句有进一步的发展，最突出的就是判断词'是'后的表语逐步扩大化，它可以是复杂的词组，也可以是复杂句子。"① 柳士镇（1992）："'是'字的判断词用法起源于先秦时期，经过西汉的逐渐发展，东汉时期已经较为常见。到了魏晋南北朝，判断词'是'字在口语中开始了全面成熟，'是'字判断句得到普遍运用，并且逐渐取代了前期典型的主谓相续式判断句。"② 陶弘景三部道书较为全面地展现了南北朝后期判断句的发展状态，我们对陶书不同类型的判断句作了统计，结果见表 3.1。

表 3.1　　　　　　　陶书判断句用例统计表

	肯定判断句			否定判断句		
	"是"字判断句	"为"字判断句	主谓相续式判断句	"……非……"	非是	非为
用例数	950	65	251	312	4	4
百分比（%）	75	5	20	97.6	1.2	1.2

---

① 潘允中：《汉语语法史概要》，中州书画社1982年版，第199页。
② 柳士镇：《魏晋南北朝历史语法》，南京大学出版社1992年版，第287页。

从绝对数量上看,"是"字句占全部肯定判断句的 3/4,"是"字句的广泛使用由此可见一斑。主谓相续式判断句作为一种旧式的判断句仍然占有 1/5 的比例,"为"字判断句用例最少,仅为 5%。这三种句式构成了陶书肯定判断句系统,否定判断主要还是依赖副词"非"。下面分类探讨这几种类型,重点围绕"是"字和"为"字两类判断句展开研究。

第一节 "是"字判断句研究

一 "是"字判断句的形式分类

陶书"是"字出现 1302 次,表示肯定判断的"是"1185 次,占全部"是"字用法的 91%。其中"是"字充当判断词的肯定判断句共 950 句,带语气词"也"字煞尾的"是"字句 212 句,占 22.3%;不带"也"字煞尾的"是"字句 738 句,占 77.7%。"也"字的使用与否、使用频率被视为衡量系词"是"成熟的标志,这个标志自王力提出来之后应用颇广,但"也"字作为衡量标志的资格颇为可疑,一是"也"字作为语气词使用范围较广,并非只用于判断句句尾;二是判断句除了用"也"字煞尾,还可以使用别的语气词如"耳""矣"等,也可以直接结尾,不使用任何语气词。这种错位的关系说明"也"字不足以承担衡量系词"是"成熟程度的标志。王力(1980)就曾指出,"这种'也'字只是帮助语气,并没有系词的性质。"并举出句末使用其他助词和句末无助词但判断句仍然成立两种情形来说明"'也'字可有可无,因此就不能认为系词,只能认为助词而已"[①]。汪维辉(1998)也表达了相似的观点。[②] 我们在讨论不同形式的"是"字句时,不把是否带有"也"字专门标出。

(一)"是"字肯定判断句的句法形式

A 式:主语 + 是 + 宾语

A 式是"是"字判断句的标准形式,全书共 251 例。其中主语由

---

① 王力:《中国文法中的系词》,《清华学报》12 卷 1 期(1937 年),又载王力《龙虫并雕斋文集》,中华书局 1980 年版,第 257 页。
② 参见汪维辉《系词"是"发展成熟的时代》,《中国语文》1998 年第 2 期。

指示代词"此"充当的有55例，约占1/8。例如：

142）十月二十三日夜，梦在一大山上，有人见告："此是蒙山大洞室中也。"室四面坐相向，皆柏床龙须席，四壁多文字而不可了。（真诰·卷十七）

143）头中虽通为洞房，而此是洞房之正也，左有无英君，右有白元君，中有黄老君，凡三神居之。（登真隐诀·卷上）

144）保命曰："此是小天奉法人。"（冥通记·卷四）

主语是"X+者"的有22例，其中3例是"人名+者"，另外19例都是"谓词性结构+者"，摆出某种事态或情况，用"是"字句加以说明。朱德熙（1983）曾指出"主语不缺位的'VP者'一定是表示自指意义的"[①]。具体来看以下几例：

145）大胡乱者，是刘渊、刘聪时也，石勒为小胡。（真诰·卷十四）

146）官将及吏兵人数者，是道家三气应事所感化也，非天地之生人也。（登真隐诀·卷下）

147）山下居民今犹呼一平泽地为郭千者，是四朝之姓尚存于民口也。（真诰·卷十三）

148）有云寅兽白齿者，是虎牙也。（真诰·卷二十）

例145）中"大胡乱者"指的是"大胡乱"这个事件；例146）中的"官将及吏兵人数者"是自指；例147）的前项是一个较长的"者"字结构，是自指，标明这是一个独立的事件；例148）中"者"是自指。类似例145）、例147）这种谓词性"者"字结构作前项的判断句是中古新兴的语法现象。

B式：主语+副词+是+宾语

B式353例，陶书中能够用于主语和"是"字之间的副词数量达47个之多，其中包括2个双音节副词，按使用频率高低排列依次是：

即、亦、犹、似、并、皆、则、乃、便、复、既、止、最、正、必、多、若、本、盖、独、方、复、各、兼、岂、全、悉、诸、别、的（的确义）、都、今、尽、俱、仍、如、实、特、同、唯、先、

[①] 朱德熙：《自指和转指——汉语名词化标记"的"、"者"、"所"、"之"的语法功能和语义功能》，《方言》1983年第1期。

已、直、自、脱、不必、未必

用例如下：

149）子良字符龢，此乃世之善名，亦不胜于世，直是施于冥中耳。（冥通记·卷二）

150）侨忿恚，遂入道，于鬼事得息，渐渐真仙来游，始亦止是梦，积年乃夜半形见裴清灵、周紫阳至，皆使通传旨意于长史，而侨性轻躁，多漏说冥旨，被责，仍以杨君代之。（真诰·卷二十）

151）自题《五岳图》《三皇传》及诸经符，并云佩随身，但不知三师的是何者，即谓当作籍师、度师、经师义，为直是师师相承之三世邪？（冥通记·卷一）

152）掾书乃是学杨，而字体劲利，偏善写经画符，与杨相似。（真诰·卷十九）

153）后又有叙重思事，既是异日所说，两出自非嫌。（真诰·卷十五）

154）《宝神经》岂得下教耶？此唯是一片钞耳。（真诰·卷九）

另有副词连用、副词和助动词连用的用例。副词连用如"乃""多"连用：

155）又按《起居宝神》及《明堂》、梦祝，《术叙》诸法，十有余条，乃多是抄经，而无正首尾，犹如日芒、日象、玄白、服雾之属。（真诰·卷十九）

副词和助动词连用如"犹恐""正当""亦可"：

156）此长史答右英前七月二十八日喻诗"世珍芬馥交"者，并酬前书论薛旅事，犹恐是十二月中。（真诰·卷三）

157）既非接隶意，又乖师资法，正当是作贵贱推敬、长少谦挹意尔。（真诰·卷十七）

158）又见系师注《老子内解》，皆称"臣生稽首"，恐此亦可是系师书耳。（真诰·卷十七）

159）又此四月或即是乙丑年，亦可是寅年耳。（真诰·卷十七）

C式：主语+助动词+是+宾语

C式191例。助动词由5个词充当，按频率使用高低排序依次是："当"88例，"应"65例，"恐"22例，"可"9例，

"疑"6例。① 例子如下:

160) 左氏乞丹砂,当是入洞时所请,以合炉火九华丹。(真诰·卷十一)

161) 映亦属吾,其家比衰,欲非可奈何,可写存之耶?鼠子,恐是鲍靓小名。(真诰·卷十四)

162) 计杜于建安初可年二十许,至晋兴宁三年,始一百九十岁,诸人又晚学,而此云"并三百余年",恐长"三"字,亦强可是"二"耳。(真诰·卷十三)

163) 右四条别一手书,陆修静后于东阳所得,不与诸迹同,辞事伪陋,不类真旨,疑是后人所作。乐子长非受《五符》者。唐承即《列纪》所云四十六丁亥之期。(真诰·卷八)

D式:无主语句

D式共计155例,部分主语承前省略,联系上下文能够补出。例如:

164) 小有天王昨问:"此人今何在?修何道?"东卿答曰:"是我乡里士也。"(真诰·卷二)

165) 小男儿名赤豆,年五岁,是俞僧夏儿,云多灾厄,暂寄道士间,夏月裸身出戏。(冥通记·卷一)

有一种情况是"是"字句前的一个或几个分句是它的主语,但在形式上却只能视为无主语句。这类主语在其后添上名物化标志"者"即成为"……者,是……"句式。例如:

166) 凤纲口诀:道士有疾,闭目内视心,使生火以烧身,身尽,存之使精如仿佛,疾病即愈。是痛处存其火。秘验。(真诰·卷十)

167) 明期以魏末入山,服泽泻柏实丸,乃共同止岩中,后俱授西城王君虹景丹方,从来服此丹已四十三年,中患丹砂之难,得俱出广州为沙门,是滕含为刺史时也。(真诰·卷十四)

168) 所以道士栖山林而幽身者,皆欲远兹嚣秽,绝放人间之业,是恐外物凡百犯其性命也。(真诰·卷十)

---

① 根据段业辉对可能类助动词的定义:"可能类助动词是对 NP 可能或不可实施 VP 所表示的动作行为做出主客观判断或推理的词。"将"恐""疑"计入助动词。参见段业辉《中古汉语助动词句法结构论》,《南京师范大学学报(社会科学版)》2002 年第 3 期。

169）夫真人之偶景者，所贵存乎匹偶，相爱在于二景，虽名之为夫妇，不行夫妇之迹也，是用虚名以示视听耳。（真诰·卷二）

还有一种情况是"是"字句作为宾语从句，充当句中谓词的下级成分。在形式上也表现为无主语。这些谓词多由"言""云""谓""知""觉"等充当，计51句。例如：

170）意中自谓是灵人所住止处，仍向室拜，叩头讫，请乞。（真诰·卷十八）

171）已说"句曲有四人，欲知之乎？"而竟不得问是谁，其为可恨。（冥通记·卷三）

172）今父老相传，乃言大茅之西北平地，棠梨树间，名下薄处，言是司命君故宅，耕垦至肥良，多见砖瓦故物，似经住止处，亦验烈不可秽犯。（真诰·卷十一）

173）右四条，有人于东间钞得，云是真书，而不知谁迹，亦无所受者。（真诰·卷十四）

174）又昔周君兄弟三人，并少而好道，在于常山中积九十七年，精思无所不感，忽然见老公，头首皓白，三人知是大神，乃叩头流血，涕泪交连，悲喜自搏，就之请道。（真诰·卷五）

陶书"是"字肯定判断句的4种形式用例及百分比列表见表3.2。

表3.2 陶书"是"字肯定判断句句法形式用例及百分比统计表

样式	A. 主语+是+宾语	B. 主语+副词+是+宾语	C. 主语+助动词+是+宾语	D. 无主语句
真诰	175	259	142	117
冥通记	40	43	34	21
登真隐诀	36	51	15	17
合计	251	353	191	155
百分比（%）	26.4	37.2	20.1	16.3

其中宾语由谓词性成分充当计187例，占全部"是"字肯定判断句的23.1%。谓词或谓词短语作宾语130句，谓词式小句作宾语57

句。分别举例如下：

175）此告必应是告牙，亦可是试以戏长史尔。（真诰·卷十三）

176）经非可轻见，既是说诸仙人事迹，隐居谨抄出以相辅类耳。（真诰·卷十四）

177）何、殷二人以注在前，前所说唯道二人，今当是更请问，乃悉具显之。（真诰·卷十五）

178）周当是闻强说，自私访冥中。（冥通记·卷四）

179）以年限言之，是圣德更不及忠孝也。（真诰·卷十六）

180）邑人呼天市盘石为仙人市坛，是其欲少有仿佛而不了了也。青童飙轮之迹，今故分明。（真诰·卷十一）

181）当是其父不许移，故因此告。（冥通记·卷一）

前4句是谓词短语作宾语，后面3句是小句作宾语，多用于对某种情况的解释和说明。

（二）"是"字判断句主谓之间的语义关系

判断句之"判断"来自逻辑学概念，然而"自然语言是耗散性系统，言语行为受控于情景原则和情绪规则等，因此与形式逻辑和数理逻辑的纯粹理性存在本质差别"[①]。在理性意义上自然语言和形式逻辑、数理逻辑的"判断"有相通之处，但二者并不严格对应。自然语言中之"判断"应是思辨逻辑"判断"的基础，后者是前者的抽象和提纯。研究判断句必须明确判断句之"判断"本质上是个语义概念，既可以从形式特征入手，也可以从语义关系入手。我们尝试梳理陶书950句"是"字肯定判断句的表义倾向，由于语义的抽象和不确定性，以下分类只是罗列趋向，并不周延。

（1）等同或类属。这类共计520例。主语及宾语都由体词性成分充当，对名词性事物的身份或材质、属性进行判断或说明，主要包括人、事物，其中事物又可细分为时间、地点、一般事物和抽象事物等。其中有一类是陶弘景对文献记载中涉及的字形、字义进行辨别和指正，合186句。例子如下：

182）其一女真是张微子，汉昭帝时将作大匠张庆女也。（真诰·

---

① 李葆嘉：《语义语法学导论》，中华书局2007年版，第299页。

卷十三)

183）后用阴君"太玄阴生符"为太清尸解之法，当是主者之最高品矣。（真诰·卷十二）

184）按，此二处是七魄游尸之门户，钺精贼邪之津梁矣。（真诰·卷十）

185）此九月即应是乙丑岁，即疏其年中得道者。（真诰·卷十四）

（2）解释说明。共计292例，其中187句是谓词性成分充当宾语，对主语所提到的某个事件的原委或造成的某种结果给予解释和说明，大多是陶弘景围绕文献记载中相关情景、事件缘由的推测、阐释。按道理说，这类语义关系的主语或宾语均应由谓词性成分充当，但实际语言表现并非如此。很可能是受到"是"字原型结构的影响，"是"字前后成分往往通过添加指称手段如"者""所""之"使谓词性成分离散化，这使得我们在分类时对有些句子主宾语之间的关系不容易判断。例如：

186）题目如此，不知当是道家旧书？为降杨时说？其事旨悉与真经相符，疑应是裴君所授。（真诰·卷五）

187）计此正应是卧斗法，事与前二星相涉，所以犹是洪先生授之。（冥通记·卷二）

上一句"疑应是裴君所授"，添加"所"字使宾语成为体词性结构，下一句"犹是洪先生授之"，是小句充当宾语。我们在统计时把前一句归为"等同类属"类，后一句归为"解释说明"类。更多用例见下：

188）三月九日、六月二日、九月六日、十二月三日，是其日当入室，不可见女子。（真诰·卷十）

189）此是长史轻脱，置书于他家静中而去，恐方将人到，又致漏泄，真灵慎密，故有此语，欲戒试其心事耳。（真诰·卷十一）

190）故《灵宝经》中得取以相糅，非都是灵期造制，但所造制者自多耳。（真诰·卷十九）

（3）其他。表示比喻3例。

191）盖富贵淫丽是破骨之斧锯，有似载罪之舟车耳。（真诰·

卷二)

192) 求道要先令目清耳聪,为事主也,且耳目是寻真之梯级、综灵之门户,得失击之而立,存亡须之而办也。(真诰·卷九)

193) 华庭在两眉之下,是彻视之津梁。(真诰·卷九)

表示强调3例。

194) 隐居是与周共作辞,依常朱书青纸。(冥通记·卷二)

195) 其是二十三日还至山,意殊不许游行人间。(冥通记·卷四)

196) 按:邓是此月六日来,徐与邓同在桐柏,故相称引。(冥通记·卷二)

二 系词"是"成熟标准再讨论

王力先生提出判断"是"字系词句成熟的三大标志:第一,摆脱了语气词"也","是"成为一个必要的,而不是可有可无的系词。第二,系词"是"字可以被副词修饰。第三,系词"是"字前面加否定词"不"字,在口语里代替了上古的"非"。① 这三条标准影响很大,长期被用来作为检验"是"字在不同历史阶段成熟程度的标准。后学汪维辉(1998)提出商榷意见,在肯定这三条标志"很有道理"的前提下,他指出,"三大标志在文献语言中的反映是不平衡的……只有第三个标志,即系词'是'前面加否定词'不'字,'不是'代替了'非',看来是较硬的一条标准"②。汪维辉把有关系词成熟标准的研究向前推进了一步。我们在本章第一节发表了对于第一条标准的不同意见,此处我们拟对第二条标准提出商讨意见,使之臻于完善、明确。何亚南(2004)对第二条标准作了发挥,他提出,"是"受副词修饰是有判断词句发展过程中的"第一个意义重大的层级",理由是"判断词产生后,原来用以修饰无判断词句谓语的一般副词当然同样可以用在有判断词句中。由于'是'受了副词的修饰,

---

① 参见王力《汉语语法史》,商务印书馆1989年版,第197页。
② 汪维辉:《系词"是"发展成熟的时代》,《中国语文》1998年第2期。

它就与指示代词有了明显的区别,它的词性就变成了判断词"①。何氏的观点比较有代表性,即认为判断词"是"受副词修饰是直接沿袭了无判断词句对副词的使用,这一看法恐怕失之片面。的确有一部分副词既能够用于无判断词句,如"皆""即""亦""乃",也能够用于后来的"是"字句,看起来就是简单的继承关系。但并非全部"是"前副词都曾经能够用在无判断词判断句中,有一批副词如"都""独""既""已"等都不曾有过用在无判断词句中的历史。也就是说,"主语+副词+是+宾语"可能并不只是有副词的无判断词句变成有副词的"是"字句这么简单。我们认为,修饰判断词"是"的副词数量较多,情况也比较复杂,需要区别对待,不能一概而论。我们的做法是,把"是"字判断句中的副词一分为二:既能用于无判断词句,也能用于"是"字句的相对比较容易理解,可划为一类(记作"A类副词");先前不能用于无判断词句,后来却能用于"是"字句的另归一类(记作"B类副词"),并探究个中原因。表3.3引用萧红(2008)的统计,并增补陶书的副词数据,分别列出不同时期文献中两类判断句中的副词(不包括否定副词)。

表3.3　　　　　　　　系词"是"前副词历时统计表

	无判断词句中的副词	数量	百分比(%)	"是"字句中的副词	数量	百分比(%)
孟子	必\诚\固\盖\皆\尽\乃\岂\亦\则尽	10	91	钧	1	9
史记(1\2\5\9\10)	必\成\大抵\皆\尽\即\果\乃\亦	9	100	/	0	0
论衡	必\殆\大抵\复\盖\果\各\或亦\皆\竟\俱\皆\即\尽\乃\尚\审\亦\亦皆\宜\又\则\自\则复	25	83.3	必\正\皆\便\真	5	16.7

---

① 何亚南:《试论有判断词句产生的原因及发展的层级性——兼论判断词成熟的鉴别标准》,《古汉语研究》2004年第3期。

续表

	无判断词句中的副词	数量	百分比（%）	"是"字句中的副词	数量	百分比（%）
六度集经	必\盖\即\乃\实\即\亦\亦皆	7	50	皆\本\则\岂\将\犹\真	7	50
世说新语	必\固\故\即\皆\良\乃\亦	8	24.2	乃\诚\便\正\自\本\自然\居然\故\直\并\皆\同\岂\复\定\最\偏\殆\似\得无\必\当\始\旧	25	75.8
齐民要术	皆\亦	2	16.7	即\皆\并\尤\但\盖\便\极\甚\则	10	83.3
洛阳伽蓝记	即\皆\乃\亦	4	25	不必\自\亦\皆\尽\即\乃\悉\便\实\甚\本	12	75
陶弘景三部道书	本\并\便\诚\即\皆\乃\实\悉\亦\则\真\正	13	22.4	即\亦\犹\似\并\皆\则\乃\便\复\既\止\最\正\必\多\若\本\盖\独\方\各\兼\岂\全\悉\诸\别\的\都\今\尽\俱\仍\如\实\特\同\唯\先\已\直\自\脱\或	45	77.6
游仙窟	又复	1	9	乃\总\恰\实\亦\既\不\直\终\即	10	91

表 3.3 显示，进入无判断词句的副词和进入"是"字句的副词总体上呈此消彼长之势，先前用于无判断词判断句中的副词采取一种"溶渗"的方式逐渐进入"是"字判断句，一直到《六度集经》（三

· 78 ·

国时期）二者比率才基本持平，这从侧面说明"是"字句到这个时期方才全面继承了无判断词句的句法语义功能。具体来看，用于无判断词句的副词使用频率最高的有5个：皆、亦、即、乃、必，频率较高的有4个：则、盖、诚、尽。主要是两类副词：范围副词，如皆、尽；语气副词，如必、诚、即、乃、则、盖。① 后面这一类有学者称为"肯定副词"，如黄珊（2005）。② 这些副词的语法意义都有表示肯定，加强判断的意味；在句法结构上也不以修饰谓词性谓语为限，而是兼及体词性谓语。在整个判断句系统向"是"字句过渡之后，此类副词逐渐应用到有判断词句中是顺理成章的事情。这种转变如图3.1所示。

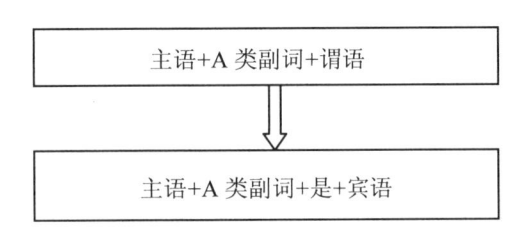

```
主语+A 类副词+谓语
       ↓
主语+A 类副词+是+宾语
```

图3.1　A 类副词进入"是"字判断句示意图

与此同时 B 类副词开始进入"是"字句。《六度集经》的"是"字句中出现了副词"将"，它代表了即将进入"是"字判断句的一个新的副词类别——时间副词。同时还有情状方式副词和程度副词，前者如"犹""或"，后者如"甚""极""最"。这三类副词之前不能用于无判断词判断句，这是因为它们双方内在的语义特征不尽一致。无判断词判断句又被称为"名词判断句"，名词囿于自身的静态属性与时间、情状、程度三个语法范畴关系比较疏远。"名词的种种形态变化所表现的语法意义一般与空间位置有关，人们以语法形态为依据，进而把握有关事物在空间分布上呈现出的各种状态，借以理解这

---

① 分类标准参照高育花《中古汉语副词研究》，黄山书社2007年版，第18—42页。
② 黄珊对肯定副词的定义："肯定副词是对行为、情状或事物表示肯定或确认的副词。"她在《荀子》中找到11个肯定副词，分别是表肯定的7个：必、务、诚、亶、固、故、果；表判断的4个：乃、则、即、案。除"亶"和"案"以外，其余9个都能用于名词判断句。参见黄珊《〈荀子〉虚词研究》，河南大学出版社2005年版，第39—42页。

些事物在特定情景中所扮演的角色。另外，动词变位所表现的语法意义则大多与时间特征有关，利用行为动作在时间流动过程中呈现出的各种状态，人们可以辨识特定的行为动作有别于其他同类行为动作的地方。"① 而时间副词"是表示动作发生的时间及与时间有关情况的副词……一般情况下，时间副词只修饰动词性谓语"。情状方式副词"是表示动作行为进行的方式、手段，或进行时的状态以及进行后结果的状态的副词。在句法结构中，除了表'几近'义的'垂、仅、减'等外，其他情状方式副词只能修饰动词性谓语"。程度副词"是表示性质状态或某些动作行为所达到的各种程度的副词。在句法结构中程度副词一般只修饰形容词，偶尔也修饰某些特定的作谓语的动词或动词性结构"②。从定义上来看，这三类副词与 A 类副词最明显的区别是它们大多只能修饰谓词性成分，一般不能修饰体词性成分，可称之为"谓词性副词"。谓词性副词修饰"是"字判断句一直到魏晋才有实际用例。如"先是"在《汉书》中有很多，但"是"都作代词讲，意思是"在这件事之前"，一般用作追述的标记。真正表示"以前是"的用例要到六朝才见到：

197）青真，男官也，未闻复有所授。此子先是阿环学入火弟子，今正劲取，以授彻也。（《汉武帝内传》）③

再以"将"为例，《汉语大字典》"将"字下第 21 个义项"副词。相当于'将要'；'快要'"首见书证引自先秦文献《易·系辞上》："是以君子将有为也，将有行也。"《论语·述而》："不知老之将至云尔。""将"能够修饰系词"是"则是三国以后的事情，较早的用例见下：

198）昔者菩萨从四姓生。堕地即曰："众生万祸，吾当济焉。不睹佛仪，不闻明法。吾当开其耳目除其盲聋。令之睹闻无上正真众圣之王明范之原也。布施诱进靡不服从矣。"九亲惊曰："古世之来未闻幼孩而为斯云。将是天龙鬼神之灵乎？当卜之焉。"（《六度集经》

---

① 陈平：《论现代汉语时间系统的三元结构》，载陈平《现代语言学研究——理论·方法与事实》，重庆出版社1991年版，第144页。
② 高育花：《中古汉语副词研究》，黄山书社2007年版，第21、35、28页。
③ 《汉武帝内传》成书于六朝时期，这一结论已经成为学界共识。参见王青《〈汉武帝内传〉研究》，《文献》1998年第 1 期。

卷一）

199）文明太后敕召徐謇及显等为后诊及脉，謇云是微风入藏，宜进汤加针。显云："案三部脉非有心疾，将是怀孕生男之象。"果如显言。（《魏书·王显传》）

"将"作为时间副词，只能修饰在时间轴上以某种方式展开的动作性较强的实义动词，说明将要进行的动作或发生的事件，"将是"是预测事物未来的发展性质。例198）怀疑新生的幼孩"将是天龙鬼神之灵"；例199）根据脉象判断"将是怀孕生男之象"，两句的判断都有时制上的限制，这种限制一般是谓词特有的。"是"字构成判断句的时间是战国晚期，但副词的进入经历了一个相当长的时期。首先在语义上带有帮助判断作用的 A 类副词随着判断系统的新旧交替进入"是"字句，这是"是"字判断句对旧式判断句的合理继承。但 B 类副词的进入却晚了 500 多年，这其中的原因值得深究。我们认为对此只有一种解释，那就是在 B 类三种副词语法功能保持相对稳定的情况下，只有系词"是"在形式和语义上都已经完全"谓词化"之后才能被 B 类副词修饰。曾经有学者提出，"是"字句的产生是汉语基本句法结构形式"主+谓+宾"类推作用的结果[①]，那么这种类推作用并未因为"是"字句的出现而停止，而是不断地、持续地驱动二者趋同化发展。具体来说就是，在新的判断句法结构"主语+是+宾语"句式形成以后，"是"字句在形式上处于"主+谓+宾"格式中的谓语位置，但最初只是起到一个联系的作用，"它表达判断意义的功能还很不明显或者没有"[②]。这时候 A 类副词开始进入，巩固"是"的系词地位。由于"系词判断句程度不等地带有主语—谓语结构的特征"，系词"是"逐渐向谓词性成分靠拢，结果就是一部分原本只能用于谓词性成分之前的副词也能够用于系词"是"之前，这正是系词"是""谓词化"达到一定程度的标志，也可以说是其系词地位进一步确立的标志。我们认为 B 类副词进入"是"字句的进程如图 3.2 所示。

[①] 例如张军就指出，"动词句的类推作用赋予'是'联系的功能。"参见张军《汉藏语系语言判断句研究》，中央民族大学出版社 2005 年版，第 182 页。

[②] 同上书，第 183 页。

❖ 陶弘景道书语法研究

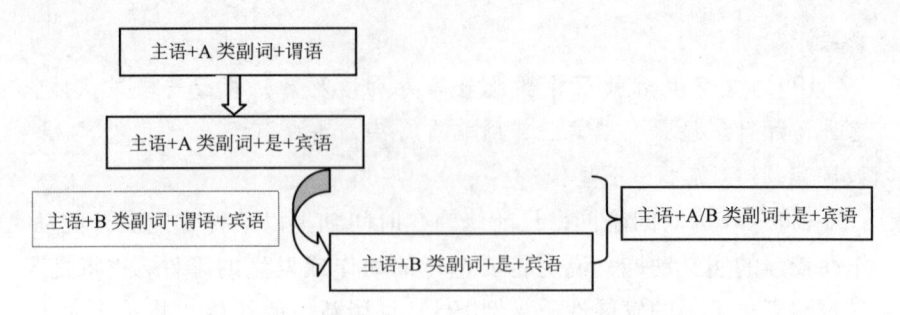

图 3.2　B 类副词进入"是"字判断句过程示意图

何亚南（2004）注意到《三国志》及裴注的判断句中有这样几则"较为少见或特别的文例"①：

200）我与卿同边地人也。（《魏·吕布传》注引《英雄记》）

201）若贾谊之才敏，筹画图政，特贤臣之器，管、晏之姿。（《魏·武帝纪》注引《魏书》）

﹪202）此最风俗之流弊，创业者之所致慎也。（《魏·杜恕传》）

何氏同时指出，"用'同'的文例极为少见，《三》和《注》中仅此一见"，使用频率高达 108 例的"特"字也仅 201）这 1 例，"最"这样用略为多见，除例 202）以外还有 3 例。对这几例何以如此少见或特别的原因何氏未作探究，我们在这里试作回答。王力先生曾指出中国文法有"死文法"和"活文法"之别："国人向慕古人，惟恐不肖，虽生当文法已固定时代，犹效文法未固定时代之语句以为古雅……凡偶见于书，其后不复为人所用者，就是死文法；凡其用能历千年而不替者，就是活文法。"② 我们认为，《三国志》和裴注中的 6 例正是这样的"死文法"，或说是"生造文法"，因为即便是在先秦时代，"同""特""最"之类的谓词性副词也是不能进入当时通行的无判断词判断句的。文人笔下生造出这样的句子，我们可以说他仿造得拙劣，但换个角度思考，这是从当时"是"字句用法往上逆推的结果：正是因为魏晋时期谓词性副词用在系词"是"之前已经成了

---

① 何亚南：《〈三国志〉和裴注句法专题研究》，南京师范大学出版社 2004 年版，第 73 页。

② 王力：《中国文法学初探》，载王力《龙虫并雕斋文集（第 1 册）》，中华书局 1980 年版，第 215—216 页。

一种普遍的语法现象，故而当时的人们想当然地以为这些副词在上古就能用于判断句，因此笔下才会造出这些生硬、别扭的句子。但这毕竟是一种不合语感、同共时语法规则相抵牾的句子，故而见于文献的数量才会如此"少见""特别"，这些语言中的例外、罕见现象背后隐藏着语言中真正起作用的语法规律，这些规律潜移默化地影响着并规范着人们对语言的使用。

以有无副词修饰系词"是"作为衡量系词"是"是否成熟的标准是不严密的。一是照此标准，后来的学者大多注意到了"是"前副词数量上的增长。然而这种增长是建立在"是"字句整体基数增长的基础之上的，此增长毋宁说是表象。二是部分修饰"是"的副词也能修饰旧式判断句，并非只适用于"是"字判断句，难担标准之任。我们对此说作了修正，我们的观点是：对"是"前的副词要一分为二地看，能够作为衡量系词"是"成熟标准的唯三类谓词性副词——时间副词、情状方式副词和程度副词。此三类副词专为修饰谓词性成分所用，当它们能够出现在"是"之前的时候只有一种可能，即系词"是"已经完全谓词化，而谓词化正是系词"是"成熟的标志。另外助动词和谓词性副词的功能相似，也应该一并视为衡量系词"是"成熟的标准。

三 "是"字句的成熟、发展和局限性

(一)"是"字句的成熟表现

1. 谓词性副词能够修饰"是"

上一节我们针对王力先生提出的衡量系词"是"成熟的三条标准中的第二条提出了商补意见，提出只能把谓词性副词修饰系词"是"作为衡量系词"是"成熟的标准。谓词性副词包括三类：时间副词、情状方式副词和程度副词。这三类副词在陶书"是"字句中都有出现，它们是时间副词5个：今、正、方、先、已；程度副词2个：多、最；情状方式副词12个：犹、似、止、若、兼、别、仍、如、特、直、脱、或。例子如下：

203) 杨超远今虽在林屋，先是旧句曲道士，甚有才意。(冥通记·卷三)

204) 寻其初作屋时，欲近东大窠，隐居嫌窠大而远，令还西馆，

明知今葬处已是暗合先旨,虽非同此帅良常之言,而会定录卜葬之告也。(冥通记·卷一)

205)此皆后段所说,似犹是苟中侯,所以止道或不称姓,而顗复云姓,恐以分别周顗也。所说人多是近世,当由代谢参差,兼易臆识者矣。(真诰·卷十六)

206)长史妇亡后更欲纳妾,而修七元家事,最是所禁,故屡有及之。(真诰·卷四)

207)有皆字者,谓行明堂延年之法,旦旦皆应如此耳,亦可兼是守一家用,虽通两法,同为一行耳。(登真隐诀·卷上)

208)苗既非进同生,官位复异,且苗而字达,于义不类,恐别是一弟,不必是名苗战死者耳。(真诰·卷十四)

209)检《记》中得一药方,或疑脱是此。(冥通记·卷一)

2. 助动词修饰系词"是"

根据助动词的定义,如段业辉(2002):"助动词是出现在谓词的前面,从可能、意愿、应当等方面对其后的谓词加以修饰或限制的辅助性动词。"[①] 助动词和谓词性副词的句法功能有相通之处,即二者都用于谓词之前,起修饰或限制的作用。助动词不能用于无判断词判断句中,只有在系词"是"谓词化达到一定程度之后,助动词才能修饰判断词"是"。陶书用于"是"字之前的5个助动词分别是:当、应、恐、可、疑。其中进入"是"字句以"当"最早。汪维辉(1998)在东汉译经中揭举出"不是"的首见书证的同时,作为对"汉语系词'是'的普遍化使用不会晚于汉末"这一论点的辅助证据,顺便揭举了东汉译经中"助动词+是"的用例[②]:

210)善友太子言:"此小人者,何敢违逆我意?当是父王教耳。……"(失译《大方便报恩经》卷4,143b)

何亚南(2004)对此例提出异议,认为"从行文语言来看,此经的译出时代是有问题的"[③]。我们认为,何亚南的怀疑证据不足,汪维

---

① 段业辉:《中古汉语助动词句法结构论》,《南京师范大学学报(社会科学版)》2002年第3期。
② 参见汪维辉《系词"是"发展成熟的时代》,《中国语文》1998年第2期。
③ 何亚南:《〈三国志〉和裴注句法专题研究》,南京师范大学出版社2004年版,第111页。

辉的资料可信。因为我们在东汉本土文献中也检得一则"当是"：

211）上置守宫于盆下，使筮者射之，莫能中。朔自请布卦射之曰："臣欲以为龙，复无角；臣欲以为蛇，复有足；跂跂脉脉，善缘壁。此非守宫，当是蜥蜴。"（《汉纪·前汉孝武皇帝纪》）

此例很难再说文献时代有什么问题。这说明，助动词修饰"是"字与否定结构"不是"几乎同时出现，这两种现象都是系词"是"成熟的形式表征，说明新的语法范畴一旦形成，各方面的形式表征都会相应地发生变化，这种变化不应看作孤立、偶然的现象，而是语言系统性的反映。

再看"应是"，比较可靠的例子见于《世说新语》：

212）孙兴公（孙绰）作《天台赋》，成，以示范荣期。云："卿试掷地，要作金石声。"范曰："恐子之金石非宫商中声。"然每至佳句，辄云："应是我辈语。"（《世说新语·文学第四》）

"恐是""疑是"最早在文献中的用例均见于东晋干宝的《搜神记》：

213）沛国戴文谋，隐居阳城山中。曾于客堂食际，忽闻有神呼曰："我天帝使者，欲下凭君，可乎？"文闻甚惊。又曰："君疑我也。"文乃跪曰："居贫，恐不足降下耳。"既而洒扫设位，朝夕进食，甚谨。后于室内窃言之。妇曰："此恐是妖魅凭依耳。"（《搜神记》卷四）

214）帝推问之急，乃曰："实不见有鬼，但见一白头鹅立墓上，所以不即白之。疑是鬼神变化作此相，当候其真形而定。不复移易，不知何故，敢以实上。"（《搜神记》卷三）

由此可见，助动词用于"是"字判断句中的时代最早是在东汉末，魏晋时期大量兴起，到陶弘景生活的南北朝晚期，已经发展成一种比较固定的语法结构。陶书此类结构共计191例，占全部"是"字肯定判断句的比率接近1/5，数量上已经比较可观。

3. 宾语成分的复杂化

关于判断句前后项的语法构成问题，肖娅曼（2006）作了细致的考察。她观察到，先秦时期无标记判断句的主语可以是体词性的，也可以是谓词性的，但谓语在96%的情况下是名词性词语。而"上古

'是'字判断句的判断语可以是谓词性的,也可以是体词性的,这与名词判断句迥然不同"①。由此可见,"是"字前后两项可由谓词性成分充当自系词"是"诞生伊始就开始了。"它要发展为成熟的系词,除继续扩大、巩固表意范围外,还需将肯定性抽象为不具有价值色彩的确认性,最后成为表示判断、陈述、解释、说明等各种关系的抽象关系标记,这才算是真正发展成熟为系词了。"② 这说明系词"是"成熟的动因在其内部的语义扩展,前后主、宾语成分的变化是语义功能复杂化的表征。在陶书中,复杂的谓词宾语对应的语义往往是对某种情况的解释或说明。以谓词短语或谓词小句作宾语的"是"字句有187句,占全部"是"字句的1/5还多,其中谓词小句作宾语的57例。此处仅举1例:

215)又诸记中往往有黵易字,当是受旨时匆匆,后更思忆改之,昔杨君迹中多如此。(冥通记·卷一)

上例"是"字的宾语由一个复句充当,"是"字与其宾语之间不具有现实相关性,处于一种虚拟的情态关系,这造成"是"字对其后宾语控制力减弱,说明系词"是"在成熟之后开始了新一轮的语法化。

(二)陶书"是"字句的发展

石毓智(2005)指出,现代汉语的"是"字标记四种语法范畴:判断、焦点、强调和对比,并且后面三种用法都是"是"字的判断用法进一步语法化的结果。我们发现,在陶弘景生活的时代,"是"字的后三种用法已崭露头角,说明"是"字句在判断用法成熟的同时已经开始了语法化,发展出多元的语法功能。

1. 用作焦点标记

石毓智列出了焦点标记"是"的使用条件:"(一)'是'只能焦点化紧邻其后的成分;(二)被焦点化的成分必须具有离散性质;(三)跟焦点化成分有关的变项必须是大于或者等于2。""谓语动词之前的成分,凡具有离散量特征的,诸如施事、时间、地点、工具等短语,都可

---

① 肖娅曼:《汉语系词"是"的来源与成因研究》,巴蜀书社2006年版,第99、121页。
② 同上书,第386页。

以在其前直接加上'是'而使其焦点化。"① 另外，焦点标记去掉之后不影响句子的完整性。根据这些条件，"是"的焦点标记用法最有可能在由谓词性成分作宾语的句子中产生，我们认为陶书"是"有若干用例已开始语法化，处于判断和焦点之间的模糊地带。例如：

216）乃笑曰："邓亦寻应来。"……按邓是此月六日来，徐与邓同在桐柏，故相称引。（冥通记·卷二）

217）其是二十三日还至山，意殊不许游行人间。（冥通记·卷四）

以上2例都可作两种理解：第一，"是"表示判断，后面的谓语成分表示一个离散的事件，属一种"诠释关系的判断句"。第二，"是"是焦点标记，凸显紧邻其后的时间短语，即例216）中的"此月六日"、例217）中的"二十三日"。由于南北朝时期汉语的离散标记"的"尚未产生，故而句子分析起来有一定难度。但可以肯定的是，焦点标记的"是"正是在类似上2例的语法环境中产生出来的。

2. 用作强调标记

石毓智列出的强调标记"是"的使用条件是："'是'出现在连续量的成分之前时，则起强调的作用。该连续成分通常是句子的谓语，被强调的是其后的整个谓语，而该谓语既可以是一个词，又可以是一个复杂的结构。"② 根据这些条件，《冥通记》中有1例"是"确凿无疑是强调标记：

218）按（陶按）此年夏旱，不雨积旬。诸道士恒章奏，永无云气。隐居是与周共作辞，依常朱书青纸。二十日晴后，共周于静中奏之，故二十一日夜得此梦。

该句的出现背景是周子良自杀之后，陶弘景回忆其生前与自己上章祈雨的细节片段，并与周日记中"子良曰：'比风日赫烈，塘湖熇竭，五谷焦枯，草木雕落，方虑饥乏，故冒共投辞，希垂沾润。'"相印证。由于周的日记里已经有关于"上章作辞"的叙述，故而陶氏按中的"是与周共作辞"只能被视为连续量，"是"相当于"确实"，进一步

---

① 石毓智：《论焦点、判断、强调与对比之关系——"是"的语法功能和使用条件》，《语言研究》2005年第4期。

② 同上。

确认事件发生的真实性，而这正是强调标记"是"的语法功能。

3. 用作连词

《汉语大字典》"是"字条下义项第14："连词。1. 表示前后相关，相当于'于是'。2. 表示因果关系，相当于'因此'。"指出了"是"有连词的用法，但"是"的连词用法并不仅限于这两类。董秀芳（2004）指出现代汉语中副词和连词的词内成分"是"的源头是作为判断词和焦点标记的"是"，分析了其语法化的轨迹。[①] 石毓智（2005）考察了现代汉语中诸如"倒是、只是、可是、还是、要是、总是、就是、但是"等连词第二个语素用"是"的现象，分析了判断词"是"构成连词的概念基础，指出"连词中的语素'是'的作用也就在于标记所假定事件这种离散性质"[②]。石氏考察的含语素"是"的诸多连词陶弘景时代尚未出现，但判断词"是"作为生发出诸多连词用法的源头，其早期表现值得关注。区分判断词和连词之间的界限有一定难度，因为无论是作判断词还是作连词，"是"字联结的前后两项都要求具有离散性质。我们注意到，陶书中"是"有较多用于对情况的说明或解释，相当于"所以""因此"，一旦置身于特殊的语法环境，起到了把两个对等的成分连接起来的作用，"是"的性质就会发生改变。能够区分二者的是：判断词"是"往往在单句内起到联结主宾语的作用；当"是"字的这种联结作用游移到单句之外，位于两个句子之间，且两个句子在语义上具有某种逻辑关系时，判断词"是"便虚化为连词。这种语法环境最可能发生在无主语的"是"字句中。请看下面2句：

219）尔既无才学可称，又乏至德之美，特是采缘访命，加以迹少愆累，心无沉滞，故得耳。（冥通记·卷二）

220）既采南烛，又乞复秫，则在洞中者犹须衣食，故云"杜广平亦伐薪贸粮"，而况今洞上之士乎。斯真岂复不知断谷，特是不应为之耳。（真诰·卷十八）

以上2例中的"特是"本来是一个偏正组合，副词"特"修饰

[①] 参见董秀芳《"是"的进一步语法化：由虚词到词内成分》，《当代语言学》2004年第1期。

[②] 石毓智：《判断词"是"构成连词的概念基础》，《汉语学习》2005年第5期。

"是"、限制"是"的判断范围，但在例219）中，主语"尔"和后项"采缘访命"之间的判断关系几乎不能成立，而是与前面的几个连词构成了一个语义连贯的复合句型"既……又……特是……加以……故……"，其间的逻辑关系如下：

尔既无才学可称，｜｜｜_{并列}又乏至德之美，｜｜_{转折}特是采缘访命，｜｜｜_{并列}加以迹少愆累，心无沉滞，｜_{因果}故得耳。

由上面的分析可知，"特是"相当于"只是"，和前面的复句构成转折关系，是转折连词。例220）中的"特是"更是只能分析为连词，因其用在助动词"不应"之前，而判断词一般只能用在助动词之后。判断词"是"衍生出连词的用法是在特殊的句法环境中，因受到特别的语义关系影响的结果。类似的例子在陶书中不多见，但仅有的几例昭示的发展趋势不容小觑，因为这正是后来众多连词中"是"字语素的"源"，对"源"的分析有助于更好地理解"流"。

（三）陶书"是"字句的局限性

1．"为""是"的连用

卢烈红（2008）讨论了汉译佛经中"为""是"连用表判断的现象，指出"为是"和"是为"始见于佛经文献，后者总体上比前者要少见得多。[①] 我们在陶弘景三部道书中也发现了"为""是"连用表判断的现象，不过和佛经中的情况不同的是，"是为"的数量要多于"为是"，陶书共有12例"是为"，1例"为是"。略举数例如下：

221）子晋，太子也，是为王子乔。（真诰·卷五）

222）君曰："欲得延年，当洗面精心，日出二丈，正面向之，口吐死炁，鼻噏日精，须鼻得嚏便止，是为炁通，亦以补精复胎，长生之方也。"（真诰·卷五）

223）昆仑上有九府，是为九宫，太极为太宫也。（真诰·卷五）

224）凡六天官是为鬼神六天之治也。（真诰·卷十五）

我们可以看到，凡"是为"用为判断的句子，仍然保留了"为"字表判断的概念基础，即判断的后项多是体词性质，此处4例的后项都可看作专有名词。但这里"是"字在其系词用法已经相当普遍的

[①] 参见卢烈红《古汉语判断句中"为""是"的连用》，《中国语文》2008年第6期。

情况下也很难说在"为"字前面就仍作指示代词用,"是"在这里也表示判断。与"为"连用是出于特殊表达的需要。"为是"仅1例:

225) 前篇有西岳蒋夫人,今又云北岳,未审有两人,为是误也。(真诰·卷十五)

后项"误"是形容词,属于谓词性质。鉴于"为是"的说法大量存在于佛经,可以认为是受到了佛经语法的影响。① 一种语言中不可能同时存在两个系词,"为""是"的连用是一种过渡现象。这种现象反映了新旧之交两种形式竞争、重合的胶着状态,是一种暂时的语法现象。这种现象的存在反映了陶弘景时代"是"字判断句发展的局限性。

2. 表示否定判断的"不是"尚未出现

陶书否定判断的功能仍由"非"充当,全书中"非是"4见,"非为"4见,"不是"0见。汪维辉(2005)揭举出最早的"不是"用例在东汉时期的佛经中就已出现,大量使用是在唐代。既然"不是"早在东汉就进入了佛典文献,那么陶书"不是"0见就只能是语用上的原因。这种用法很可能是由于相对传统保守的中土文献语体对"不是"所蕴含的口语风格的排斥。刘林鹰(2012)就发表过这样的观点:"并非不会用'不是',而是其他因素严重限制了其在文雅文里的使用。这种因素,目前只能有唯一解释:应该是,'非'的文雅性、经济性及其在文雅文里使用的习惯性,应该在于'不是'的俗口性、非经济性、非习惯性。"② 对"不是"的排斥反映了陶书语言相对保守的一面。

第二节 "为"字判断句研究

一 "为"字判断句研究中存在的不足

"为"字句的判断身份一直处于模棱两可的尴尬境地,多数学

---

① 雷冬平也持此说。参见雷冬平《古汉语判断句"为"、"是"连用补说》,《汉字文化》2011年第3期。

② 刘林鹰:《〈晏子〉三例"是也"答句之"是"的系词性——兼论系词"是"在先秦的俗口性》,《文史博览(理论)》2012年第4期。

者只是在重点讨论了系词"是"之后才顺便提到功能相近的"为"字,但也只限于称其"处于系词位置起系词作用"①,"为"字判断句的辨识标准与语法地位迄今为止尚未得到真正有效的研究和确认。

王力先生较早关注"为"字判断句,在好几篇文章里辨析了"为"和"是"的差异性。② 他(1937)认同段玉裁"凡有所变化曰为"的说法,赞其"可以说是彻底了解'为'字的意义"③。据他观察,"在用'也'字煞句的情况下,一般不用'为'字。譬如说,在主语和谓语指称同一事物的时候,'为'字就不可以省"。并举出3个句子来证明这一论点,为便于讨论,兹全部转引如下:

226)知之为知之,不知为不知。(《论语·为政》)

227)尔为尔,我为我,虽袒裼裸裎于我侧,尔焉能浼我哉?(《孟子·公孙丑上》)

228)公子姊为赵惠文王弟平原君夫人。(《史记·魏公子列传》)

下面又补充道:"在上古汉语的判断句里,如果主语和谓语不是指称同一事物,主语的内涵外延和谓语的内涵外延不一致,就不能用'为'字。"④ 我们认为王力先生的这个说法论点和论据都有可推敲之处。首先是作为论据的3个句子,前2句的"为"字句不能理解为主谓语指称同一事物的句子,而是一种表示"区别明显、不含糊"意义的特殊判断构式,可以记作"A为A,B为B"。表示同样语义的构式一直沿用到现代汉语中,只不过变成了"A是A,B是B",不少学者关注过这一特殊构式。⑤ 此不赘述,仅说明一点:这个构式的结构、语义都没有发生变化,唯一变化的是"为"被"是"取代,这只能看作新旧词汇兴替,由此间接证明了杨树达先生的观点:"是,不完全内动词,为也。"⑥ 但是这种兴替不能简单化处理,还需要考

---

① 肖娅曼:《汉语系词"是"的来源与成因研究》,巴蜀书社2006年版,第157页。
② 如《中国文法中的系词》在"结论"中专门讨论了"'为'与'是'的异同",载王力《龙虫并雕斋文集》,中华书局1980年版,第305页。
③ 同上书,第271页。
④ 王力:《汉语语法史》,商务印书馆1989年版,第187页。
⑤ 早期如吕叔湘(1957)、张弓(1963)、邵敬敏(1986)等,近期有黄理兵(2003,2005)、孟晓慧(2007)等。
⑥ 杨树达的观点王力先生不赞同。转引自王力《汉语语法史》,商务印书馆1989年版,第186页。

虑兴替开始于何时，新旧形式共时状态分布情况以及兴替最后完成时间等问题，这些问题暂不展开。再来看例228），如果说"公子姊"和后面的"赵惠文王弟平原君夫人"因为是同一关系因而"为"字不能省，那么这一论断将面临大量的反例。此处仅举一例：

229）代赵夫人者，赵简子之女，襄子之姊，代王之夫人也。（《古列女传》卷五）

例229）中主语"代赵夫人者"和后面的谓语"赵简子之女""襄子之姊""代王之夫人"都是指的同一个人，但这里并没有用"为"。综上所述，王力先生提出的关于"为"字使用的句法条件不能成立。不过他观察到用"也"字煞句的情况下一般不用"为"，也就是说，"为""也"一般不共现，这启发我们思考上古汉语"为"表判断的深层次原因。

肖娅曼（2006）在考察"是"的来源及成因时对"为"字句的研究用力颇勤，她统计出17部上古汉语文献中"为"字判断句约218句（次），占全部"为"字句的2.08%；在分析"为"字句的表意功能时指出，"'为'字判断句也有自己的独特功能，其知识性特点突出"①。这一观察无疑是正确的，在此认识基础上，她把"为"字句的表意功能分为五类：陈述、解说、断定、论断、解说性断定，这样做的缺点是分析性有余综合性不足，难以从整体上把握"为"字句的本质属性和特征。

"为"本是动词，其字源义现通常取罗振玉的观点："（为）从爪，从象……意古者役象以助劳。"（见《汉语大字典》）我们认为，"为"字受其动词本义的影响，在语法化的初期阶段不可避免地带有"变化"的"动态"性特征，只有在主宾语之间具有"静态"性关系或特征时才算是获得了比较纯粹的系词用法。比较下面两句：

230）王修字叔治，北海人，为魏武郎中令，年七岁丧母。（真诰·卷十三）

231）广利为汉武名将，伐大宛时，所杀戮殊不少，以先世功德，遂能消之。（真诰·卷十三）

---

① 肖娅曼：《汉语系词"是"的来源与成因研究》，巴蜀书社2006年版，第287页。

类似例230）的用例很多，在这些句子中，主语是普通名词或专有名词，宾语多是"魏武郎中令"之类的官职名，满足主宾语皆为名词性成分的要求，但不能由此断定"为"字具有系词性质。这里的"为"相当于现代汉语的"担任""做"，主宾语之间的关系是暂时的、有条件限制的，所以从某种意义上来说仍然是"动态"的。例231）句与上句不同，"广利"和"汉武名将"之间的关系比较恒定，甚至可以说是超越了时间，可以视为一种"静态"关系，因此该句"为"字可视为较为纯粹的判断词。下面我们将从认知与逻辑角度来说明"为"字判断句在概念表达上的本质特征与适用范围。

二 "为"字判断句的认知与逻辑研究

（一）从认知角度检视"为"字表判断的成因

《辞源·爪部》"为"字条下有15个义项，除去作姓以外，另外还有14个义项。"为"字的义项虽然繁多，但各义项并非毫无关系，而是息息相通，其中隐含着环环相扣的演化规律。第7个义项"是"恰好处在这个连续统的中间，性质上仍然是动词，但已是一个动作性较弱的动词。我们认为，其中的①（作、担当）②（制、变成）③（成、变成）⑦（是）4个义项具有一脉相承的关系，展现了行为动作在时间轴上的不同阶段。①的动作性最强，在时间轴上有明确的持续时间。如《诗·小雅·北山》："或出入风议，或靡事不为。"②的动作性也很强，且有较为直接的目的，在时间轴上表现为有终结时间点的动作状态的持续。如《诗·周南·葛覃》："为𫄨为绤，服之无斁。"③有点特殊，它表示一种"复变"的情状，即"由一个动作同指示该动作结果的行为或状态结合而成……动作一旦开始，便朝着它的终结点演进，以某个明确的情状变化作为动作的必然结果"[1]。在时间轴上表现为终点的到达和结果的出现。如《诗经·小雅·十月之交》："高岸为谷，深谷为陵。"⑦表现的是一种静态性最强的情状，一旦获得了某种属性，在时间轴上表现的是一种相对恒定静止的

---

[1] 陈平：《论现代汉语时间系统的三元结构》，载陈平《现代语言研究——理论·方法与事实》，重庆出版社1991年版，第160页。

状态，给人的感觉仿佛是永久无限的。如图3.3所示。

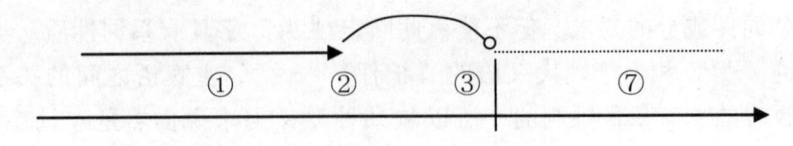

图3.3 "为"字4个义项时间轴分布示意图

我们看到，"为"字的4个义项分别着眼于事件发展的不同阶段，与时间的疏密程度也不一样。总体的趋势是，越往右，动态性、变化性越弱，静态性也随之增强。尤其是在义项③的"复变"阶段完成以后，"为"字就表现出一种静止的状态。这是人类感知事件的角度不同造成的。上图显示，如果着眼于事件的起始阶段和进行过程，"为"字凸显其动态、持续的一面，这时候"为"字的意义是"做、办"，性质是标准的实义动词；如果着眼于事件的过程和终止，看到这个事件进行到一定的阶段会导致一定的结果，那么"为"字衍生出"成为"的意义，动态性有所减弱；如果着眼于事件变化完成以后的情状，事物已经完成了转变，获得了一种比较稳定的属性，这时候的"为"字其实已经是判断词了。它表示一种相对静止的状态，描述事物的本质属性，"为"字的这种功能与其本身的词汇意义有关，从根本上说是人类感知事件不同阶段的意象在语言中投影的结果。

（二）"为"字判断句的概念特征

1. 几个概念：判断、概念及其语言表现形式

语言学上的"判断"来自逻辑学术语，判断和概念、推理共同构成形式逻辑的三要素。研究判断句，有必要弄清语句、判断和命题三者的关系。"从亚里斯多德以来，判断就成为逻辑的基本问题。而思维又是与语言不可分的，所以一谈到判断，马上就牵涉到语句。思维进行的基本形式是判断，而语言活动的基本形式则是语句。每一个判断都是一个语句，所以亚里斯多德一开始便给判断下了一个定义，'判断就是对于某种东西有所肯定或否定。'"[①] "所有的判断（或命

[①] 庆泽彭：《苏联学者塔瓦涅茨论判断的组成与特点》，《学术月刊》1958年第3期。

题）都是由语句来表达，但并不是所有的语句都直接表达判断（或命题），只有陈述句和反诘疑问句直接表达判断（或命题），其他如疑问句、感叹句并不直接表达判断（或命题）；同一判断（或命题）可以用不同的语句来表达；同一语句可以表达不同的判断（或命题）。"[1] 前一段话里说"每一个判断都是一个语句"，并不是说判断和句子是一回事，判断是思维层面的基本形式，严格地说，是理性思维的基本形式；句子是语言层面的单位，由于思维与语言之间具有"同构关系"，判断这种思维形式映射在语言中就表现为完整的语句。但并非所有的句子都表示判断，第二段话就说明，只有陈述句和反诘问句直接表达判断，但还是没能准确说明表达判断都有哪些句子形式，只是划了一个大致的界限。判断的表述离不开思维的细胞——概念，概念的语言表现形式是词和词组，"当我们用词语把概念标示出来时，这就构成了一个'词语·概念'统一体，在这个统一体中，词语是形式，概念是内容"[2]。同理，当我们用句子把判断标示出来时，这就构成了"判断·句子"统一体，在这个统一体中，句子是形式，判断是内容。判断、概念、词/词组和句子四者的关系如图3.4所示。

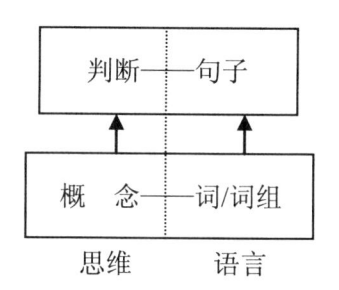

图 3.4　判断、概念、词/词组和句子四者关系图

逻辑学上对"概念"进行分类大多是从外延入手，并未充分考虑外部形式的问题，如果立足语言则必须考虑表现形式的问题。这方面

---

[1] 王保国：《语句、判断和命题辨析》，《东疆学刊》2007年第1期。
[2] 周国光：《概念体系和词汇体系》，《安徽师范大学学报（哲学社会科学版）》1986年第1期。

周国光（1986）做了尝试，他提出概念有"综合形式"和"分析形式"之别，为说明这两个概念，他举了《现代汉语词典》上面的一组例子：

  飞禽——会飞的鸟类
  飞舟——行驶极快的船
  论述——叙述和分析
  论坛——对公众发表议论的地方

  上边几例左边是被解释的词语（词目），右边是对词目进行解释的词语（释义）。周国光指出："词目表现的是一个概念，但是这个概念的内涵是潜在的；释义的词语表现的是一个概念，但是这些词语表示的内容相对于词目来说则是展开的。根据这一区别，我们把词目这样的语言形式叫做概念的综合形式，把词目的释义词语这样的语言形式叫做概念的分析形式。当语言以综合形式表现概念时，我们称之为概念的标记；当语言以分析形式表现概念时，我们称之为概念的表述。"[①] 周国光的分类突出了概念的语言形式特征，但似乎还有进一步发挥的余地。按我们的理解，"概念的综合形式"是以单个词语的形式表示出来的概念，往往就是"词语·概念"统一体本身，语言上就是一个个的词语。"概念的分析形式"是对词语进行解释的语句，一般采取大于词语的组合形式，或是句子、复句的形式。所谓"概念的综合形式"和"分析形式"只是语言形式的不同，它们代表的某个概念的内涵和外延应该是完全重合的，这是判断句得以产生并存在的逻辑基础。上面4个例子用完整的句子可以表述为：

  飞禽是会飞的鸟类。
  飞舟是行驶极快的船。
  论述是叙述和分析。
  论坛是对公众发表议论的地方。

  当我们使用上述方法来阐释概念内涵的时候，我们称之为"下定义"。传统的定义理论认为，定义由三部分构成：定义项、被定义项和定义联项。上述4句话引自词典定义，是定义的标准形式，可以记

[①] 周国光：《概念体系和词汇体系》，《安徽师范大学学报（哲学社会科学版）》1986年第1期。

作"被定义项+是+定义项",更直观点说就是"被释词+是+注释语句"。这里如果将被释词和注释语句调换位置,说成"会飞的鸟类是飞禽""行驶极快的船是飞舟",尽管前后项所代表的概念的外延相等,但似乎不大合乎语法,这是语言不同于逻辑的地方,我们将在后面具体分析。

2. 先秦"为"字判断句的概念结构

根据洪波(2000)的统计,先秦时期的肯定判断句共有4种基本类型,分别是:

A. (Np) + Np
B. (Np) + 惟 + Np
C. (Np) + 为 + Np
D. (Np) + Np + 也

他同时指出:"以上4种类型在先秦文献中出现的时间并不一致,从殷商到西周,只有A、B两种类型,春秋时期才开始出现C型和D型,其中C型始见于《论语》,D型始见于《诗经》的《国风》。所以先秦时期的判断句是有时间层次的,可以分为两个阶段,殷商西周是一个阶段,春秋战国是另一个阶段。……这两种类型(指A、B型——笔者注)的衰微在时间上正与C、D两型的兴起相衔接,显然,它们之间存在着历史兴替的关系。"① 据洪波的观察,B型在战国时期就"基本上消亡了",A型"总的使用频率已经非常低了",只有C型和D型是共存于春秋战国时期的两种格式,但二者的使用比率很不对称:D型"自产生之后很快形成垄断之势",仅以《论语》为例,D型共有55例,占全书所有肯定判断句的59%,而C型"则使用频率一直不很高",《论语》中仅有10例。对于C型使用频率不高的原因,洪波认为一是"为"字负载过重,二是受到D型的挤压。

上面所说的C型就是我们要讨论的"为"字肯定判断句,D型就是通常所谓的主谓相续式判断句,也可以记作"……(者),……也"式。洪波的文章阐明了以下语言事实:春秋战国时期汉语中共存着两种判断句式——"为"字判断句和"……(者),……也"式判

---

① 洪波:《先秦判断句的几个问题》,《南开学报》2000年第5期。

断句，前者使用频率明显低于后者。"为"字句虽然使用频率不高，但作为一种句式，它一定有自己独特的表达功能和适用范围。先看一组"为"字判断句：

232）幼而不孙弟，长而无述焉，老而不死，是为贼。（《论语·宪问》）

233）君子有勇而无义为乱，小人有勇而无义为盗。（《论语·阳货》）

234）凡雨三日以往为霖，平地尺为大雪。（《左传·隐公九年》）

235）凡师一宿为舍，再宿为信，过信为次。（《左传·庄公三年》）

236）耳不听五声之和为聋，目不别五色之章为昧。（《左传·僖公二十四年》）

237）天反时为灾，地反物为妖。（《左传·宣公十五年》）

238）兵作于内为乱，于外为寇。（《左传·文公七年》）

239）四升为豆。（《左传·昭公三年》）

240）余为伯儵。余，而祖也。（《左传·宣公三年》）

241）重为轻根，静为躁君。（《老子》）

我们以"为"字为界把"为"字前的部分称作前项，把"为"字后面的部分称作后项。联系"概念的综合形式"和"概念的分析形式"两个概念，我们发现，上述"为"字句前项都是"概念的分析形式"，后项都是"概念的综合形式"，前项一般相对较长，后项一般比较简短，容易辨别。总体来看，全部句子格局都表现为"概念的分析形式 + 为 + 概念的综合形式"，非常整齐一致。如图3.5所示。

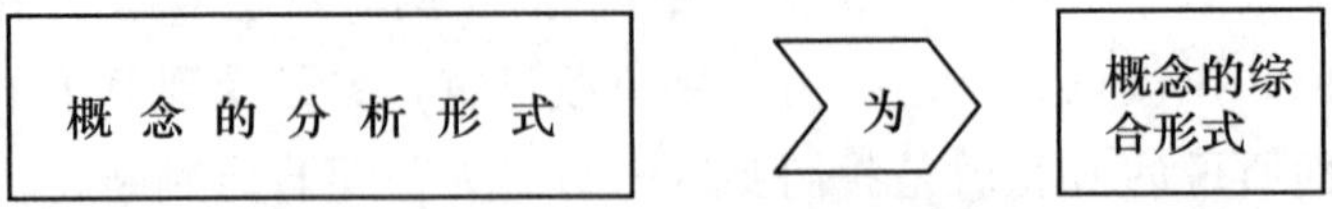

概念的分析形式 ▷ 为 ▷ 概念的综合形式

图3.5 "为"字判断句概念模式图

我们在这里不采用"注释语句 + 为 + 被释词"，是因为我们不认为"为"字句的前项都是在为后项作注释，类似"下定义"的说法并不完全符合"为"字句的情况。在"下定义"的语境中事前存在一个被释词，该词的内涵和外延是不清楚的，为了求得准确的定义而组织语言来作诠释。但是在"为"字句的应用环境中，事先可能存在一个被释词，也可能存在的是由分散的语言形式表现出来的感性认识片段，借由"为"字将这些表象归纳为理性概念。我们认为，"为"字判断句真正的语言功能是把具体事物归入抽象范畴，是人类认知世界过程中"范畴化"思维的反映。"人类在演化过程中发展起来的最基本的认知能力就是对外界事物进行分类或归类，作为个体的人在认识事物时首先会提到'这是什么？'的问题，也就是首先要在心理上对事物进行分类。这种将事物分类的思维过程就是我们所说的范畴化（categorization）。"[①]"范畴化是经验感知积累和升华的过程，即由直觉形成并向理性发展的过程。"[②] 人类的思维活动整体发展趋势是由感性具体上升为抽象思辨，人脑利用符号系统把纷繁的外部世界转化为有序信息，并形成较为原始抽象的范畴——"原型范畴"，并最终反映在语言体系中，"为"即是先秦时期汉语的范畴化标记之一。具体来看，例232）句的前项是三个复句"幼而不孙弟""长而无述"和"老而不死"，用"为"字把有这种表现的人总括为"贼"这个概念。例233）句包括两个"为"字句，分别把"君子有勇而无义""小人有勇而无义"归入"乱"和"盗"这两个概念。例234）句概括了两个概念"霖"和"大雪"。例235）句概括了"舍""信""次"三个概念。例236）句概括了"聋""昧"，其余的例子基本如此，不一一详述。例239）句"四升为豆"中"四升"是概念"豆"的分析形式。例241）是一种比喻的说法，是一种常见范畴在另一种相对抽象范畴中的投影，两种范畴具有某种象似性。例240）句特别值得注意，它含有两种不同形式的判断句："余为伯儵"和"余，而祖也"，前项都是"余"，但后项却采取了不同的表达方式。前一句的后项"伯儵"作为人名，是一个专有名词，相对于个体来说，专有名词仍然是一种相对抽象的范畴化指称，形式上也采取了紧缩形式。后一句之所以没有用"为"字句说成"余为而祖"，是因为后项

[①] 卢植：《认知与语言——认知语言学引论》，上海外语教育出版社2006年版，第82页。

[②] 张维鼎：《意义与认知范畴化》，四川大学出版社2007年版，第75页。

"而祖"在形式上属于分析形式。我们检索了CCL语料库中先秦时期的语料,"余为X"这种用法《左传》中还有1例:

242)见人登昆吾之观,被发北面而噪曰:"登此昆吾之墟,绵绵生之瓜。余为浑良夫,叫天无辜。"公亲筮之,胥弥赦占之,曰:"不害。"(哀公十七年)

"余,X也"有2例:

243)余,而所嫁妇人之父也。(宣公十五年)

244)余,罪戾之人也,又何患焉?且不见我,君其无悔乎!(国语·晋语四)

加上"余为伯儵。余,尔祖也"一共4个句子,从中可以清楚地看出,用"余为X"的2例中X都是人名,属概念的紧缩形式;用"余,X也"的2例X都是"之"字词组,属概念的分解形式。至此我们进一步确定,上古汉语中"为"字的句法形式一般是"概念的分析形式+为+概念的综合形式"。其中前项的句法构成形式较为多样,有并列复句,如例232);有单句,如例233);有词组,如例234);还有与现实相关的代词,如例240)。后项的句法形式则较为单一,一般都是单个的词语。"为"字句在形式上的限制条件主要体现在其后项的语言形式上。"为"字句的功能即"范畴化",适用于归纳、概括式语境,是一种把零散、表象的语言形式用简短概念予以概括的句式,反映了"归纳"这种从特殊到一般的思维路向。为了验证我们的观点,我们从《春秋左传正义》中随机抽取10卷(第35至44卷,全书共60卷),提取其中全部"为"字判断句,10卷中全部"为"字句罗列如下:

245)上其手,曰:"夫子为王子围,寡君之贵介弟也。"下其手,曰:"此子为穿封戌,方城外之县尹也。"(襄公二十六年)

246)左师见夫人之步马者,问之,对曰:"君夫人氏也。"左师曰:"谁为君夫人?余胡弗知?"(襄公二十六年)

247)利过则为败。(襄公二十八年)

248)又赋《采蘩》,曰:"小国为蘩,大国省穑而用之,其何实非命?"(昭公元年)

249)商人是因,故辰为商星。(昭公元年)

250）及成王灭唐而封大叔焉，故参为晋星。（昭公元年）

251）于文，皿虫为蛊，谷之飞亦为蛊。（昭公元年）

252）四升为豆，各自其四，以登于釜。（昭公三年）

253）于人为言，败言为谗，故曰"有攸往，主人有言"，言必谗也。（昭公五年）

254）王事无乃阙乎？昔武王数纣之罪，以告诸侯曰："纣为天下逋逃主，萃渊薮"，故夫致死焉。（昭公七年）

以上 10 句 13 例中，后项可分作两类：指人名词为一类，普通名词为一类。例 245）句的"王子围"和"穿封戌"属指人名词中的专有名词，例 246）句中的"君夫人"是身份类名词，与人名一样，都是有指性强，可当面确指的指人名词。例 247）、例 248）、例 251）、例 252）、例 253）5 句是比较典型的"为"字句，后项都是概念的综合形式。例 249）和例 250）中的辰、参是直接指向客观世界实体的名词，"商星"和"晋星"则是"分野"这种更加抽象、更具概括性的观念产物，是人脑"二度抽象"的结果，仍然符合"为"字句的内在规律。但似乎还会招来这样的反驳："商星"和"晋星"似乎是概念的分析形式，一来它们比其前项"辰""参"来说更长，二来当时双音节词语并未取得主流地位，"商星"应被分析为"商之星"。但语言事实仍旧证明，如果当真采取"商之星"这种形式作为后项，整个句子需要采用"……（者），……也"式。例子如下：

255）龙，宋、郑之星也，宋、郑必饥。（襄公二十八年）

这就使我们不得不相信这一切语言事实背后隐含着一个规律，即"为"字句的后项只能是"概念的综合形式"，其中比较明显的证据就是排斥"之"字偏正结构的进入。至少在《左传》《论语》的时代，这条语法规律是可以成立的，因为我们在这两部文献中都没有见到反例。最后例 254）中"纣为天下逋逃主"，杨伯峻注："天下逃亡者，纣为窝藏主，故群集之，如渊为鱼之所藏、薮为兽之所聚处。"[①]联系当时语境，这是武王在讨纣檄文中罗列的商纣王罪行之一，更适合理解为一个带有负面评价色彩的贬称，亦属概念的综合形式。

---

① 杨伯峻：《春秋左传注》，中华书局 2009 年版，第 1285 页。

王力先生在讨论"为"字的系词性时，指出"为"字的表词多为形容词性。① 此处转引若干先秦用例如下：

256）礼之用，和为贵；先王之道，斯为美。（《论语·学而》）

257）万取千焉，千取百焉，不为不多矣。（《孟子·梁惠王上》）

258）天下莫大于秋毫之末，而太山为小；莫寿于殇子，而彭祖为夭。（《庄子·齐物论》）

其他还有：近、虐、高、深、久、老、仁、义、巧、好学、善等，这些形容词多是性质形容词。张国宪（2006）把形容词的情状范畴按照［±静态］分为三类：性质、状态和变化。其中，"性质形容词表示事物的属性。……就概念内涵的复杂性而言，性质形容词表述的概念内涵相对单纯"。"性质形容词作主宾语功能的实现显然与其语义有关，因为性质形容词大都表示恒定不变的属性，语义上越是恒久就越容易被语用指称化。"② 他同时指出性质形容词在形态表征上的特点，"典型性质形容词大都采用单纯式构词，在词语外在形式上与简洁的单音节构造相对应"。③ 在"名词—形容词—动词"的连续统上，性质形容词是最靠近名词的一类形容词，语义上具有［+静态］［+属性］的特点，所以性质形容词充当"为"字句的后项从概念内涵和形式表征上都符合"为"字句对后项的要求。

在肖娅曼（2006）的研究中，发现以下几例似乎与我们的观点相悖，兹转引如下：

259）唯大人为能格君心之非。（《孟子·尽心下》）

260）唯天下至圣为能聪明睿知。（《礼记·中庸》）

261）唯天下至诚，为能经纶天下之大经，立天下之大本，知天地之化育。（《礼记·中庸》）

我们认为，以上这几句话不宜视为判断句，它们都可归纳为一种"唯……为……"式句式，是一种具有特殊语用价值的句式。比如例259）一般翻译成"只有大贤在位，才能匡正君主的不正确思想。"

---

① 参见王力《中国文法中的系词》，载王力《龙虫并雕斋文集（第1册）》，中华书局1980年版，第265—268页。

② 张国宪：《现代汉语形容词功能与认知研究》，商务印书馆2006年版，第19—26页。

③ 同上书，第26页。

从句义上看不出表示判断的迹象，我们怀疑此处"为"是连词，作"方""才"讲。再就是以上几例"为"字后面都跟着用"能"作标记的词组，和我们前面列举的判断句相差太大，很难视作同一类句子。

为了更全面地观察"为"字句的价值和地位，我们采用同样的方法来观察同时代的"……（者），……也"式判断句。先看两组句子：

M1组：

262）展如之人兮，邦之媛也。（《诗经·鄘风·君子偕老》）

263）先进于礼乐，野人也；后进于礼乐，君子也。（《论语·颜渊》）

264）以大事小者，乐天者也。（《孟子·梁惠王下》）

265）思难不越官，信也；图国忘死，贞也；谋主三者，义也。（《左传·昭公元年》）

266）朝菌不知晦朔，蟪蛄不知春秋，此小年也。（《庄子·逍遥游》）

267）饥而欲饱，寒而欲暖，劳而欲休，此人之情性也。（《荀子·性恶》）

268）是以贤者懈怠而不劝，有功者隳而简其业，此亡国之风也。（《韩非子·八奸》）

M2组：

269）制，严邑也。（《左传·隐公元年》）

270）麟者，仁兽也。（《公羊传·哀公十四年》）

271）兵者，不祥之器。（《老子》31章）

272）乡愿，德之贼也。（《论语·阳货》）

273）五谷者，种之美也。（《孟子·告子上》）

274）国者，天下之大器也。（《荀子·王霸》）

275）道者，万物之始。（《韩非子·主道》）

上面两组"……（者），……也"式句子主要是根据句子前项不同的概念形式划类：M1组可以表示为"概念的分析形式＋（者）＋概念的综合形式＋（也）"；M2组则是"概念的综合形式＋（者）＋

概念的分析形式+（也）"。后者更接近现代词典上的释义方式，可以直接记作"被释词+（者）+注释语句+（也）"，特别是"A者，B也"式，需要阐明的概念是A，"者"字就是为了提高被释词语A的指别度。例270）和例271）都是比较标准的"下定义"式，可分析为"被定义项=种差+属词项"。从形式上看，M1组和"为"字句的句法构成十分相似，都属于综合前项直观的分析片段达到抽绎概念的目的，但M1组后项的构成比较灵活，能够接受"之"字结构作为概念的分析形式，在前项太长的情况下，借助指示代词"此"字复指前项，如例267）和例268）。其中有一类"价值判断"的句子后项多由单个的词语构成，如例263）和例265），M1组和"为"字句几乎看不出区别，可以视为相同判断功能的不同表现形式。如例232）句的"贼"、例263）句的"野人"和"君子"这几个词语的内涵均是说话人对某类行为或对人的主观评价。例263）句如果说成"先进于礼乐为野人，后进于礼乐为君子"也是符合当时语法的，因为《论语》中就有"不知命，无以为君子"这样的说法。这些都说明，"为"字句对其后项的形式约束限制了它的使用，同时在语义结构的表达上又和"……（者），……也"式出现了重合，在后者对前项后项的条件限制相对松散的情况下，"为"字句的使用频率不高几乎是可以预料的。我们还进一步推测，正是因为在这类"价值判断"的句子中"为"字句和"……（者），……也"功能几乎相同，使得"为"字句也受到了后者的影响，少数"之"字结构可以作为后项进入"为"字句，但用例相当之少。例如：

276）孝弟也者，其为仁之本与？（《论语·学而》）

三 "为"字判断句的形式分类和语义关系
（一）"为"字判断句的形式分类

根据上文提出的"为"字判断句的验查标准，我们在陶书1524个"为"字句中筛选出具有范畴化功能的"为"字判断句共65例，占"为"字全部用例的4%，由此可知"为"字用法繁杂，范畴化功能是"为"字众多表义功能中比例较小的一部分。与陶书近千例"是"字句相比，"为"字判断句在数量上不及前者的1/10。全书65

例"为"字判断句,从形式上可分作三类:

E式:主语+为+宾语

F式:主语+副词/助动词+为+宾语

G式:无主语句

陶书"为"字肯定判断句的3种形式用例及百分比见表3.4。

表3.4　陶书"为"字判断句句法形式用例及百分比统计表

样式	E. 主语+为+宾语	F. 主语+副词+为+宾语	G. 无主语句
真诰	16	14	4
冥通记	2	3	3
登真隐诀	19	4	0
合计	37	21	7
百分比(%)	56.9	32.3	10.8

E式:主语+为+宾语

E式共计37句。主语为指示代词"此"的有4例,其余33例为普通名词或专有名词。例如:

277)黄老为太虚真人南岳赤君之师,裴既师赤君,所以崇其本始而陈其德位也。(真诰·卷五)

278)近北一岑孤峰,上有聚石者为小茅山。(真诰·卷十一)

279)此格复是小胜高士,而年数倍于忠孝,故知忠孝贞廉为行之最耳。(真诰·卷十六)

F式:主语+副词/助动词+为+宾语

计21句。进入"为"字判断句的副词计13个,分别是:俱、乃、真、最、甚、实、殊、亦、良、皆、益、弥、犹。

以上副词有一半能与判断词"是"组合,一半(6个)未见与"是"组合,分别是:"真""甚""良""殊""益""弥",这些词与"为"构成"X为"后一般接形容词性质的词语或词组,用于对事物或事件性质的主观判断。其中"殊为"一直沿用到现代书面语中。助动词仅见1例"当"。例子见下:

280)省疏,并见周氏遗迹,真言显然,符验前诰,二三明白,

益为奇特。(冥通记·卷一)

281) 今中君复说此，实为至谕，可谓一言以蔽之。(真诰·卷十二)

282) 直注行下云"茶一簿"，未正可解，当为寄与掾也。(真诰·卷十八)

283) 而诸人多轻其浅小，每致传世，使神呪隐验，呵执不行，殊为可责。(登真隐诀·卷中)

G式：无主语句

本式计7句，多承前而省。例如：

284) 又八节之日，皆当斋盛谋诸善事，以营于道之方也，慎不可以其日忿争喜怒及行威刑，皆天人大忌，为重罪也。(真诰·卷十)

285) 此王屋山清虚王君，为下教二十四真人之首也。(冥通记·卷四)

(二)"为"字判断句语义关系

在甄别"为"字判断句时，为与表示"作为""成为"的动词用法区分开来，我们在操作上只选择主宾语为"静态"关系的判断句，决定了这些句子的语义关系相对简单。我们根据"为"字前后项的语义关系把65句"为"字句分为三类：第一类是对事物(包括人物、时间、地点、抽象事物)属性的抽象判断；第二类本质上也是对事物性质的判断，但后项由形容词充当；第三类是类比或比喻关系。这三类的用例情况见表3.5。

表3.5　　　　陶书"为"字句语义关系统计表

	身份、属性说明	性质	类比或比喻
用例	31	13	21
百分比(%)	47.7	20	32.3

第一类用例最多，约占一半。具体用例情况包括对人物身份的说明，对事物类属的判定和对事件性质的判断。如上面的例277)、278)和283)句。表示比喻或类比的用例占全部用例约1/3，《登真隐诀》中集中了一批这样的句子。这些句子是一种宗教联想思维的反映，把微观事物类比为宏观事物，如把人体的某个部位视作"X宫"

或是赋予别的称呼。例如：

286）西城真人王君常吟咏曰：神为度形舟，薄岸当别去。形非神常宅，神非形常载。（真诰·卷三）

287）鼻为面之岳山，内景所谓之天中之岳。（登真隐诀·卷中）

288）却入三寸为丹田宫，亦名泥丸宫，左有上元赤子帝君，右有帝卿，凡二神居之。（登真隐诀·卷上）

289）却入二寸为洞房宫。（登真隐诀·卷上）

290）且今经亦言明堂上一寸为天庭宫，岂应空一寸之上方为天庭耶。（登真隐诀·卷上）

另有13例"为"后成分由形容词充当，对主语的性质作出判定。例如：

291）恐俗人贪狡之徒，知此金宝处，堪能凿掘，则事由宣泄，此罪真为不轻，非但尔时教戒，亦传贻无穷，将来诸子咸共秘之。（真诰·卷十一）

292）高者亦可服术，其家冢讼亦为纷纷，术遏鬼氛，故必无他耳。（真诰·卷八）

293）省疏，并见周氏遗迹，真言显然，符验前诰，二三明白，益为奇特。（冥通记·卷一）

294）见此辈良为可悲，并皆修法不勤，或先亡引逮，所行乖道，或先勤后息，失此功夫，一何苦哉！（冥通记·卷三）

295）而诸人多轻其浅小，每致传世，使神咒隐验，呵执不行，殊为可责。（登真隐诀·卷中）

296）若自此前诸事，身到启请，弥为佳矣，上章口启，随所行耳，作章不能尽理，更复不及朝启四方也，事若大者皆应乞悬诡某物，须如愿，便即奉酬，具如前注之法。（登真隐诀·卷下）

"为"字判断句前后项语义关系的多样化说明此期"为"字判断句的功能较之先秦时期有了扩展，接下来我们将具体讨论这个问题。

四 南北朝"为"字判断句的发展

（一）主观性的增强

借助语言中的系词来表达的判断有两类：描述判断和价值判断。

描述判断又包括感性判断和理性判断,"反映事物现象的判断和反映事物本质的判断,我们把前者叫做感性判断或者叫关于经验事实的判断,把后者叫做理性判断或叫理论判断"①。价值判断则是"表述价值认识的判断,是人们根据自己的利益和需要对事物作出的评价"。描述判断是形成价值判断的基础和前提,"因为只有先认清事物的属性、事物间的关系是什么,才能确定它们对人的需要有什么价值,才能对它们作出评价"②。不同层次的判断对应不同的语言表现形式,就"为"字判断句来说,大致可作图 3.6 所示的分类。

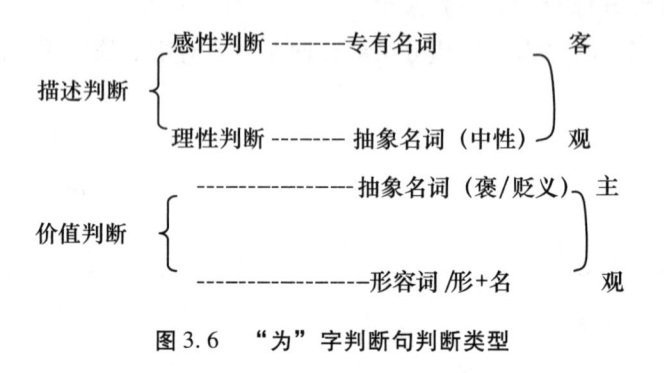

$$
\begin{cases}
描述判断 \begin{cases} 感性判断 \text{-------} 专有名词 \\ 理性判断 \text{-------} 抽象名词(中性) \end{cases} 客观 \\
价值判断 \begin{cases} \text{-------------} 抽象名词(褒/贬义) \\ \text{---------------} 形容词/形+名 \end{cases} 主观
\end{cases}
$$

图 3.6 "为"字判断句判断类型

描述判断下辖的感性判断属于对客观世界的直观判断,其中后项用于指明人、事、物的名称,一般用专有名词来表达。较多的一类后项是抽象名词,这类词多是中性词语,是关于事物本质属性的理性判断。价值判断与人的主观意识有关,表现形式之一是那些在概念意义之外还附有褒贬等色彩义的词语,如"君子""小人"这类名词。还有一类是形容词或"形+名"词组,对事物的性质作了揭示,构成价值判断的主体成员。这样,根据"为"字句后项的语言表现形式可分四类:甲类:专有名词;乙类:中性抽象名词;丙类:具褒贬义的抽象名词;丁类:形容词或"形+名"偏正短语。我们统计了包括《论语》《左传》(35—44卷)和陶书三部文献中"为"字用例判断类型的数量,见表 3.6。

---

① 于惠棠:《论辩证逻辑的判断分类》,《山东大学学报(哲学社会科学版)》1988 年第 1 期。

② 同上。

表 3.6　　　上古—中古"为"字判断句判断属性统计表

分类	描述判断		价值判断	
	甲类	乙类	丙类	丁类
《论语》	6	2	2	5
《左传》10卷	3	9	1	0
百分比（％）	32.1	39.3	10.7	17.9
陶书	11	33	11	16
百分比（％）	15.5	46.5	15.5	22.5

上表显示，从先秦到南北朝近1000年的历史进程中，"为"字句表判断的功能并未出现大的变动。理性判断仍然是"为"字句的主要判断功能，价值判断的比重略有上升。曾有语言学家说过，语言发展的历史就是主观性不断增强的历史，"为"字句的发展也证明了这一点。

（二）形式规律的保留和突破

前面我们讲到，先秦时期"为"字句的后项多以概念的综合形式出现，由单个词语充当，这一形式规律很少有例外。发展至南北朝时期该规律有了一定的突破。据统计，陶书65例"为"字句中，后项由单个词语充当的有46句，占全部用例的70.8％；由概念的分析形式充当后项的有17例（其中"之"字结构14例，其余3例为无标记偏正结构），占全部用例的26.2％。从统计数据可以看出，"为"字判断句后项由单个词语充当的比率仍高达70％，虽然在发展的历程中有所变化，但对上古的语法规律仍有坚持和保留。而且后项的所谓扩展大部分仅限于"之"字结构，这是因为"为"字句作为春秋战国时期判断句的类型之一，沿用至千年之后的南北朝时期，语体上或多或少有些仿古的味道，与同属上古主要偏正结构之一的"之"字结构联合使用，构成一种语体风格上的协调。但和"是"字句不同的是，"所"字结构一直没有出现充当"为"字判断句后项的用例，这大约是因为在"为……所……"结构中"为"一般充当介词，表示被动用法。请看下面这句：

297）右六条是手新写，应是保命君所告也。（真诰·卷十四）

如果说成"应为保命君所告也"，句子就会产生歧义。故而"为"字句的形式突破也并非毫无条件，在"为"字系统内部，不同的用法恪守着各自的界限。

（三）功能的扩展

陶书有 2 例"为"字句比较特殊，不同于一般的"为"字判断句：

298）告："小阿口直下三四里，便径至阴宫东玄掖门，入此穴口二百步，便朗然如昼日。"不审此洞天之别光，为引太阳之光，以映穴中耶？此洞天中，官府旷大，云宫室数百问屋。（真诰·卷十一）

299）直注行下云"茶一簿"，未正可解，当为寄与掾也。（真诰·卷十八）

这两句中的"为"是在判断用法的基础上发展而来的，因为只能理解成"是"字的同义词，但又不同于其他"为"字句的语义功能和句法构成，"为"字的后项由动词短语充当，是一种对前项描述情况的解释推理。此类用例不多，可视为本阶段"为"字句判断功能的扩展。同样的功能扩展亦出现在"是"字句中，故而"为"字句的这一倾向可视为一种"相因扩展"，即两个表义功能相同或相近的词语，其中一个的用法扩大了，另一个也受到影响，朝着同一个方向扩展出相同的用法。

多数关于上古和中古文献的专书语法采取杨伯峻、何乐士的处理办法，从宽认可"为"字判断句的存在，但大多止步于表面现象的归纳和描写，在理论上尚有进一步开掘的空间。我们认为"为"字在先秦就衍生了"范畴化"的功能，这一功能导致了"为"字判断句在概念上的本质特征。在前人研究的基础上，我们从认知与逻辑角度考察了先秦时期"为"字句，我们的主要观点是：

（1）"为"字的判断功能是人类认知对事件发展过程不同阶段聚焦的结果。在实义动词"为"由活动情状向静态情状一步步引申生发时，当其表示事物具有一种不因时间而变化，相对恒定久远的属性时，"为"字便获得了表示判断的功能，应称为"为"字判断句。它和后起的"是"字判断句在局部用法上存在一种更迭替代的关系，但这种变化不是一对一完成的，个中情况比较复杂。

（2）"为"字判断句的主要功能是"范畴化"，把纷繁的外部世界信息用凝练的语言形式表示出来，形成新的概念，再以此作为进一步认知的阶梯，去获取更多的外界信息……人类的抽象思辨能力就是如此周而复始地向前发展，对世界的认识范围及深度也一步步扩大和加深。标准的"为"字判断句语义结构和形式特征可归纳为：概念的分析形式＋为＋概念的综合形式。

春秋战国时期"为"字判断句恪守一条形式规律，即其后项均由单独概念构成，反映在语言形式上就是单个语词，排斥复合形式。这种形式表征是复杂性象似动因起作用的结果，是相对凝练的概念内涵的摹写。

（3）南北朝时期"为"字判断句的发展表现为三个方面：主观性的增强；形式规律的突破；功能的扩展。"为"字判断句的发展是局部的、保留式的发展，这种发展一方面是和"是"字判断句竞争的结果，另一方面是受后者影响的结果。

（4）先秦时期的"……者，……也"式判断句既有"范畴化"功能，也有"非范畴化"功能，且句式灵活多变。在这种情况下，"为"字句的使用频率不高，衰落不可避免。萧红（2008）考察了先秦—唐20部文献中"为"字判断句的分布情况，认为随着"是"字判断句的发展成熟，"为"字判断句自三国两晋时期开始走向衰落，衰落进程在南北朝时期经历了一个暂时停滞阶段，隋唐以后接近消亡。[①] 这种"暂时停滞"可能与"为"字句自身的发展有关。

"人类的基本语言能力大体上可以分为两大部分：首先是对事物进行概念化的能力（即命名化或词汇化的能力）；其次是根据特定规则和规律进行概念组合，以表达特定时空条件下的认知和情感能力。""概念化是一个范畴化的过程，也是一个命名化的过程，是范畴化与命名化相结合的过程。"[②] "为"字句体现了人类的这种基本智能，古人通过运用"为"字句表达他们对客观世界和精神世界的分类，进

[①] 参见萧红《〈洛阳伽蓝记〉句法研究》，中国社会科学出版社2008年版，第37—38页。

[②] 郭纯洁：《项位语法概论》，南京大学出版社2011年版，第99、77页。

而建构更为复杂的概念世界。到了中古时期，中土文献的"为"字句作为一种上古遗留下来的、具有典雅风格的仿古句式，在数量上难以与新兴的"是"字句抗衡，但在范畴化语义表达上仍占有一席之地。从现代汉语中"为"字的共时分布来看，一方面是静态范畴化的专用形式，引介新概念的范畴化结构"命名为""称之为"比率大大超过"命名是"和"称之是"；另一方面作为一种动态范畴化的典型语言形式，如和动词组合成"变为""成长为""当选为"等动态结构。这些用法仍旧打上了"范畴化"功能的印记，纵贯全部汉语史的"为"字句研究必将收获更多细节。

第三节 主谓相续式判断句

一 主谓相续式判断句的形式

在南北朝时期，相对于业已成熟的"是"字判断句来说，主谓相续式判断句是一种沿用上古的、无判断词的旧式判断句。陶书主谓相续式判断句共计251例，按照主谓之间有无副词修饰成分可分作两类：

H式：主语+（停顿）+谓语

H式共179例。这179例按句中主谓之间有无停顿又可分为两类：

H1. 主谓之间有停顿，计126句。如：

300）常道乡公，魏元帝本封也。（真诰·卷十三）

301）朝生，蜉蝣也，以喻人之在世，易致消歇耳。（真诰·卷十三）

302）玄人周子良，字符龢，茅山陶隐居之弟子也。（冥通记·卷一）

303）李丰字安国，改字宣国，冯翊人，李义子。（真诰·卷十四）

304）叔升，涿郡人，汉元帝时生。（真诰·卷十二）

305）所继伯父耀旭，本州岛主簿，扬州议曹从事。（冥通记·卷一）

H2. 主谓之间无停顿，计53句。其中8例主语由指示代词"此"充当，指代上文论及的事物。41例由方位名词"右"充当，是陶弘景对右边所引文字的代指。另有单音节名词、人称代词或数名结构4例。例如：

306）此一行杨君自记与长史。（真诰·卷十四）

307）右弼王王真人受，令密示许侯。（真诰·卷十一）

308）永嘉五年六月，王弥、刘曜、石勒破洛，贼欲逼妃，妃拔刀曰："我太尉公之女，皇太子之妃，有死而已。"（真诰·卷十三）

309）山岳气扰，则强禽号于林；川渎结滞，则龙虬惨于泽；此自然象也。（真诰·卷八）

310）侍者四人，执紫毛节，持流金铃，此冯真人也。《真诰》有。（冥通记·卷二）

311）其人曰："我恶人也，不可以受君子之施。"乃自杀。（真诰·卷五）

312）一人孙赍孙女寒华也，少时密与契通情，后学道受介琰法，又以法受寒华。（真诰·卷十三）

I式：主语+副词等谓语修饰成分+谓语

I式共72例，其中副词占绝大多数。具体来说，有13个副词。分别是：本、并、便、诚、即、皆、乃、实、悉、亦、则、真、正。I式的全部用例按主语后有无停顿也可分两类：有停顿的（记作I1）48例，无停顿的24例（记作I2），两类之比将近2∶1。前者的例子如：

313）南人，即南真夫人也。（真诰·卷四）

314）此云迭域，即谷希子也，与前司命所答谷子之罗鼎事同。（真诰·卷四）

315）左慈字符放，李仲甫弟子，即葛玄之师也。（真诰·卷十二）

316）二子，即孝武并弟道子也。（真诰·卷八）

317）许肇，字子阿，即长史七代祖司徒敬也。（真诰·卷十六）

后者的例子如下：

318）小括即小括苍山，在永嘉桥溪之北。（真诰·卷十二）

319）玄师即南真夫人。（真诰·卷九）

320)其姨母本钱塘人,姓张,三岁失父,随母重适永嘉徐家,仍冒徐姓。(冥通记·卷三)

321)其一女则刘玄微,一则陶智安,余者皆不识,亦不见与语。(冥通记·卷三)

H、I两式全部用例中有无停顿之比一为7∶3,一为2∶1。此处有必要分析一下停顿在主谓相续式判断句中的功能。按冯胜利的观点:"在一个NP—NP句子中,必须要用一个停顿来标志它是一个等式句……这个停顿是必须有的。"① 这个停顿可以看作早期"名+名"判断句的一种形态标志。H式显示,当主语不再由NP充当,换作定指色彩较浓的"此"或"右"时,主谓之间的停顿便会自动消失,这说明停顿的使用是有一定条件的。但是比较一下例313)和例318)就会发现,这里停顿的有无具有很大的随意性,似乎并无确定不移的规则,只是今人语感上的一种臆测。冯氏的说法仍有可商榷之处。

二 主谓相续式判断句的语义关系

根据语义语法学的观点:"语言的本质共性是语义性,句法结构的实质是相关义场的语义关联,语形结构只是语义结构的不完全性表层投影。"② 汉语史关于判断句的研究长期纠缠于各种判断标记尤其是判断词"是"的出现,忽视了"判断"这一句法范畴先于判断词存在,并且"判断"这一范畴不完全依靠"是"字判断句表现,"是"字承担判断句形态标记的同时,它的表达功能并不只限于"判断"这一语义范畴。主谓相续式判断句又被称为"名词谓语判断句""无判断词判断句",它的前后两项语义关系比较固定,大多是等同或类属关系。

第四节 "非"字否定判断句

虽然严格意义上的否定判断句只能是在判断词前加否定副词的判

---

① 冯胜利:《古汉语判断句中的系词》,汪维辉译,《古汉语研究》2003年第1期。
② 李葆嘉:《语义语法学导论》,中华书局2007年版,第504页。

断句，但陶书表示否定的判断主要还是使用副词"非"，故此统称"非"字判断句。王力先生称"非"是"否定式的系词，是不可分析的单体"。"在意义上，它是'绝词'；在论理学上，它还是系词，因为它能从反面去联系主格与表词两项。"① 如果把春秋战国时期的主谓相续式判断句看作无标记的语法形式，那么否定判断句则采用了以"非"作标记的有标记形式。这种情况在陶书中并无多大改变，"非"字句仍然是否定判断句的唯一主要形式。全书带有"非"字的句子共计340句，这些句子中有12例"非"修饰名词，性质是形容词；8例与"不""无以"连用构成具有某种逻辑关系的复句，如"非……不……""非……无以……"等。剩下的320例才是我们要讨论的"非"字否定句。其中2.4%的句子是严格意义上的否定判断句，又可分两类：4例"非"和"为"字组成"非为"；4例"非"和"是"组成"非是"，在"非为"和"非是"句中"非"是副词。"非为"的例子如下：

322）后见包公问动静，此君见答："今故在此山，非为徙去。"（真诰·卷十一）

323）今令许用此，盖以相扶助，非为专定业也。（登真隐诀·卷中）

324）穆寻见用出，此事力未展，非为息怀。（真诰·卷十一）

325）决欲习性以静之，损□以宝之，非为色欲□多，而患在难□。（真诰·卷七）

"非是"的例子如下：

326）其用他药得尸解，非是用灵丸之化者，皆不得反故乡，三官执之也。（真诰·卷四）

327）外书不显范明，唯前汉有范明友，恐非是此人。（真诰·卷十五）

328）虚落霄表，精朗九玄，此道高邈，非是吾徒所得闻也。（真诰·卷十八）

329）要当作方便近边，仍看其眼中，童子若暗者，知非是仙，

---

① 王力：《中国文法中的系词》，载王力《龙虫并雕斋文集》，中华书局1980年版，第297页。

则邪鬼耳。(登真隐诀·卷中)

另外有312例"……非……"虽然这里"非"的性质通常被认为是作副词,但"非"起到了把参与判断的前后两项联系起来的作用,充当了"论理学上的系词"。在这312个句子中,56句"非"前有副词或助动词修饰,占全部用例的18.4%,这些词语有:则、自、定当、信、通、实、皆、迨、便、必、本等。张华(2007)统计了《左传》中副词"非"的用例,书中"'非'前很少有副词,《左传》共有6例受两个副词修饰,这两个副词是'亦'和'皆'"①。仅占《左传》全部"非"字否定句(263例)的2%。由此可知,南北朝后期"非"受副词修饰的比率与先秦相比有了一定的增加,能够受副词修饰的"非"字倾向于带有谓词性质。"非"字后项的句法构成并不单一,既有体词性成分,也有谓词性成分,前者在数量上占据一定的优势。"非"否定的对象在语义关系上比较广泛,既有对事物属性或类属关系的否定,也有对事件原因、说明等的否定,这一点与"是"的情况很相似。前者例子如:

330) 如此说者,前韩众便非惠期也。(冥通记·卷四)

331) 去月又见授《神虎经注解》,注解非世间所闻,亦自不掌其旨也。(真诰·卷十四)

332) 扬、张既非上圣,爵位亦卑,不应得与炎帝为俦,复当或有小五帝不论耳。(真诰·卷十六)

333) 此洞既无所通达,正是地仙栖处,必非三十六天之限也。(真诰·卷十四)

后者例子如:

334) 乡里者,谓句容与茅山同境耳,非言本咸阳人也。(真诰·卷二)

335) 贞者非止不淫于色,亦是惔乎荣利也。(真诰·卷十六)

336) 寻云以应身中二十四神之意,谓人人之身皆以相应,非止论当我之身乃得自用,不如存神之法,不得为人存也。

337) 我等今来者,直寻有道者耳,非浮游无着,泛滥而行也。

---

① 张华:《〈左传〉否定词"非"研究》,《佛山科学技术学院学报(社会科学版)》2007年第5期。

（冥通记·卷二）

338）按此三男真，三女真，并高真之尊贵者，降集甚希，恐此是诸降者叙说其事，犹如秋分日瑶台四君吟耳，非必亲受杨君也。（真诰·卷六）

第四章 疑问句

第一节 疑问句概貌

陶弘景三部道书中共有疑问句320例,可分为6类:特指问句、是非问句、正反问句、选择问句、反问句和设问句。疑问句在三部道书中的分布情况见表4.1。

表4.1　　　　　　　陶弘景三部道书疑问句分布统计

	特指问句	是非问句	正反问句	选择问句	反问句	设问句
真诰	85	50	25	3	55	1
冥通记	50	20	19	1	9	0
登真隐诀	0	0	0	0	1	1
合计	135	70	44	4	65	2
百分比(%)	42.2	21.9	13.8	1.2	20.3	0.6

上表显示,陶书6种疑问句式以特指问句数量最多,其次是是非问句、反问句和正反问句。选择问句和设问句数量比较少,两类合起来比例不到2%。从这些疑问句在三部道书中的分布来看,《真诰》疑问句共计219句,千句比为37.5(总计5836句);《周氏冥通记》疑问句共计99句,千句比为67.9(总计1444句);《登真隐诀》疑问句共计2句,千句比为1.6(总计1236句)。以《周氏冥通记》所用疑问句密度最高,《真诰》稍次,《登真隐诀》则几乎通篇不用疑问句。这种情况和各书内容有关,前两书重在记叙"仙降"的过程,

记录"真人"诰受的内容，其中自然包含凡真之间的对话，需要通过一问一答的方式来传达"仙旨"。《登真隐诀》的性质我们在"量词"一章已经说过，是一种"修道指南"式的，以说明为主的道书，这种性质决定了其中几乎不涉及人物对话，自然也鲜少疑问句。仅有的2例1例是反问句，1例是设问句，都属于疑问真值较低的疑问句，重在发表观点。下面分别叙述之。

一 特指问句

特指问句是陶书最常见的问句，全书共计135句。从询问内容来看，陶书特指疑问句有询问人或事物、询问时间、询问处所、询问情状、询问方式等。表达疑问的手段一般是使用疑问代词，以"何"系疑问词为主，共计111例（包括2例"曷"），约占80%。包括"何""何处""何如""何物""何人""何时""何意""何义""何为""何以""何得""何如""如何"等。略摘录几例如下：

339）周君更问子良："尔姓何等？"（冥通记·卷三）

340）初下半山，见许主簿来上，相逢于夹石之间，公语主簿曰："汝何来迟？吾为汝置四升酒在山上坐处，可往饮之而还逐我。"（真诰·卷十七）

341）许长史所使人盗他家狗六头，于长史灶下蒸煮，共食之，长史何以不检校，使臭腥之气熏染肴饭？既食而步上道，亦已犯真人之星也。（真诰·卷七）

342）二人为未得登举作地下主者耶？治在何处？愚昧冒启，惧有干忤。（真诰·卷十一）

343）告："左慈复何人也？"此见奖勗之言，恩念下逮，益令欣慕。（真诰·卷十一）

344）小有天王昨问："此人今何在？修何道？"东卿答曰："是我乡里士也。"（真诰·卷二）

345）刘夫人曰："周生，尔知积业树因，从何而来，得如今日乎？"（冥通记·卷二）

346）子良因问："家师陶公何如？"（冥通记·卷三）

"云何"是东汉以后使用较多的一个疑问代词，多见于佛典，卢烈红（2003，2008）对其兴起、发展和衰亡做过细致的考察，指出，"中土文献中'云何'的使用频率远低于汉译佛经，这是自东汉贯穿唐宋的普遍现象"。"'云何'是一个口语色彩较浓的词。"[①] 陶书共有4例"云何"，均用于询问原因，在句中用为状语。全部用例见下：

347）六月二十一日夜，定录问云："许长史欲云何寻道？"登答慜修真诚之意。（真诰·卷一）

348）云何每尔？此自家长之教忌，不豫我也，重谢斗，当必释耳。（真诰·卷七）

349）已闻高胜而故由豫，屡睹明科而释疑，遂罗泙上章，使臭染隐书，四极击鼓，三官寻矛，誓信云何而忘？太初于焉而游？（真诰·卷七）

350）有一白犬，俗家以许祷土地鬼神，云何令人盗烹之？土地神言"许长史教之使尔"，不言小人盗自尔也。（真诰·卷七）

另外还有"谁"7例、"几"7例、"那"4例、"若"2例、"大小"1例、"焉"2例和"奚"1例。"谁"在此期专门用于问人，没有问事物的例子。先看"谁"的例子：

351）不审韩侯是谁？（冥通记·卷二）

352）世间愚人，徒复千条万章，谁能明吉凶四相哉？（真诰·卷十）

原先秦时期与"谁"同用于问人的疑问代词"孰"此期已趋于消失。陶书对话或独白语言中已完全由"谁"占据，仅有的几例"孰"主要功能已不表示疑问。再看"几"的例子：

353）食之毕，少久许时，真妃问某："年几？是何月生？"某登答言："三十六，庚寅岁九月生也。"（真诰·卷一）

354）官属正二仙君兄弟，复有他仙官，男女凡有几许人？为直是石室，亦有金堂玉房耶？官室与洞庭苞山相连不？（真诰·卷十一）

"几"作疑问代词的时间始自上古，《左传》即有较多用例。在后来的发展中，疑问代词"几"由疑问代词用法引申出表示感叹的

[①] 卢烈红：《魏晋以后疑问代词"云何"的发展与衰亡》，《长江学术》2008年第4期。

用法，相当于"何等"，《汉语大字典》首引书证为李白《送祝八之江东赋得浣纱石》"君去西秦适东越，碧山清江几超忽"，过迟。我们在《真诰》中发现了2例"几"作程度副词表示感叹的用法。例子见下：

355）不审可剪荆棘出此树？单生，其实几好也。（真诰·卷二）

356）酆都山上树木水泽如世间，但稻米粒几大，味如菱，其余四谷不尔，但名稻为重思耳。（真诰·卷十五）

陶书的用例可增补《汉语大字典》之缺。杨伯峻（1965）谈到了"几"的副词用法："'几'作副词，表几近，等于口语的'几乎'。这'几'字读阴平，音机。"① 但这个"几"和陶书作副词的"几"不是一回事。根据曾海清（2003）："'几'作程度副词，相当于普通话的'多、多么'等的用法主要集中在非官话区的赣、湘、闽、粤方言地区，但属北方方言区的西南方言的武汉、柳州有这种用法，属吴方言的温州也有这种用法。"② 已证实曾氏观点的单点地区有江西吉水（许小明，1999）、长沙（曾晓洁，2001）、广东新丰（李春燕，2010）、安徽安庆（鲍红，2011）等，这些都表明，"几"作程度副词的用法主要分布于南方地区。陶书中"几"作程度副词的用例说明"几"语法化为程度副词始自南北朝时期，南方方言中的用法是中古汉语用法的遗留。目前尚未见到同时代的其他例证，此2例对于研究"几"的意义嬗变很有价值。

"那"作询问事理和反诘疑问代词的用法兴起于汉魏时期，吕叔湘（1985）、俞理明（1989）、魏培泉（2004）、冯春田（2006）等都对其来源发表过观点。虽然各家对具体演变方式仍有争议，但基本认同"那"是来自"奈何"。陶书全部4例如下：

357）云："血在路上，若汝憎之，当那得行？"又答曰："当避之耳。"又云："避之佳，故不如目不见乃佳。"（真诰·卷一）

358）此人问："那得此小儿子？"（冥通记·卷一）

359）仍手指壁上所疏桃竹汤方云："脱觉体不快，便依此方浴。此方要，卿那得？"（冥通记·卷一）

---

① 杨伯峻：《文言虚词》，中华书局1965年版，第8页。
② 曾海清：《说"几"》，《贵阳金筑大学学报》2003年第3期。

360）问左右："那不将几来？"（冥通记·卷一）

例357）、例358）、例359）3句是问处所的疑问代词无疑，例360）句"那""不"组合在一起表示反诘，相当于"怎么不""何不"。

疑问代词"若"的产生，据吕叔湘、俞理明、刘开骅考察，均认为和"那"有一定的关系，二者同属中古新兴的疑问代词。《汉语大字典》所引首见书证为白居易《送人贬信州判官》："若于此郡为卑吏？刺史厅前又折腰。"嫌晚。刘开骅（2006）总结了"若"在中古时期的两种疑问用法，"一是与'何'相当，充任前置宾语，用于处所询问。二是充任状语，用于数量询问，意思是'多……'、'多少'"。"'若'的这两种用法，前一种用法并不多见，而且似乎只在早期汉译佛经中出现；后一种用法倒不见于译经，而只在南北朝中土文献出现。"① 此处分别转引1例：

361）树神人现，问梵志曰："道士那来？今若行耶？"同声答曰："欲诣神池，澡浴望仙。今日饥渴，幸哀矜济。"（日本《大正新修大藏经》卷四《中本起经》157页a栏）

362）敬则问："我昔种杨柳树，今若大小？"（南齐书·王敬则传）

其中例361）又一版本作：

363）树神人现，问诸梵志："道士那来，今欲何行？"（日本《大正新修大藏经》卷四《法句譬喻经》591页3栏——转引自俞理明1989）

例363）清楚地表明，新兴的"若"作疑问代词用法与"何"类似。刘氏对于"若"作疑问代词用法的归纳似嫌过窄，仅归为"处所""数量"似乎不尽能概括"若"的用法。请看《冥通记》中的2例：

364）子良问："不审此位若为羽仪？"徐答曰："亦不可为定，更由功业之高下。理有丹龙绿车，衣羽之盖，素毛之节；青衣玉女五人，朱衣玉童七人，执鸿翮之扇，建扶灵之冠，服紫羽之被，绛霄之

---

① 刘开骅：《中古新生疑问代词"如"、"若"、"若为"及其来源》，《浙江师范大学学报（社会科学版）》2006年第1期。

衣，带宝玉之铃；六丁为使，万神受保。"（冥通记·卷三）

365）子良因问："不审此星在何方面？形模若为？"（冥通记·卷一）

366）子良因请问："不审几试？试若大小？恐肉人邪僻，能不忧惧？"（冥通记·卷三）

例366）和例362）一样，都是"若"和"大小"组合，一是问具体的树，一是问抽象的"试"，是对事物体积、形状、规模的询问，应该归纳为"询问情状，相当于'怎样'"为好，在概括力和解释性方面更合理。例364）"若为羽仪"和例365）的"形模若为"中的"若"均可视为询问情状。但俞理明（1989）认为："从汉语语法发展的实际来看，先秦疑问代词宾语前置的规律到汉代已经不起作用了，所以产生于六朝的、述宾结构的'若为'一语中，'为'才是疑问代词。这个'为'本是'何为'的简略。"① 石毓智（1997）从"功能渗透"的角度说明"若""为"表疑问的用法都受到"何"的影响，② 这使得"若为"连用时究竟谁承担疑问功能难以确定。我们倾向于认为"若"是疑问代词，因为例361）中的"若行"作为一个宾语前置的例子就使俞氏的论据缺乏说服力，另外陶书中并未见到"为"有表示疑问的用法。

"奚""焉"都沿袭上古用法，用例较少，且多用于韵文中，有较浓厚的仿古意味。陶书的例子如：

367）君亦奚足汲汲于人间之贵贱，投身于荣辱之肆哉？（真诰·卷二）

368）焉得斋物子？委运任所经。（真诰·卷四）

二　是非问句

是非问句是能用"对"或"不对"来作答语的问句，其主体部分是一个陈述句，使用语调上扬或添加语气词等形式手段赋予其传疑语气而成。陶书共有是非问句70句，按有无语气词可分为两类，不用语气词的一类计6例，占8.6%；有语气词的为大多数，计64例，占91.4%。使用的语气词有"乎、邪、耶、哉、夫"5个，用例数按

---

① 俞理明：《汉魏六朝的疑问代词"那"及其他》，《古汉语研究》1989年第3期。
② 参见石毓智《论疑问词"何"的功能渗透》，《古汉语研究》1997年第4期。

高低排序依次是：乎 27 例、耶 23 例、邪 11 例、哉 2 例、夫 1 例。不用语气词的例子如：

369）惊问："见此甘露降下？"（冥通记·卷一）

370）十八日，梦大司命君问曰："子欲仙？"答："实愿仙。"（冥通记·卷四）

371）丞曰："周生可谓保仙之人？"（冥通记·卷二）

372）不审可剪荆棘出此树？单生，其实几好也。（真诰·卷二）

不用语气词的是非问句需要借助语调变化作为形式手段，但在文献记载中无法记录，只能以上下文来推测其问句性质。使用语气词的情况占大多数，陶书以"乎""耶""邪"为常见。"乎"是一个通语层面的疑问词，具有较强的传疑功能。例子如：

373）龟山真人似当其日来，未真至斋者，自可无仿佛，且欲令彼见我乎？（真诰·卷四）

374）今事结水禁，犹有可申，若许长史能于静中若救之者，则一门全矣，亦是师主、祭酒之宜请而为德惠乎？（真诰·卷八）

375）方尔悠悠，未卒归也，将琴弦之阴德乎？聊当一笑。（真诰·卷十八）

"耶""邪"被认为是带有地域色彩的同一个词。如陈顺成（2011）在前人研究的基础上提出，"耶"和"邪"历来被认为是同一个词的两种写法，"'耶'系'邪'隶书讹变而来，二者本为一字，后来才分化为二字"[1]。他根据罗素珍（2007）的统计数据认为："1部南方汉译佛典中的'邪（耶）'的用次也比相同数量的北方汉译佛典中的用次要略高。这说明'邪（耶）在中古时期依然表现出较强的南方方言色彩。"[2] 陶书"邪（耶）"字的用例合计 50 例（还有些不在疑问句中使用），仅次于《世说新语》（66 例），"北魏三书"合计仅 7 例（《水经注》5 例，《齐民要术》1 例，《洛阳伽蓝记》1 例），可作为陈氏观点的有力补充。"耶（邪）"表达疑问语气较为委婉、含蓄，说话人对自己提出的命题看法半信半疑。例子见下：

---

[1] 这是陈顺成转引孔仲温（2000）、张涌泉（2000，2008，2010）的观点。参见陈顺成《疑问语气词"邪""耶"的历时考察》，《古汉语研究》2011 年第 4 期。

[2] 同上。

376）牙守一，竟未起别寝邪？（真诰·卷十三）

377）尊已相见问其委曲邪？谨白。（真诰·卷十七）

378）自题《五岳图》《三皇传》及诸经符，并云佩随身，但不知三师的是何者，即谓当作籍师、度师、经师义，为直是师师相承之三世邪？（冥通记·卷一）

379）未测亦并有事如六七月而不存录，为当不复备记，止径略如此邪？（冥通记·卷一）

380）河侯、河伯，故当是两神邪？左慈初来，亦勤心数拜礼灵山，五年许，乃得深进内外东西宫耳。（真诰·卷十二）

381）不审竟得服制虫丸未？若脱未就事者，当以入年为始耶？羲前所得分者即服，日日为常，不正闻有他异。（真诰·卷十七）

382）某又问："一龙而四人共乘耶？"（真诰·卷十七）

383）太上真人忽作凡人，径往问之："子尝弹琴耶？"（真诰·卷六）

384）此人曰："问下官耶？"（冥通记·卷二）

385）有如此积罪，亦无仙者，当可得欺太上之曹，使汝得名刊不死之紫录耶？汝其无对者，有司必执也。（真诰·卷四）

"哉"和"夫"作疑问语气词的用法不是此期主流，用例较少，带有存古的意味。

三　正反问句

正反问句是一种广义的选择问句，是把一个命题同时用正反两种方式表现出来让人选择回答的问句。陶书中正反问共计44句，基本上采用在小句句末加否定副词的结构，否定副词有"不、否、未"3个，即"VP＋Neg（不/否/未）"式，没有"VP 不 VP"式。其中以"不"结尾的有33例，以"否"结尾的有7例（另有一例"否耶"），以"未"结尾的有3例。"不"和"否"系同源词，但在正反问中"不"的用法大大超过"否"，二者之间的比率达到4∶1，说明这个位置上的"否"已经渐渐被"不"替代。关于疑问句句尾的"不（否）"的词性，一般认为其处在由否定词向语气词过渡的阶段。某些特定句法条件下的"不（否）"已经是确定无疑的语气词了，如出

现在反诘句句尾。陶书有 2 例,见下:

386) 彼君念想殊多,讵能成远志不?平昔时常多所恨,始悟人难作而善不可失,云学道者除祸责此,审尔当勖。(真诰·卷八)

387) 君绛宫中,讵能仰飞空同上,上云玄之涯不?道易闻而患不真,书易得而患不行。(真诰·卷二)

此 2 例都是以"讵"为首的反诘句,去掉句尾的"不"不影响句子的语义功能,故"不"只能是语气词。另有 1 例"否"后另有语气词"耶",则"否"不可能是语气词,只能是否定副词。如下:

388) 良久书毕,即见示曰:"此书可通否耶?"(真诰·卷十七)

"否"有 2 例与其肯定形式构成并列词组,充当句子的谓语或宾语,这时的"否"不直接作用于句子。例子如下:

389) 子良问:"不审住此廨中好否?"(冥通记·卷三)

390) 玉斧言:此间釜小,可正一斛,不与甑相宜,又上稻应得釜用,都有大釜容二斛已上者。愿与诸药俱致,无见可否?足借,斧当于悬下。(真诰·卷十八)

例 389) 中的"好否"即"好或不好",联合充当"住此廨中"的谓语;例 390) 中的"可否"即"可或不可",联合充当"无见"的宾语。"不"没有这样的用例,通常作用于一个句子,用法上比"否"要成熟和自由。"VP 不(否)"多用于对话、书信或陶弘景的独白中,具有开启新话题的功能,使对话能够往下进行。例子如下:

391) 又告云:"汝憎血否?"答曰:"实憎之。"(真诰·卷一)

392) 主簿即去上山,须臾见还,行甚疾,未至山下相及,公曰:"美酒不?"答云:"犹恨酸。"公曰:"此太平家酒,治人肠也。"(真诰·卷十七)

393) 遂遇马皇先生,告翊曰:"子仁感天地,阴德神鬼,太上将嘉子之用情矣,使我来携汝以长生之道。吾仙官也,尔乃能随我去不?"翊于是叩头自搏:"少好长生,幸遇神仙,乞愿侍给。"(真诰·卷十二)

394) (府丞) 仍问曰:"今是吉日,日已欲中,卿斋不?"(子良) 答:"依常朝拜中食耳,未晓斋法。"(冥通记·卷一)

395) 丞白:"向来者,尔识之不?"答曰:"不识。"丞曰:"是

真人,尔未宜见之,故遥相告尔。"(冥通记·卷二)

396)前者乃问子良曰:"今日诸人来,畅尔怀抱不?"子良答曰:"枉蒙上真赐降腐秽,欣惧交心,无以自厝。"(冥通记·卷二)

397)言曰:"欲知我姓字不?"子良曰:"愿闻之。"(冥通记·卷二)

杨永龙认为这类以"不(否)"收尾的问句在中古已经产生了分化,原因是"'不、否'的词性发生了变化,大概由于它们久处句末易读轻声,乃至否定意义逐渐虚化,转化为语气词,同时又可能受到'乎、欤、耶'等疑问语气词的类化影响,由原来单一表反复问逐步扩展到兼表是非问"①。上面我们指出有2例"不"出现在以"讵"为首的问句中,是确定无疑的语气词。这说明这种分化自此期就开始了。其他没有明显标记的"不(否)"情况如何?我们比较了几组表达内容相近的是非问句和正反问句,请看下面两组:

A组

398)(前帅)言曰:"比者真仙游降,足致欣畅乎?我比恒有事,遂成冥隔。"子良答曰:"近来乾坤澄净,七景齐明,仰降高灵,稍蒙已数,但滓秽无以克承耳。"(冥通记·卷二)

399)前者乃问子良曰:"今日诸人来,畅尔怀抱不?"子良答曰:"枉蒙上真赐降腐秽,欣惧交心,无以自厝。"(冥通记·卷二)

B组

400)此句曲山中亦有三四人入下仙品,欲知之乎?(冥通记·卷三)

401)三月十九日夜,梦小掾来在此静中坐,良久自说:"小茅山三会水处,极可看戏……此物(鬼火)乃化为风,先生知之不?"小掾又曰:"方山大有侯叔草……"(真诰·卷十八)

A组2句话情境相仿,都是真人询问周子良对"降仙"的感受,周子良的回答也是大同小异。例398)风格略显古奥,例399)口语化程度稍高。除此之外,这2句话的表达功能完全一样,"乎""不"似乎可互换而不影响表达,B组情况也是一样。总的来说,这些句子提供了一些"不(否)"已由否定副词变成语气词的迹象,尚不明

---

① 杨永龙:《论〈祖堂集〉中以"不、否、无、摩"收尾的问句》,《中山大学学报》1985年第4期。

显。我们发现有一类表请求的"可"式句似乎只能以"不（否）"煞尾，只出现在下级对上级的对话中。陶书有7例这样的句子：

402）羲即日答公，教明日当先思共相并载致理耳，不审尊马可得送以来否？此间草易于都下，彼幸不用方，欲周旋三秀。（真诰·卷十七）

403）尊处已别有一本，不审可留此处本否？羲又欲更有所上，所上者毕，乃顿以奉还也。谨白。（真诰·卷十七）

404）（杨羲）即启"可得疏方不？"（紫微夫人）良久答言："世间自有，可寻索密用。"（真诰·卷八）

405）子良又问："既灵圣垂旨，敢希久停，可得申延数年不？"（冥通记·卷一）

406）咨："来年十月可保得申延不？"（冥通记·卷四）

407）又问："圣灵何姓，可得闻不？"（冥通记·卷二）

408）子良言："侍从师还此，不知今夕有垂降者，欲还住处仰俟，可得尔不？"（冥通记·卷二）

前3句出自《真诰》，例402）、例403）摘自杨羲写给许长史的信，例404）是杨羲与紫微夫人的对话；后4句出自《冥通记》中周子良之口，对方是高人一等的"真仙"。这7句都是地位较低的人对地位较高的人提出问题或请求，在使用"不（否）"煞尾这一点上比较一致。如果是上级对下级提出请求，则使用"表达语气较为直率"的"乎"①，显得不是那么谦卑和客气。例如：

409）紫清真妃曰："欲复烦明君之手笔书一事，以散意忘言，可乎？"某又襞纸待授，真妃乃徐徐微言而授曰："我是元君之少女，太虚李夫人爱子也。"（真诰·卷一）

例409）是紫清真妃要求杨羲笔书她的话，即使用"可乎"而不是"可不（否）"。由此能够比较清楚地看出"不（否）"与"乎"在语气表达上的差别："不（否）"表达一种小心谨慎的求证，"乎"则透露出一种很有把握的自信。二者的差别主要是语气上的，这种差别离不开"不（否）"的否定意义，因为有"不（否）"的存在，使

---

① 萧红：《〈洛阳伽蓝记〉句法研究》，中国社会科学出版社2008年版，第63页。

得这种问句肯定否定的比率各占一半,问话者的主观愿望几乎无从表达。而"乎"等语气词使用与否对其前命题肯定否定的改变其实作用不大。从这个层面上说,此期"不(否)"的性质未可断言。

另有 3 例以"未"作句尾否定词的正反问句,可概括为"VP未"。例子如下:

410)不审竟得服制虫丸未?若脱未就事者,当以入年为始耶?羲前所得分者即服,日日为常,不正闻有他异。(真诰・卷十七)

411)子良问:"所通辞仰呈君未?"(冥通记・卷四)

412)不审方隅山中幽人为已设坐于易迁户中未?聊白。(真诰・卷十七)

这 3 句在时制上有比较明显的特点,即说话者都是以说话的时间为参照点,来询问某个事件是否已经发生。"VP 未"是指"已 VP 还是未 VP",回答要么是"已 VP",要么是"未 VP"。VP 本身倾向于选择有完成意义的动词,同时辅以表达完成意义的词语,如例 410)中的"得"和例 412)中的"已"。与"不(否)"不同的是,"未"只能和具有可完成特征的动词搭配,对动词和时间方面有特别的要求。

四 选择问句

选择问是同时提出两种或两种以上的命题供人选择作答的问句。陶书中选择问句共 4 句:

413)题目如此,不知当是道家旧书?为降杨时说?其事旨悉与真经相符,疑应是裴君所授。(真诰・卷五)

414)官属正二仙君兄弟,复有他仙官,男女凡有几许人?为直是石室,亦有金堂玉房耶?(真诰・卷十一)

415)又有四五异手书,未辨为同时使写,为后人更写?既无姓名,不证真伪,今并撰录,注其条下,以甲乙丙丁各甄别之。(真诰・卷十九)

416)寻入今年来,月月所记自疏简,未知是不复悉记,为时近致希邪?(冥通记・卷四)

这 4 句例 413)、例 416)两句是"是……?为……?"式,并列提出两个命题,例 414)是"为……?……?"式,例 415)是

"为……？为……？"式，其中3例都有"不知（未辨、未知）"类词语充当句首，此4例在语境上有一个共同特点，即都是独白式话语，没有1例出现在对话中，故此也没有答句。

五 反问句

反问句又叫"反诘问句"，是借用疑问句的形式发表个人观点的一种句式，属无疑而问，它的作用不在疑问而在否定。陶书反问句共计65例。大致可以分为3类：①语气副词"岂（何、宁、奚、安、曷、胡）"类；②助动词/动词"能（敢）……"类；③构式类，包括"不亦A乎（耶）""何X之V""可不X（+之）"。前2类都可以通过添加否定副词的手段表达反诘语气。

（一）语气副词"岂（何、宁、奚、安、曷、胡）"类

这一类以"岂"最为典型，共计24例。除单用10例外，还有"岂不"5例，"岂得"4例，"岂可"4例，"岂无"1例。"岂"是一个对反问敏感的语气副词，几乎不用于其他类型的疑问句，其反诘的程度高低依赖于句尾的语气词，以"乎"煞尾的句子反诘的语气最为强烈，其次是"哉"，略为委婉含蓄的是"邪（耶）"。例子见下：

417）是以功书上帝，德刊灵阁，使我祖根流宗泽，荫光后绪，故使垂条结华，生而好仙，应得度世者五人，登升者三人，录名太上，策简青宫，岂是尔辈所可豫乎？（真诰·卷四）

418）登生气之二域，望养全之寂寂，视万物玄黄尽假寄耳，岂可不憨之哉？（真诰·卷六）

419）无妙卫以自导，修道以求仙，贪荣慕贵，多垂成而败，皆由丧真犯气，愚瞽罔昧，岂识此机耶？（真诰·卷八）

420）案诀谨而修之，登山越海，万试不干，修仙升度，所欲从心，斯岂虚言耶？（真诰·卷八）

吕叔湘（1982）曾论述过有无否定词对反问句语义的影响："反诘实在是一种否定的方式，反诘句里没有否定词，这句话的用意应在否定；反诘句里有否定词，这句话的用意应在肯定。"[①] 例417）、例

---

① 吕叔湘：《中国文法要略》，商务印书馆1982年版，第290页。

419）、例420）3句意在否定"岂"后的部分，例418）句"岂"后有否定词"不"，全句表达肯定的意思。与"岂"用法相类的还有"安"（6例）、"奚"（4例）、"宁"（1例）。例子如下：

421）学道者常不能慎事，尚自致百痾，归咎于神灵，当风卧湿，反责他于失覆，皆痴人也，安可以告玄妙哉？（真诰·卷七）

422）然既得已居吴，安能复觅越？所以息心。（真诰·卷十四）

423）意云尔不？代谢奚必四时？气如呼吸，千龄如寄。（真诰·卷二）

424）奚不宗生生乎？于我助之有缘，其妇言亦急，家事当须了之，非他得豫。（真诰·卷八）

425）心既未发，吾宁得知？（冥通记·卷三）

语气副词中有一类原本隶属于特指疑问代词（副词），后来疑问语气完全丧失，实际表达一种否定意味。如"何"和"焉"，前者计4例，包括词汇化的"何必"1例；后者1例。例子如下：

426）学道当如山世远，去人事如清虚真人，步深幽当如周紫阳，何有不得道邪？世远传未出，其舍家寻学，事在谶书。（真诰·卷十二）

427）夫清净未若东山，养真未若幽林，栖形景而虚上，远风尘之网缠，于是，荣辱之罗何足以羁至士耶？右二条杨书。（真诰·卷七）

428）兼向丞总领吴越，任之大者，自来宣谕，何得不从？（冥通记·卷一）

429）心遘何必言哉？其自当知所为。（真诰·卷十）

430）假使冲风繁激，将不能伐我之正性也；绝飙勃蔼，焉能回已之清淳耶？（真诰·卷七）

一般容易把这里的"何"与特指疑问句中谓词性成分之前的"何"字画上等号，并对应翻译为现代汉语中的"什么"。但实际上这种句法条件下的"何"已不宜看作前置的宾语。张闻玉（1992）提出这类"何"字宜视为状语，意义相当于"岂"，他的观点比较富有解释力。[①] 如例426）、例427）、例428）3句的"何"并不与句中的谓词性成分发生直接的关系，如果理解成"岂有不得道邪""岂足

[①] 参见张闻玉《试论何·何有·何P之有》，《贵州大学学报》1992年第2期。

以羁至士耶"和"岂得不从"则文从字顺。本类中还有"曷""胡"各1例，均和否定副词"不"连用以表示反诘，是沿袭上古的用法。列举如下：

431）燕气内果外柔，沉德乐景，故其人闻北风则心悲，睹启曜则怀泰，思骏騄以慕聘，嘉柔顺以变蔚，彼人之心，曷曾不尔乎？（真诰·卷三）

432）且衰声乱真，干忓正炁，明君胡不常处福乡，于此振衣而归室乎？（真诰·卷七）

（二）助动词"能（敢）……"类

这一类数量不多，从大的意义上来说，都是动词小句独立构成，因为助动词是修饰动词的，属于动词小句的一部分。"敢"3例（"敢不"1例），"能"3例（"能不"2例），"可"1例。多数构成无标记反问句，仅1例带语气词"乎"。其中"敢"和"能"可以单独用于反问句"敢VP？"，也可以加上否定词"不"构成反问句"敢不VP？"，前一种用法往往强调VP具有一定的难度，后一种用法则相反，强调VP的顺理成章或极易实现。比较：

433）若每遇此梦者，卧觉，当正向上三琢齿，而祝之曰："……我佩上法，受教太玄，长生久视，神飞体仙，冢墓永安，鬼讼塞奸，魂魄和悦，恶气不烟，游魅罔象，敢干我神？……"如此者再祝，祝又三叩齿，则不复梦冢墓及家死鬼也。（真诰·卷十）

434）若无此虚豁之心者，则一志而不及，一向而不回，此二能得道？（冥通记·卷二）

435）答曰："敢不闻旨？"（冥通记·卷二）

436）此通非所拟向也，闻此远事，世代变易，能不悲叹？（真诰·卷十一）

例433）中的"敢干我神"义同"不敢干我神"，例434）中的"此二能得道"是说"此二不能得道"，两句中的否定意义是通过句式意义和语调实现的；例435）中的"敢不闻旨"是说"闻旨"是自然合理的选择，例436）中的"能不悲叹"是说"悲叹"是话语情境下合情合理的做法，句子本身的否定义和"不"结合以后表示肯定的语义。

（三）构式类

构式语法理论是一种新的语言研究方法论，兴起于20世纪80年代后期。构式语法的基本原则是"整体大于部分之和"，其代表人物Goldberg（1995）认为：

假如说，C是一个独立的构式，当且仅当C是一个形式F和意义S的对应体，而无论是形式或意义的某些特征，都不能完全从C这个构式的组成成分或另外的先前已有的构式推知。要对一个构式进行解读，仅仅对"与构式有关的动词意义的解读是远远不够的"，"需要参照与词条相联的框架语义知识"[①]。

就是说，每个构式都表达某种特定的意义。陶书一部分反问句表达否定意义即采取构式表达。这类构式一般短小精练，带有鲜明的主观色彩。主要有三种："不亦X乎（耶）"5例、"何X之V"2例、"可不X之"8例。

"不亦X乎"使用时间较长，表义上似乎也很明确。然而前人对"不亦X乎（耶）"的分析言人人殊、莫衷一是，主要囿于对"亦"字词性的争议，有人认为"亦"字是个凑足音节的助词，没有实在意义，如马汉麟（1960）；有人认为"亦"字是个副词，相当于后来的"也"字，如张之强（1984）。郭广敬（1985）在总结前人说法的基础上，循后一种观点提出自己的看法："'不亦乐乎'，明可乐之事甚多，而'朋来远方'则其一也，就可乐之诸事言乃相同之事理比类相须，故于谓语之前增用'亦'字……用'亦'字表叙说事理之非止一端，或相同，或相反，或相因，或隐含，或显示。'不'与'亦'皆是副词，而非助词，必不可少。"[②] 郭氏的观点聊备一说。我们认为，与其汲汲于单个词语的语义词性，莫如借用"构式"的观点来观照整体，因为这类结构使用频率较高，宜于作整体理解。"不亦X乎（耶）"中X多为形容词，多用于对言行是否合于事理的评价，隐含表明说话者认为自己的观点理所当然，毋庸置辩。陶书例子见下：

[①] 参见陆俭明《构式语法理论的价值与局限》，《南京师范大学文学院学报》2008年第1期。

[②] 郭广敬：《古汉语中的"不亦……乎？"句式分析》，《信阳师范学院学报（哲学社会科学版）》1985年第2期。

437) 遣滞悭，赖穷行德，不亦甚佳乎？不患德之不报，所患种福之不多耳。(真诰·卷三)

438) 今临命，方欲修德以自济免，徒费千金之用，不亦晚乎？(真诰·卷八)

439) 周君曰："寡人先师苏君，往曾见向言曰：'以真问仙，不亦迂乎？'仆请举此言以相与矣。"玉斧曰："情浅区区，贪慕道德，故欲乞守一法尔。"(真诰·卷十七)

上面3例多出自真仙之口，言语有拟古造作之感，同时带有劝免意味。

"何X之V"以"何X之有"最为常见，早在春秋战国文献中就有不低的使用频率。下面我们就以"何X之有"为例来考察"何X之V"的演化过程。我们认为，"何X之有"在形成伊始是一个倒装结构，正确的结构是"有何X"。此时"有"和X语义上存在支配与被支配的关系，X多由NP构成。如：

440) 安位以自守也，岂下位而忧乎？惕然其危，何咎之有？(《子夏易传》卷一)

441) 故光通而贞吉，复何险之有哉？(《子夏易传》卷一)

442) 不塞其原，则物自生。何功之有？(《老子》上篇)

例440）中的"咎"、例441）中的"险"、例442）中的"功"因其语义具有[＋存在]义素，可以与存在动词"有"构成"有咎""有险""有功"，表示某种因素的存在。这时候"何"尚处于由疑问代词向疑问副词转变的时期，用法上仍遗留了疑问代词的影子，修饰名词性成分，语义上表示对事物存在合理性的否定，表示"没有NP"或"不存在NP"。这时各部分个体特征较为清晰，结构凝固度不高，是一种表示"否定存在"的构式。随着"何X之有"使用频率的增加，整个结构渐趋固化，功能也随之扩展，一批语义上不含[＋存在]义素的词也能进入该结构，如：

443) 对曰："姜氏何厌之有？不如早为之所，无使滋蔓。"(左传·隐公元年)

444) 疆场之邑，一彼一此，何常之有？王伯之令也，引其封疆，而树之官。(左传·昭公元年)

例443）中的"厌"和例444）中的"常"语义上不含有［+存在］义素，不大能和动词"有"搭配，它们在概念上也与前一阶段的X不同，转为表示某种性质或某种心理状态，并且更多地以与否定词连用为常，如"无厌""无常"更为常见。这时候"有"表"存在"的意义已经淡化，与此同时，作为构式组成部分之一的"何"修饰NP的规律也被打破，这些构成结构的个体词汇义的淡化正是构式义不断巩固的结果。这时候整个构式不再是只对事物存在的否定，而是变为直接对某种性质或心理的否定。"何""有"和X三者一变俱变，具有连锁效应，这是构式整体对其内部单个个体施加影响的结果，体现了构式的强制性。为证明我们的观点，我们统计了13部先秦至南北朝时期的传世文献中全部"何X之有"的用例，并筛选其中X由非NP词语充当的用例，主要判断标准是能否与"有"结合，见表4.2。

表4.2　先秦至南北朝13部文献"何X之有"用例情况统计

分期	朝代	文献	充当X的词语	用例数	非NP词语	百分比（%）
上古	战国	韩非子	力	2	7	46.7
		晏子春秋	日/殣/礼	3		
		庄子	惧/事/辱/术/罪	5		
		墨子	难/书/罪	3		
		荀子	变/难	2		
	秦—汉	吕氏春秋	敌/弊	3	12	54.5
		史记	震/厌/功	7		
		汉书	幸/辟/继/恨/功/寿/远	7		
		盐铁论	福/饶/狭/远/耻	5		
中古	东汉	论衡	神/愁/害/陋/志/易/变/厉/愧/惭/难/叹/辩	13	18	85.7
	晋	三国志	远/功/谢/拜/骄/常	6		
	南北朝	真诰、冥通记	酸/高	2		

表 4.2 显示,"何 X 之有"中非名词词语的使用率有上升趋势,这与"何 X 之有"构式化程度是有直接关系的。构式化程度越高,能够进入构式的词语限制越少。就表中来看,进入"何 X 之有"构式的非 NP 词语主要是形容词和心理动词,前者如"远""难""幸";后者如"惧""恨""耻"等。"何 X 之有"的构式化历程如下:构式形成之初,X 由 NP 充当,"有"表示"存在",如"何常师之有",是对"常师"存在的否定;后期构式化程度加深,X 多由形容词或心理动词充当,这时该构式否定的对象发生了改变,表示某种性质的判定为假,或某种心理的存在为假。陶书的 2 例如下:

445)"……彦曰:'欲得长生饮太平。'何酸之有耶?故是野家儿也,守一慎勿失,后当用汝辅翼君。"于是共至山下,各别,某末将主簿及玉斧东去,公还上山。(真诰·卷十七)

446)刘曰:"高下未必可定,伊犹沉滞尘喧,共启悟之耳,何高之有?"(冥通记·卷三)

上两句 X 分别由形容词"酸""高"充任,"有"的词汇意义已经弱化几至消失。在现代汉语反问句中对形容词的否定一般通过添加疑问副词"哪里"来表达,故而这里翻译成"哪里酸""哪里高"为宜。

顺便提一下"何 X 之有"的翻译问题。《左传·隐公元年》"姜氏何厌之有"比较有代表性,该句一般遵从王力先生的译法,翻译为"姜氏有什么满足"。这个译法引来了一些学者的商榷。如前面提到张闻玉(1992),他认为应翻译成"岂有 X","如果将'何有'、'何 P 之有'贯通解说,统一处理,则例 1(即'姜氏何厌之有'——笔者注)为'姜氏岂有满足'?……并无任何扞格之处"[1]。萧泰芳(1999)也认为此处"'何'是一个疑问副词,可译为'哪里',而不能看作代词'什么'的意思"[2]。此句翻译之所以引起非议,我们认为与古今汉语词义、语法差异有关。一方面受"什么"表示否定的局限性影响。根据姜炜、石毓智(2008)对现代汉语"什么"否定功用的研究,"如果所否定的对象是名词短语或者完整句子,'什么'只能出现在其前……'什么'的功用是指出'达不到某种标准'或者'不符合某种

---

[1] 张闻玉:《试论何·何有·何 P 之有》,《贵州大学学报》1992 年第 2 期。
[2] 萧泰芳等:《〈古代汉语〉注释商榷》,山西古籍出版社 1999 年版,第 130 页。

资格'，从而否定某事物存在的合理性。'什么'否定名词的强烈感情色彩和贬斥意义都是从这里来的"①。如果"什么"否定谓词的话，只能是"对已经实现状况的否定，否定的对象包括行为、性质、现象、事物、甚至交谈对方的观点等"②。根据我们上面的论证，当 X 由心理动词充当时，"何 X 之有"表示某种心理状态的存在为假，"姜氏何厌之有"的"厌"是心理动词，整个结构是说"姜氏会满足"为假，即"姜氏没有满足"。如果译成"姜氏有什么满足"仍然是把"何"作为疑问代词看待，而且似乎也不大符合现代汉语的语感。此处以"岂"和"哪里"来对译要更通顺，原因是这两个词可以实现对谓词的否定。由此说明，"何"的某些用法并不直接对应现代汉语中的"什么"，需要根据不同的语境采取不同的词语对译。说到底，"何 X 之有"宜看作一个整体构式，宜根据 X 的性质选择合适的否定副词，当 X 为名词性词语时，句子是对 NP 存在的否定，现代汉语一般用"有什么 NP"或"哪里有 NP"。如"何常师之有？"可译为"有什么常师？"或"哪里有常师？"当 X 为形容词或心理状态动词时，句子是对某种性质或想法的否定，宜翻译成"哪里 X"。如"何远之有"，宜译作"哪里远"。

"可不 X 之"亦可作"可不 X 哉"，其产生的时间较前两个构式要晚，大约产生于东汉。我们检索了基本古籍库，发现最早的用例出自汉代文献，如：

447）始桓公兄襄公淫乱，姑姊妹不嫁。于是令国中民家长女不得嫁，名曰"巫儿"。为家主祠，嫁者不利其家，民至今以为俗。痛乎！道民之道，可不慎哉！（《汉书》卷二十八下）

448）江充造蛊，太子杀；息夫作奸，东平诛。皆自小覆大，繇疏陷亲。可不惧哉！可不惧哉！（《汉书》卷四十六）

449）故当慎之详之，念之思之。长生久活之道，可不重之？（《太平经》卷一百一十二）

"可不 X 之（哉）"相当于"能不 X 吗"，意思是 X 符合情理和常规。常用的语用条件是，说话人首先摆出某一事实作为证据，然后从这一证据推出 X 顺理成章，说话人用这个构式表明自己的观点因为

---

① 姜炜、石毓智：《"什么"的否定功用》，《语言科学》2008 年第 3 期。
② 同上。

有了上文的铺垫显得不容置疑。例447）举了齐桓公因一己秽行令国中长女不得嫁，以至在多年以后齐地民间仍保留这一风俗。作者认为这种局面是统治阶级导民"不慎"引起的，故发出"可不慎哉"的感叹，表示的隐含意义是"如果导民不慎，后果非常严重"。例448）先是陈述了汉武帝时期江充造蛊导致卫太子被杀和息夫作奸东平被诛的流血事件，作者认为这种局面残忍血腥，非常可怕，后面连用两个"可不惧哉"来表达自己的感受。例449）先表明自己谈论的内容事关"长生久活之道"，自然需要听话人引起重视。故此用"可不重之"来强调这种重要性。构式中的X是表达的重心所在，多用描述心理状态的动词充当，如"慎""惧""畏""勉""忧""诫"等。陶书中有8例，例子如下：

450）青童亦云："一言一事，泄减一筹。"如此可不慎之？（真诰·卷十）

451）既信道德长生，值太平壬辰之运为难也。可不勖哉？（真诰·卷六）

452）"其无志多过者，可得富贵，仙不可冀也。"此一条功过之标格也，可不勉乎？（真诰·卷五）

六 设问句

全书设问句2例。

453）许伯兄弟复有心乎？恐皮耳。（真诰·卷七）

454）而今存服，犹是我五藏中之气者，何也？谓向呼出二十四气，使与外雾相交，两烟合体，然后服之，故顿服五十过，则是服雾气得二十六通矣。（登真隐诀·卷中）

1例借用了是非问的形式，1例借用了特指问的形式。设问句的功能更多地体现在语篇布局上，运用设问句能够开启一个话题，吸引读者的注意力，为后面观点的展开作准备。

从上面的讨论中，我们可以看出陶书的疑问句既有对前期的继承，同时具有南北朝的时代特点。具体来说有以下几个特点。

（1）特指疑问句的疑问词仍以"何"系词为主，兴起于汉魏之际的"云何""那""若"在陶书都有出现。陶书有2例程度副词

"几"值得注意,这是由"几"的疑问代词用法衍生而来,是现代汉语南方方言程度副词"几"的源头。

(2)是非问句的用例仅次于特指问句,以使用句尾语气词为常见。句尾语气词以"乎、邪(耶)"为主,"乎"表达语气较直率,传疑程度高,具有通语性质,使用上具有时间长、地域广的特点。"邪(耶)"表达语气委婉,说话者对自己提出的命题半信半疑。地域上具有南方方言色彩,陶书"邪(耶)"的使用频率较高,接近《世说新语》,是"北魏三书"合计使用频率的好几倍。

(3)陶书正反问句的主要形式特征是句尾添加"不、否、未",此期"不(否)"处在由否定副词向语气词过度的初级阶段,多数情况下能够分析出明确的否定意义,由此造成在语气表达上倾向于小心谨慎,多用于下级对上级的请求语言中。"未"在句尾的表达具有鲜明的时制特点,多与谓词性成分搭配,用于确定某个事件到说话时的完成情况。

(4)陶书反问句根据形式特征可分三类:语气副词类、助动词类和构式类。我们考察了三种反问构式,探析"何 X 之有"到南北朝时期的构式化程度,认为随着构式化程度的加深,充当 X 的成分逐渐由 NP 扩展到心理状态动词和形容词,这部分比例至南朝时期已达 85.7%。设问句的用例很少,仅有的 2 例是借用特指问和是非问的形式加上答语共同构成的。

(5)选择问句仍承袭上古用法,使用"为"字作为标记词。

总的来说,陶弘景三部道书中《真诰》和《周氏冥通记》2 部书中由于对话成分较多,其中的疑问句可以代表南朝后期疑问句的发展水平,各种类型都有分布,且都有相应的标记词语。个别语法现象如"几"作程度副词,语气词"耶"可以看作具有南方地域色彩的语法特征,但此类现象不多。

第二节 疑问句话语标记语法化研究

20 世纪 70 年代以来,随着语用学的兴起,国外语言学界率先展开了对于言语交际中具有连接作用的言语成分的研究,相应名称并未统一，国内接受度较高的是"话语标记"和"语用标记"这两个名称。80年代对此进行系统研究最有影响的学者Schiffrin给出了一系列判断"话语标记"的表征：功能上具有连接性；语义上具有非真值条件性，即话语标记的有无不影响语句命题的真值条件；句法上具有非强制性，即话语标记的有无不影响语句的句法合法性；语法分布上具有独立性，经常出现在句首，不与相邻成分构成任何语法单位；语音上具有可识别性，可以通过停顿调值高低来识别等。①目前学界获得的共识是："从狭义上讲，它们是言语交际中从不同层面上帮助构建持续性互动言语行为的自然语言表达式。从广义上讲，它们是表示话语结构以及语篇连贯关系、语用信息等的所有表达式。这一定义就包括联系语（转折关系、因果关系、对比关系等），插入性结构等独立成分。"②国内学者席建国（2009）认可"语用标记语"这一概念，并给出了一个权宜性的操作性定义："语用标记语是指能够体现说话人心理上对事件的发生、过程、结果等所持态度、评价、意见或用以实现以言行事效果的自然语言表达式。也就是说，它们在言语交际中主要用于表达说话人特定的语用功能、传递特定的语用信息等。"③目前学界关于汉语话语标记的研究多在共时平面展开，影响较大的有方梅（2000）对自然口语中弱化连词的话语标记功能的探讨；董秀芳（2007）以"谁知道"和"别说"为例探讨了话语标记形成过程中的词汇化过程；姚占龙（2008）考察了人称代词与"说、想、看"三个动词结合过程中所表现出来的主观化增强的过程；张旺熹、姚京晶（2009）集中讨论了一类话语标记——人称代词类话语标记。从中可以看出话语标记形式和语义上的一些特点，如与人称代词、言语动词或认知动词有或多或少的关系。现代汉语中围绕认知动词"知道"形成了一个话语标记的小类，已有的成果如陶红印（2003）考察了"我不知道""不知道"和"你知道"；刘丽艳（2006）考察了"你知道"；还有胡德明（2011）考察了"谁知"的共时和历时表现。

---

① 参见刘丽艳《话语标记"你知道"》，《中国语文》2006年第5期。
② 冉永平：《话语标记语的语用学研究综述》，《外语研究》2000年第4期。
③ 席建国：《英汉语用标记语意义和功能认知研究》，浙江大学出版社2009年版，第1页。

"知道"义词语作话语标记的历史可以追溯到中古汉语时期,在集中考察陶书疑问句时我们发现,有一类表"知道"义结构出现的频率较高。这类结构往往作为疑问句的前导成分出现,可概括为"Neg(不/莫/未)+认知VP"结构,这类结构多由否定词"不/莫/未"和认知类动词"审/知/测"联合而成,其中以"不审"最为常见,另外还有"未审""未知""未测""莫测""不知"等形式。叶建军(2010)注意到了《祖堂集》中的此类句式,称为"糅合式疑问句","陈述句可以与询问句糅合生成新的疑问句'VP+Q?'。VP是不知道义的词语'未审、未委、不委、未省'等,Q可以是特指询问句、正反询问句、选择询问句"①。我们认为糅合的说法只适合该结构体形成之初,应该说在中古时期,叶氏认为是陈述句的那部分就已经衍生出语用功能,"糅合说"不能很好地概括此类句子"话语标记+后续小句"的特点。下面我们将运用话语标记理论,尝试从句法构成、话语功能、语用特征等方面对其中的代表结构"不审"及其相似结构作共时和历时分析,并尝试在描写的基础上提炼这类结构发展成为话语标记的共性条件。

一　"不审"的共时分析

(一)"不审"的语义弱化现象

方梅(2000)为了分析自然口语中连词的话语标记功能,提出两种虚化程度不等的语义功能:①真值语义表达功能:表达逻辑语义关系、事件关系和时间顺序关系等真值语义关系。②非真值语义表达功能:仅用作言谈单位的连贯与衔接,不表达逻辑语义关系、事件关系和时间顺序关系等真值语义关系。并指出:"那些用作非真值语义表达的连词词汇意义较弱,它的篇章价值高于词汇语义价值,虚化程度较高。"② 陶书"不审"存在同样的语义弱化情况,下面举几则例子:

455)先昨亦得车问,想当不审,且以怅恒之,自非研玄宝精有凌霜之干者。(真诰·卷十七)

456)不审竟得服制虫丸未?若脱未就事者,当以入年为始耶?

---

① 叶建军:《〈祖堂集〉疑问句研究》,中华书局2010年版,第322页。
② 方梅:《自然口语中弱化连词的话语标记功能》,《中国语文》2000年第5期。

羲前所得分者即服，日日为常，不正闻有他异。（真诰·卷十七）

457）不审方隅山中幽人为已设坐于易迁户中未？聊白。（真诰·卷十七）

458）子良问："不审氏字可得示不？"女曰："姓李，字飞华，淮阴人，来易迁中已九十四年。"（冥通记·卷二）

例455）中"不审"前有助动词"当"，后面没有任何宾语，这个否定结构的真值语义是陈述一个认知事实，相当于"不知道"。在例456）、例457）、例458）3句中，"不审"的否定意义并未得到凸显，一是结构没有对应的肯定形式，二是"不审"不作句子的主要表达部分，全句的表达重心是后面的宾语从句。而且句中的"不审"并不是疑问句的必要组成部分，如例456）的疑问句前有一个强式疑问标记"竟"表示"究竟、到底"的意思，这类词语一直到现代汉语中仍然属于强式疑问标记，此外句末还有"未""否"这种一般反复问句的标志性特征。"不审"的作用不在于加强疑问语气，即使删除之后也不影响句子的意义表达，由此可知"不审"原本表达某种真值语义的作用已经弱化，转为表示"一种说话人的主观认知，或者说是人的一种主观判断或者推论，是认知情态义，属于'认知情态范畴'"①。这种认知情态（epistemics）是"情态范畴中的一个类型，它与事实相对，表示对事件的知识和信念，对一个判断的真值进行程度限制，表达说话者对一个判断真值的主观估价，以主观性为主要特征"②。从表达真值语义演变为表达认知情态，"不审"的语义变化符合一般话语标记形成的普遍路径，③但"不审"演变过程中的特殊之处在于它在"认识情态固定语"的基础上发展出了交互语用意义，即语用功能得到加强，用于引导说话者对某个问题发表观点或看法并渴望得到对方的呼应，转为服务于交际双方言谈的可持续进行。例456）和例457）2句出现在杨羲写给许谧的书信中，联系上下文可知

---

① 姚占龙：《"说、想、看"的主观化及其诱因》，《语言教学与研究》2008年第5期。
② 同上。
③ 如董秀芳（2007）认为现代汉语中的话语标记"谁知道"的演变途径就是：短语→（词汇化）认知情态副词性固定语→（语法化）话语标记。参见董秀芳《词汇化与话语标记的形成》，《世界汉语教学》2007年第1期。

杨羲提出的问题有可能会得到收信人的回复，例458）句是周子良在"通灵"过程中询问女仙真的姓氏，并且也得到了女仙真的即时回复。"不审"的真值语义弱化与语用功能的加强呈此消彼长之势。

（二）"不审"结构的话语功能

语境对"不审"语用标记度的影响很大，"语境（Context of situation）是由一系列离散的要素复合成的整体，他至少包括交际的时间、地点、话题、说话人、听话人等语境要素"。"听话人的两种语境特征［明确］、［在场］有四种组合：一、［＋明确］、［＋在场］；二、［＋明确］［－在场］；三、［－明确］、［＋在场］；四、［－明确］、［－在场］。"① 陶书"不审"主要出现在几种语言环境中：A. 陶弘景在罗列"真人之诰"时随文写下的注释；B. 书信体文本；C. 面对面的话语交流。B、C 两种都有真实的或是预期的受话人，A 略为特殊，注释是供读者阅读参考的，是说话人以广大读者为不在场的听众。联系上面的四种组合来看，交互式话语标记"不审"产生的最典型语境是 C：听话人［＋明确］、［＋在场］；非典型的是 B：听话人［＋明确］［－在场］和 A：听话人［－明确］、［－在场］。在最不典型的语境 A 中，"不审"仅发挥认知情态固定语的作用，在语境 B 和 C 中，"不审"发挥其交互式话语交际功能。下面我们分析典型语境中"不审"的交互式话语功能。

1. 间接求解功能

对一个句子中"不审"的意义理解可以分为两个部分：一部分是显性的，即陈述言者的认知盲点，相当于"有一个问题 Q，（我）不知道答案"。这是"不审"疑问句的字面意义，另一部分是隐性的，即"这个问题 Q 的答案你能告诉我吗"，这一意义属于会话隐含意义（conversational inplicature）。显性意义构成句子各个成分的表面意义，真实的会话目的在于获得对方对问题 Q 的真实想法。但这种目的是以一种委婉曲折的方式表现出来的，下面举例456）中的"不审竟得服制虫丸未"为例说明：

显性意义：我不知道你到底喝了制虫丸没有。

---

① 袁毓林：《现代汉语祈使句研究》，北京大学出版社1993年版，第10页。

隐性意义：我想知道你到底喝了制虫丸没有。

交互意义：请告诉我你到底喝了制虫丸没有。

一般来说，说话人发问的目的都是为了求得答案，但在一个疑问句被冠以"不审"之后，本来是直接求解的疑问句拐了一个弯，成了变相求解。这是出于特殊的语用目的而使用的形式手段，在实际理解中受话人并不需要如此曲折地领会说话人的意图，因为经过高频度的使用以后，"不审"就成为一种间接求解疑问句的标记。

2. 标记疑问功能

在实际的交际情景中，为了避免无话可说的尴尬境地，谈话双方必须不断开启新话题或延续旧话题。发问是转移旧话题、开启新话题一个不错的办法，也可以说在交际中使用疑问句的作用就是开启或转移话题。一般的疑问句或多或少会采取一些形式手段来吸引对方的注意力，如采用倒装结构、使用重音、变调等都是疑问句聚焦的手段。那么为何还要在句首添加"不审"？我们猜测，某些疑问句采用在陈述句句末增加疑问标记的方式构成，参与交际的另一方一直要听到整个句子的最后一个字才会意识到对方是在发问，这将会使疑问句的焦点程度有所下降，从而影响疑问句的实际交际效果。这时候把"不审"置于句首，使发问的句子在句首就得到凸显，一开始就赢得对方的注意。如在例457）的上文中，周子良先是就"降受"的地点和女仙真展开一轮问答，接下来就用一个"不审"式疑问句询问女仙真的姓氏，使对方能迅速意识到这是一个新的问题，需要集中注意力聆听以便正确回答。

3. 兼顾传信/疑与发问功能

"不审"式疑问句的另外一个功能是兼顾传信/疑与发问两种语用需要。当谈话双方就同一个话题展开问答式讨论时，答话的一方固然可以提供新的信息，问话的一方其实也需要传递己方的信息或疑惑，同时提出相关的问题。此时借助"不审"式疑问句可发表己方的观点，挖掘出更多的有用信息，使谈话延续下去。如下例：

459）乃又曰："勿令小儿辈逼坛靖，靖中有真经。前失火处大屋基，今犹有吏兵防护，莫轻洿慢。其辈无知事延家主。卿姨病源乃重，虽不能致毙，亦难除。"子良因问："不审若为治疗，腹中又有

结病，何当得除？"（冥通记·卷一）

上句中，周子良不满足于上仙关于姨妈病症的"启示"，想要获得更多的细节，于是通过"不审"式疑问句提出治疗的企图，推动谈话往纵深方向发展。总之，"不审"式疑问句承担了信息的传递和信息的索取两方面的需要。

（三）"不审"结构的语用特征

首先，"不审"式疑问句往往用于谈话双方地位不对等的交际场合。交际的双方由于心理、性别或社会地位的不同形成言谈双方不同的权势关系，这种不平等的权势关系会在双方言语中通过不同的语言形式表现出来。如言语中居于优势地位的说话者经常会控制话轮、积极维持话语、打断他人话语、以自我为中心发话、较少以曲折隐晦的方式表达自我观点等，而处于弱势地位的说话者则会消极维持话语、迎合他人观点、以他人为中心来称呼自己、委婉暗示个人观点等。我们发现，运用"不审"情景往往是说话人在和地位比自己高的人的谈话中使用，如周子良和众仙真的交流就是一种不平等的关系，周处于弱势地位，言谈中显得拘谨、胆怯，众仙真言谈举止间则多率性、倨傲。杨羲写给许谧的书信中多使用"不审"也是这个原因。另外，陶弘景在注释语言中的独白使用"不审"，则是一种约定俗成的行文态度使然，作者为了保持一种谦抑的姿态而把自己摆在弱势地位，这种情况仍然符合弱势地位向强势者发话的原则。这也能很好地解释为何"不审"式疑问句发挥的是一种间接求解的功能，就是因为交际双方地位不均等，弱势一方只能采取这种迂回曲折的方式向强势的一方索取信息。

其次，"不审"具有消极主观化特征。Langacker（1991）提出语法化中的主观化表现在相互联系的多个方面：a. 由命题功能变为言谈功能；b. 由客观意义变为主观意义；c. 由非认知情态变为认知情态；d. 由非句子主语变为句子主语；e. 由句子主语变为言者主语；f. 由自由形式变为黏着形式。[1] 上面已经分析了"不审"的言谈功能是如何产生的，下面主要考察其主语的变化。在陶书全部的"不审"

---

[1] 转引自沈家煊《语言的"主观性"和"主观化"》，《外语教学与研究（外国语文双月刊）》2001年第4期。

式疑问句中，句首的主语是隐含的，这个隐含的主语无一例外都是第一人称代词。我们可以在不影响表达的前提下将其补充出来，然而补充的第一人称主语已经不是句子的结构主语，而是以言者主语（speaker subject）的身份出现，这是"不审"主观化的第一步。言者主语在传达命题功能的同时也传达说话人的主观视角，在陶书全部的"不审"式疑问句中，语义重心已完全转移至句子的宾语——疑问句上面，几乎不表达命题功能，并且"不审"的言者主语多隐含不现，这使得"不审"句子在表达说话人主观视角的功能方面并不强势、积极，而是较为消极和隐晦，说明言者主语的隐现直接影响句子表达主观意愿强度的不同。以陶弘景全部的注释语料为例，以自称"隐居"作为言者主语发表观点的句子中，几乎都是陈述事实，没有1例用于"不审"式疑问句。比较：

460）周登向其姨母道如此，姨母乃密营诡信，告潘渊文，为条疏，作辞牒，令周共奏请后天窗洞，隐居都不知。（冥通记·卷三）

461）按南极、西城、玄清三高真，未当有余降受，唯戒及诗各一条耳，不审此当是何时所喻。（真诰·卷九）

一般来说，谈论自己能够确认的、有十足把握的事实往往采用言者主语出现的方式，如例460）；但是对于自己没有把握的话题则倾向于隐含言者主语，如例461）。主语的隐而不现说明"不审"句带有消极主观化特征，而且是消极的交互主观化特征。这应该是其他所有不含人称代词的否定认知类话语标记共有的特征。[①]

二 "不审"语用功能的实现机制

从上面的分析可以知道，"不审"式话语标记具有特殊的话语功能和语用特征，是言语交际的产物，它的语用功能实现机制首先需要到言语交际理论中去寻找。其次可能还受到非语言机制的影响。我们

[①] 如陶红印（2003）把"我不知道"称作长式，把"不知道"称为短式，他认为"短式则是标识说话人的不坚定态度（non-committal stance/attitude）。所谓不坚定态度指的是，说话人似乎知道（或掌握）一定信息，但是对所掌握的信息不敢确定或不愿意给人留下十分确定的印象"。相对于长式来说，短式的"不坚定态度"就是一种消极主观化。参见陶红印《从语音、语法和话语特征看"知道"格式在谈话中的演化》，《中国语文》2003年第4期。

认为,"不审"语用功能的实现基于以下语言交际原则。

(一) 礼貌原则

英国语言学家 Leech 注意到,合作原则不能解释交际语言中的许多悖反现象,于是他提出了"礼貌原则":"有一部分违背合作原则的行为是出于礼貌的原因,是为了不伤害交际对象的面子。"[①] 对于使用"不审"式疑问句的说话人来说,他并不是直接采取发问的方式表达自己的疑问,而是仅仅表明对自己的认知状态"不确定",这样做的结果是较好地照顾了交际对象的面子:从显性意义上看,这句话是在陈述自己不知道某个事实,整个句子的维度是指向说话人自己的,听话人不具有回答的义务;在隐性意义上,虽然句子产生了希望对方作答的会话意义,但对方有两个选择,如果不想回答的话可以装聋作哑,以显性意义来理解这句话,想回答的时候就作出回答。这样,受话人有了比较充裕的表达自由,回答或不回答都无损于自己的尊严。受话人获得的这种自由是以说话人遵守言谈中的礼貌原则为前提的,说话人这样做的后果是默认对方具有不作答的权利,这是一种消极的礼貌策略。

(二) 合作原则

语言是交际的工具,人们通过语言和他人交流思想、信息和观念,和他人建立并保持适当的社会关系。在人们使用语言交际的过程中,交际双方都负有将交流进行下去的义务,这种义务驱使双方都遵从一定的规则,即充分考虑对方的感受,在选择合乎礼貌的言谈方式和内容的前提下,尽量多地维持对方的尊严,使听话人乐于接受话语内容,从而将对话延续下去,实现交际目的。表面上看,合作原则和礼貌原则不具有兼容性,实际上在会话中,前者指向受话人,后者指向说话人,二者互为补充。"不审"式话语标记的产生同样基于交际中的合作原则。如陈振宇举出"我想问问你们根据什么标准打分?"这个句子说明,"当说话者表示自己是在向听话者询问时,当然要求对方回答,所以虽然在句法和语义上,这句话只是陈述说话者的心理、行为,但在言语活动中,却有了要求对方回答的疑问效果"。

---

① 赵毅、钱为钢:《言语交际学》,生活·读书·新知三联书店2003年版,第192页。

"当说话者说他不知道、不明白、不懂什么，或他想知道什么时，就具有来自'会话隐含'的语力，指根据某些支配会话效率和正常可接受性的合作原则，听话者应该给予回答。"[①] 就是说虽然说话人采用了迂回的交际策略，但是根据合作原则，听话人还是具有作答的义务。"不审"的情况也一样，虽然句子在语义指向上指向说话人自己，但实际上产生了向外的作用力，即参与会话的另一方在合作原则的支配下有回答的义务。

此外，"不审"语用功能的实现可能还受到社会心理等非语言机制的影响，如主动示弱的心理机制。美国心理学家曾经做过这样的调查：一名彪形大汉在拥挤的马路上横穿而过，愿意给他让路的车辆很少，若一个老弱病残者过马路，大家都会给他让路。希望为他人所关心注意，可以说是人类最大的需要。因为我们自婴儿时期起就发现了一个事实：我们的需要都是在有人注意的情况下获得满足的。因为"有人注意"，就形成了"将获得满足"的符号。示弱能引起别人的关注，从而给予更多的爱怜。在言说行为中处于弱势地位者，在交谈中刻意谦抑自己，使用"不审"主动亮明自己的知识盲点，这是一种主动示弱的心理机制，潜意识里是希望对方同情自己，进而满足自己的愿望，透露更多的信息。作为受话人来说，对方在体察到发话人的无知状态后，他想要中止这种状态，于是产生帮助的欲望。这是一种以退为进的策略，符合人类的心理特点。实际上，大多数情况下，发话人的这种愿望也得到了受话人的回应，说明"不审"式话语标记较好地实现了自身的语用功能。

三 "不审"式话语标记的历时演变

陶书中"Neg（不/莫/未）+认知VP"大致有"不审""未审""未知""未测""莫测""不知"6种形式，6种形式充当话语标记的能力不尽相同，有些在话语中不能省略，还表达一定的命题意义或概念意义；即使是同一个结构，在不同的语境中亦有不同的表现，这就需要仔细分辨。以下将详细考察这6种否定认知结构

---

① 陈振宇：《疑问系统的认知模型与运算》，学林出版社2010年版，第4页。

的历时演变。

(一) "不审"的后时演变

在陶书中,"不审"经常用于书信体的开头,礼节性地问候收信人的身体状况。《真诰》中杨羲写给许谧的信中4次使用"不审尊体动静何如"这种句式。如下面2句:

462) 玉斧言:渐热,不审尊体动静何如?愿饮渐觉除,违远憔悚,急假愿行出,即日此蒙恩,谨及启疏。(真诰·卷十八)

463) 渐热,不审尊体康和?饮渐觉除,违远恋炼。(真诰·卷十八)

这已成为南北朝时期书信的程式化套语。《世说新语》中记载了下面这个故事:

464) 司徒、丞相、扬州官僚问讯,仓卒不知何辞。顾司空时为扬州别驾,援翰曰:"王光禄远避流言,明公蒙尘路次,群下不宁,不审尊体起居何如?"(《世说新语·言语》)

此例是说顾司空善于言辞,话语得体。这类"不审"式问候语到了隋唐应该是在共同语里趋于消失,因为多数唐人文献中未见用例,仅古文运动的代表人物韩愈著作中有实际用例。[1] 但这并不意味着"不审"就此消失,唐末文献中出现了较多的用例。例子如下:

465) 拽其波罗之袖口云:"世尊六年在于山间苦行,不审万福。"(《敦煌变文》)

466) 明日早朝来不审,师云:"休经罢论僧常敬在摩?"敬便出来。(《祖堂集》)

467) 其僧进前煎茶次,师下牛背,近前不审,与二上座一处坐。(《祖堂集》)

468) 举似诸禅客次,师近前来云:"不审。"度上座云:"今日便是这个上座下捆。"(《祖堂集》)

469) 僧近前不审。师云:"这个是驴前马后底。"僧云:"和尚又如何?"师云:"非公境界。"(《古尊宿语要》)

470) 举夹山语云:"百草头上荐取老僧。"师合掌云:"不审不

---

[1] 如《与华州李尚书书》篇首问候语:"比来不审尊体动止何似?乍离阙庭,伏计倍增恋慕。"参见闫琦校注《韩昌黎文集注释》,三秦出版社2004年版,第340页。

审。"又以拄杖指露柱云："夹山变作露柱，看看。"（《古尊宿语要》）

471）曰："如何是出家人本分事？"师曰："早起不审，夜间珍重。"（《五灯会元》）

472）师后住渐源，一日在纸帐内坐，有僧来拨开帐曰："不审。"师以目视之，良久曰："会么？"曰："不会。"（《五灯会元》）

473）僧锄地次，见师来乃不审，师曰："见阿谁了便不审。"曰："见师不问讯，礼式不全。"师曰："却是孤负老僧！"（《五灯会元》）

474）上堂，大众集定，乃曰："上来道个不审，能销万两黄金。下去道个珍重，亦销得四天下供养。"（《五灯会元》）

由以上诸例可知，"不审"在这些句子里可以是说出的问候语，前面有"曰""云""道"这些言语动词，如例468）、例470）、例472）、例474），有时后面还有"万福""万福无"联合使用，如例465）；也可以作动词用，即直接跟在主语后面，前面不用任何言语动词引导，如例466）、例467）、例469）、例471）；有的前面还可加上副词，如例473）中的"乃""便"，这使"不审"的动词身份更加确定。"不审"在这些文献中究竟表示何义，《佛教大辞典》给出了解释，兹照录如下：

【不审】（杂语）比丘相见之礼话也。如不审尊候如何等语是。《僧史略》曰："如比丘相见，曲躬合掌，口曰不审者何？此三业归仰也。（曲躬合掌身也，发言不审口也，心若不生崇重，岂能动身呼？）谓之问讯。或卑问尊，则不审少病少恼，起居轻利不？上慰下，则不审无病恼，乞食易得，住处无恶伴，水陆无细虫不？后人省其辞，止曰不审也。大如歇后语乎。"[1]

后来讨论"不审"的文章还有蒋绍愚（1985）、袁宾（1990）、于谷（1995）、董秀芳（2002）和李明（2004），研究理路从词语阐释到言语交际。如袁宾对"不审"的用法作了总结："（1）相见时的问候语。（2）问候，请安。动词，有时带宾语。"并对"不审"的来

---

[1] 丁福保编纂：《佛教大辞典》，文物出版社1984年版，第308页。

源作了尝试性的探究："宋代吴曾撰《能改斋漫录》卷二：'今世书问往还，必曰'不审比来起居何？''不审'一词应系此类问候语句省略而成。"① 的确，后世僧尼相见的问候语"不审"应是中古时期"不审"式问候语的进一步简化和固化。但这一变化仅存于佛教语录体文献中，似乎只应用于佛门之内，是一种使用范围有限的社团用语。"不审"的演变轨迹符合语法化的单向性特征，即①总是从复杂表达向简单表达的方向演化；②总是从较为具体向较为抽象、概括的方向演化。② 中古时期比较活跃的"不审"后来可能只是作为佛门内部语言使用，唐以后其他文献罕见"不审"的踪迹，我们在CCL古代汉语明代小说语料库中检得1例如下：

475）家老实说道："这个血流漂杵，才是真的。"众人说道："不审家老实说得更真哩！"（《三宝太监西洋记通俗演义》）

此例有异文，查影印明万历二十五年刊本《三宝太监西洋记通俗演义》作"还是家老实说的更真里"③，因CCL未注明语料版本来源，无法查证该例的具体出处。如果例475）为明代同时语料，那么此例倒是提供了"不审"作为"观点陈述"的例子，这符合汉语中这类话语标记的演化规律。发展至此，"不审"的主观化进一步增强，取得了"观点陈述"话语标记的身份。遗憾的是，我们难以找到更多的文献用例来证明这一点，仅此1则孤例照录于此，聊备日后查考。

"不审"经历了小句内谓语—不确定标记—问候语—动词的转变，后面这两步是在一门社团语言（僧众语言）之内完成的。同时期的通语文献有"不审"的零星用例，但不成系统，我们猜测它应该在某些方言中留下痕迹。笔者的母语湖北沙洋话（属西南官话成渝片）有"不险"[$pu^{12}\varsigma iem^{42}$]的说法，用为话语标记，表达疑问、警告、劝阻、责怪等语用意义。如：

476）不险他是来呀还是不来。（不知道他是来还是不来）

---

① 袁宾：《禅宗著作词语汇释》，江苏古籍出版社1990年版，第22—24页。
② 参见席建国《英汉语用标记语意义和功能认知研究》，浙江大学出版社2009年版，第34页。
③ 古本小说集成《三宝太监西洋记通俗演义（二）》，上海古籍出版社1990年版，第1035页。

477）你不险在那邪的啊，等哈儿你爸爸回来不打死你！（你还在那里发疯，等会儿你爸爸回来不打死你！）

478）我们弄哒马上走地，您不险客气的！（我们弄了马上走的，您不用讲客气！）

479）他各人不险克吧，你还管那些！（他自己会去的，你还管那些做什么！）

查"审"在中古属书母寝部，《汉字古音手册》拟音作［çĭĕm］，与沙洋话"不险"的"险"语音有较高的相似度。另外，"不险"的语法功能也与"不审"相似，既能表达一定的概念意义，如例476）；更多是表达情态意义，如例477）、例478）、例479）传达说话者的某种主观意志。但"不险"是否就一定是"不审"尚缺乏更多的证据，此处仅提供一点想法，留待今后再考。

至此，"不审"的演变轨迹可以概括为：

偏正动词短语→认知情态固定语→交互式话语标记→问候语标记→问候语→表"问候"的动词

作交互式话语标记的"不审"在固定的语境里演变为问候语标记，最后成为专职问候语，并成为表示"问候"义的动词，这无疑是话语标记"不审"的跨越式演变，这种演变达到了语法化的极致，同时也成为"不审"语法化的终结点。

（二）其他否定认知动词结构的历时演变

1. 未审

"未"与"不"均表示否定，但各有侧重，"单纯否定应是'不'最基本的否定义，对已然动作行为的否定是'未'最基本的否定义"[1]。"未"的使用有时间上的限制，"'未'对谓词具有选择性，其谓词必须具有时间性、动态变化性"[2]。就 CCL（古代汉语）中的搜索结果来看，"未审"与"不审"不同，前者在先秦至汉罕见用例，这可能与"未"表否定的语义限制有关。但"未"与"审"结合之后，在表义上与"不审"没有太大的区别。最早的用例见于南

---

[1] 兰碧仙：《从出土战国文献看"不"与"未"的异同》，《中国石油大学学报（社会科学版）》2011年第6期。

[2] 李明晓：《战国楚简语法研究》，武汉大学出版社2010年版，第160页。

朝宋：

480）观足下意，非谓制佛法者非圣也，但其法权而无实耳。未审竟何以了其无实。今相与断，见事大计，失得略半也。（《答何衡阳书》）

《全刘宋文》中"未审"出现8例，其中1例后接名词宾语，7例后接疑问小句。《全梁文·昭明太子集》中《令旨解二谛义（并答问）》采用一问一答形式，问句部分多以"未审"开头，计33例。据柳士镇（2002）对该书选择问句所作的考察："《解二谛义》一文仅四千余字，选择问句即出现了31次，而且用法多样，大多体现了中古汉语选择问句的新特点。"① 柳先生总结了该书反映的中古汉语新兴的选择问句的三个特点，眼光颇有独到之处，但未注意到"未审"的大量使用也是本书疑问句的一个特点，同时也可以说是中古汉语疑问句一个新的特点。33例"未审"全部用于引导疑问句，含特指问句12例、选择问句12例，另外还有正反问、是非问和反问句9例，几乎涉及所有形式的疑问句。例子如：

481）光泽寺法云谘曰：圣人所知之境，此是真谛。未审能知之智，是谓真谛，是谓俗谛？令旨答曰：能知是智，所知是境。

482）又谘：未审俗谛之人，何得有真谛之智？令旨答：圣人能忘于俗，所以得有真智。

483）又谘：未审相似为真为俗？令旨答：习观无生，不名俗解；未见无生，不名真解。

陶书中"未审"8例，其中5例后接疑问句，还有3例后接体词性宾语，说明"未审"有向话语标记发展的趋势。例子如下：

484）又曰："闻子名已入东宫青简，尚未审其事，比当与邓生往为参之。"（冥通记·卷二）

485）未审子当刀赴，此二日暂游山泽不？将故以官私自切，不获一果耶？今之所以为懒难者，盖阇推于有无之间耳，以无期我，我亦无也，空中有真，子不睹之，不可谓罕仿佛矣，所望在于不褰裳耳。（真诰·卷四）

---

① 柳士镇：《萧统〈令旨解二谛义〉中的选择问句》，《古汉语研究》2002年第4期。

486）其外书事迹略如此。未审夜解当用何法。依如许掾，似非剑杖也。（真诰·卷四）

487）十一月八日，梦见定录，因自陈："欲寄朱阳东为小屋，未审可尔不？"（冥通记·卷四）

例484）后接宾语"其事"，"未审"只有概念意义。例485）、例486）、例487）3句接疑问句，兼有语用意义。唐以后使用"未审"频率较高的文献有《筠州洞山悟本禅师语录》10例、《祖堂集》80例、《朱子语类》7例、《五灯会元》306例、《古尊宿语要》130例。这5部文献的一个共同特点是对话语体比重大，接近真实口语。尤其是"不审"在禅宗文献已固化为问候语之后，"未审"便担负起"不审"的全部话语标记功能。明清之际口语化程度较高的文献鲜见"未审"，可知它在口语中的衰落应发生在元明时期。

2. 未知

"未知"在上古用例较"不审"少，比"未审"多。与"不"相比，"未"有时间上的限制，强调相对于某个参照时间事件尚未发生。陶书有14例"未知"，其中12例后接疑问句，有语用意义。例子如下：

488）此前当并有杨续书，后人更写别续之耳，所以前脱三十四字，杨所书，今未知何事。（真诰·卷六）

489）日月出入则应有限，当是忽然起灭，不由孔穴，但未知其形若大小耳。（真诰·卷十一）

490）烧山即赤水山，今亦属永宁、乐成二县共界，未知邹尧是何处人，显昭形服如此，便是可察。（冥通记·卷四）

491）寻入今年来，月月所记自疏简，未知是不复悉记，为时近致希邪？（冥通记·卷四）

南北朝时期"未知"较之"未审"频率稍高，使用语境相差不大。在后期的发展中，"未知"的使用频度不及"不审"和"未审"，语法化程度也不及后者。如在"未审"高频度出现的5部文献中，4部禅宗语录体文献除了《古尊宿语要》有1例"未知"用为话语标记外，其余3部文献均未见。1部儒典语录体文献《朱子语类》"未知"20例，用为话语标记11例，占据将近一半的比例。既然儒典

《朱子语类》既使用"未审"亦使用"未知",何以在此前后时期的禅宗经典"未知"的用例如此之少?我们猜测可能是两教经典的语体风格不同所致,"未知"带有一定程度的书面语体风格,"未审"更接近于口语风格,禅宗语录的语言风格更接近于口语,故而不取"未知",单取"未审"。还有一种可能是沿袭本门旧典用法,例如上面提到的萧统《令旨解二谛义》中就大量采用了"未审",后世的佛门文献可能受到此书的影响。明清时期白话小说勃兴,"未知"使用最广的语境便是章回体小说中每回结尾那句"未知后事如何,且听下回分解"。"未知"本身所具有的语体风格与章回体小说半文半白的语体风格是一致的。

3. 未测

"测"的本义是测量,《说文》:"测,深所至也。从水,则声。"后由测度义引申为表示认知的"揣测、推想"义。"未"与"测"的组合大约始于魏晋,《灵棋经》中有"所谋未测,所求难应"之句,表示不知晓某种知识或事实。在CCL古代汉语语料库中,上古语料没有"未测"的用例,最早的用例出自六朝《全刘宋文》。与前面三个结构不同的是,"未测"较少取得句首的位置,甚至以用于宾语前置格式为常。如:

492)大将军诸王幽闭穷省,存亡未测,徐仆射、江尚书、袁左率,皆当世标秀,一时忠贞,或正色立朝,或闻逆弗顺,并横分阶闼,悬首都市。(《宋书·二凶列传》)

493)若谓驱貔虎,奋尺敛,入紫微,升帝道,则未达窅冥之情,未测神明之数,其蔽二也。(《文选·辩命论》)

陶书"未测"共5例,其中2例用于句中,另有1例后接名词性宾语。仅有2例用法与"不审""未审"接近,如下:

494)未测亦并有事如六七月而不存录,为当不复备记,止径略如此邪?(冥通记·卷一)

495)又曰:"未测几时,或五年十年。"(冥通记·卷三)

这2例可能受到了"不审"和"未审"的影响,例495)并不出自周子良之口,而是仙真定录真君所说,这类真人仙君所说言辞多有拿腔捏调、故作高深之感。总体来说,"未测"一是很少用于对话语体，二是较少居于句首，前一项说明"未测"具有较浓的书面语体色彩，尤其是例492）中的"存亡未测"还带有拟古色彩；后一项使其难以语法化为话语标记。董秀芳（2007）指出："如果其初始位置是在句首，那么其中的动词一般都是及物性的，其后可以带宾语，当所带宾语为句子形式时，就有了变为话语标记的句法条件。"①"未测"既不能居于句首的语法化敏感位置，总体的使用频率又偏低，自然也难以获得话语标记的资格。

4. 莫测

"莫测"本来表示"无法测度"，如"高深莫测"本来的意思是"高深的程度无法测度"（据《汉语大词典》）。后来随着"测"认知意义的产生，"莫测"也用于陈述对事实或知识的认知结果。"莫测"除了产生得比"未测"早之外，其余情况和"未测"类似，二者都具有一定的书面语色彩，以用于宾语前置结构为常；同时使用频率偏低。陶书"莫测"共8例，仅2例接简短疑问小句构成"莫测为谁""莫测可否"，其余6例都与名词宾语相搭配，语法化程度较低。

5. 不知

"不知"的情况比较复杂。与"审"相比，"知"的通行面更早也更广。"不"与"知"的结合很早就开始了，《诗经》中有"不知我者，谓我士也骄"的句子，后接体词性宾语。大约是春秋战国时代，"不知"就能用于疑问句句首，例如：

496）宋元公为鲁君如晋，卒于曲棘；叔孙昭子求纳其君，无疾而死。不知天之弃鲁邪，抑鲁君有罪于鬼神故及此也？（《左传·昭公二十六年》）

"不知"应用颇广，在作话语标记的同时，其自身表示概念意义的功能并未丧失。在陶书中，全部"不知"计119句，引导疑问小句计81句，占全部比例的68%。这说明用作话语标记已经成为"不知"的重要语用功能。例子如下：

497）此并离合譬喻四人姓名，各诠所宜修行服御事，寻辞意皆

---

① 董秀芳：《词汇化与话语标记的形成》，《世界汉语教学》2007年第1期。

相贯次，不知云何得两人共说。（真诰·卷二）

498）此二条是释神虎隐文中语，不知何真所告，又无日月，是两手同书。（真诰·卷三）

499）此田虽食涧水，旱时微少，塘又难立，不知后当遂垦之不。（真诰·卷十一）

500）《禁山符》有西岳君西岳公，不知是此丈人邪。（真诰·卷十二）

501）高监不知谁，洞中不见此人也。（冥通记·卷四）

502）右此一方，无年月日，不知何时，书满一白笺纸，谨正。（冥通记·卷四）

值得注意的是，《冥通记》中"不知"的用例多出自陶弘景独白语言，周子良在询问仙真时都使用"不审"（6例）或"未审"（1例），没有1例"不知"。这说明"不知"仅有传疑功能，没有发问功能，可以概括为"疑而不问"。到南宋时期，"不知"的语法化又前进了一步，即疑问语气减弱，感叹语气增强，表示事情的发生出乎说话人的意料，有"竟然""没想到"之义。我们在《朱子语类》的对白语言中检得若干用例，例子见下：

503）有司也不把作差异事，到得乡曲邻里也不把作差异事。不知风俗如何坏到这里，可畏！某都为之寒心！（卷十三）

504）如一个印刊得不端正，看印在甚么所在，千个万个都喎斜。不知人心如何恁地暗昧！（卷五）

505）复举了翁贵沉说，曰："他说多是禅。不知此数句如何恁说得好！"（卷四）

506）本是怕武庚叛，故遣管、蔡、霍叔去监他，为其至亲可恃，不知他反去与武庚同作一党。不知如何纣出得个儿子也恁地狡猾！（卷五十四）

当不确定、感叹语气都完全消失，后接小句表示与预期相反的已然事实，"不知"就演变为一个表示"反预期"的话语标记。如例506）中后接小句"不知他反去与武庚同作一党"就是一个与预期相反的已然事实，说话人已经知道发生的事实了，这里的"不知"完全失掉了本义，只能被分析为表达说话人对已然事实的主观意外态度,相当于"竟然"。到了明清,由于"不知"身兼数任,与此同时另一专职话语标记"不想"产生并大量使用,"不知"作为话语标记难以得到高频度使用,例如:

507)惜惜见说幼谦回了,道:"我正叫蜚英打听,不知他已回来。"(《初刻拍案惊奇·卷二十九》)

例507)中惜惜已经亲眼看到幼谦回来了,句中的"不知"就不能理解为"不知道"(他回来的这个事实),只能理解为"没想到",传达说话人的意外之情。但这类用例数量不多,说明"不知"作为话语标记并不具有频率上的优势。发展到现代汉语,"不知"的话语标记用法被口语化程度更强的"不知道""没想到"所取代,仅能从一些拟古的文字中见到它的踪影。至此,关于"不知"的演变过程可以概括为:

疑而不问———→感叹———→陈述已然事实

不确定标记———→反预期话语标记

通过上面的分析可以知道,并非所有的"Neg(不/莫/未)+认知VP"结构都能发展成为话语标记,它们的语法化程度各不相同,语用标记度受到各种因素的影响。为了更直观地了解这类结构的共时分布和历时演变情况,我们分别制作两张表:第一张表是6个成员在陶书中的共时分布情况,第二张表是6个成员历时分布情况。表的设计参照了陶红印(2005)提出的衡量语用化程度的一些指标。

表4.3统计了陶书6种否定认知类话语标记的主、宾语构成情况和在句中的位置,综合来看,语法化程度较高的是"不审""未审"和"不知",这三者各项参数的结果也较符合我们的语感。"不审"此期已是较为成熟的话语标记,各项指标都突破了90%。其次是"未审",处在由认知情态向话语标记的发展时期。"不知"虽然多项功能并存,但作话语标记已成为它的重要功能。"未知"虽然在后期风格上半文半白,但此期作话语标记的功能与"未审""不知"不相上下。"未测"和"莫测"较多书面语特征,总体用例少,语法化程度较低。

表4.3　陶书6种否定认知类话语标记使用情况统计表

		不审	未审	不知	未知	未测	莫测
主语	言者主语（隐含）	27（96.4%）	8（100%）	88（71.5%）	13（92.9%）	5（100%）	2（25%）
	其他	1	0	35	1	0	6
宾语	名词	0	2	17	0	2	5
	疑问句	27（96.4%）	5（62.5%）	80（65%）	11（78.6%）	3（60%）	1（12.5%）
	其他	1	1	26	3	0	2
位置	句首	27（96.4%）	6（75%）	74（60%）	4（28.6%）	3（60%）	4（50%）
	其他	1	2	49	10	2	4
合计		28	8	123	14	5	8

表4.4是以上6式在南北朝—南宋时期历代文献中的表现情况。

表4.4　CCL南北朝—南宋文献否定认知结构作话语标记情况统计表

		不审			未审		不知			未知		未测		莫测	
		陈述	不确定	问候	陈述	不确定	陈述	不确定	感叹	陈述	不确定	陈述	不确定	陈述	不确定
陶书	用例	0	27	0	3	5	43	80	0	3	11	2	3	7	1
	比率（%）	0	100	0	37.5	62.5	35	65	0	21.4	88.6	40	60	87.5	12.5
全刘宋文	用例	0	6	0	2	6	3	0	0	0	1	3	0	5	0
	比率（%）	0	100	0	25	75	100	0	0	0	100	100	0	100	0
全梁文	用例	0	9	0	2	36	3	0	0	0	0	5	0	13	0
	比率（%）	0	100	0	5	95	100	0	0	0	0	100	0	100	0
朱子语类	用例	10	24	0	1	6	90	147	12	3	8	0	0	3	0
	比率（%）	29.4	70.6	0	14.3	85.7	36.1	59	14.9	27.3	72.7	0	0	100	0
祖堂集	用例	0	0	11	0	80	0	0	0	0	0	1	0	1	0
	比率（%）	0	0	100	0	100	0	0	0	0	0	100	0	100	0
五灯会元	用例	0	1	20	0	306	14	5	0	0	0	1	0	10	0
	比率（%）	0	4.8	95.2	0	100	73.7	26.3	0	0	0	100	0	100	0
古尊宿语要	用例	0	0	13	2	128	42	21	0	3	1	1	0	6	0
	比率（%）	0	0	100	1.5	98.5	66.7	33.3	0	75	25	100	0	100	0

文献中《祖堂集》为晚唐五代作品，但统计数据与后期同属佛门经典的《五灯会元》《古尊宿语要》更为接近，故将这三部经典并相排列。表4.4显示：

（1）在中土文献中，"不审"作为话语标记的比例在南北朝时期达到了顶峰，在《朱子语类》中比例有所下降，但仍有70%的比例，此后则走向了衰落。在五代以后的佛典文献中，"不审"都以近乎百分百的比例充当问候语，说明"不审"在佛门之内完成了语用功能的进一步嬗变。

（2）"未审"的比例则有一个较明显的增长过程，特别是在几部佛典文献中比例都接近百分百，证明"不审"发生嬗变以后的空位是由"未审"填补的。

（3）"不知"的数据看上去好像没有规律可循，实际上如果只看陶书和《朱子语类》的话，"不知"的演变脉络还是比较清晰的，即在南北朝时期"不知"的陈述功能已居次要地位，主要功能是作"不确定"话语标记，发展到南宋时期，在其主要功能基础上发展出"反预期"感叹语气，真值语义完全消失，主观化程度得到进一步加强。

（4）"未知"是"不知"的有益补充，在南宋时期作话语标记还是其主要功能。

（5）"未测"与"莫测"作话语标记仅见于陶弘景三部道书，同期文献和后时文献都未见其例，这符合我们对此二者的语感，即这两个词的语体风格都偏向于书面语体，一般不作为话语标记。

6个成员在共时表现和历时演化方面呈不均衡状态，语法化、主观化等级和语用标记度存在差异。在陶书这个封闭的语料系统中，"不审""未审"是专职表现"不确定"义的话语标记。这两个词后来在佛典中演绎了特殊的发展脉络：前者功能、词性发生了较大的改变，后者填补前者留下的空白，成为盛极一时的话语标记。"不知"与疑问小句的结合开始得较早，虽不是专职话语标记，但使用频率高，发展势头强劲。后期的历时演化证明了这一点。"未知"曾经是"不知"的有益补充，但受其组成部分"未"字本义的影响，时制表达受到限制，同时书面语色彩较浓，没有进一步语法化的条件。"未测"与"莫测"只在陶书中有表达语用功能的倾向，后期并无实质性发展。这说明否定认知结构能否最终语法化为话语标记受到语体色彩、使用频率、语境等因素的影响，并且构造相同的结构组内部成员之间也会相互影响和竞争，这些都是语言内部聚合成分和组合成分之间系统性的反映。

第五章 祈使句

第一节 祈使句研究的理论困境及思考

一 祈使句的概念内涵

祈使句是汉语的四大句类之一,一般认为祈使句是要求听话者做某事或不做某事的句子。然而对于祈使句这一概念的内涵和外延在认识上并不统一,赵微(2010)在对汉语祈使句研究始末作了详细的评述后指出,关于祈使句的研究存在一个颇为尴尬的现象:"大家都承认汉语祈使句的存在,也在使用这个术语对这种语言现象进行研究,却没有提出一项或几项至少明确、可行的统一标准。"[①] 关于祈使句的内涵,学界存在"语气说"和"功能说"的对立,如吕叔湘(1942)认为"祈使"是一种语义范畴,他指出,"我们平常说话,多数是为表达事实,可是也时常以支配我们的行为为目的,这就是祈使之类的语气。被支配的以听话人的行为为主,但也有包括言者本人在内的时候。这一类语气总称为祈使,但就反面说则是禁止;又其中颇有刚柔缓急之异,因而可有命令、请求、敦促、劝说等分别"[②]。王力(1944)亦持此论:"凡表示命令、劝告、请求、告诫者,叫做祈使语气。"[③] 此二论是为"语气说"的先声。最早明确提出"功能说"的是朱德熙(1982),他指

[①] 参见赵微《指令行为与汉语祈使句研究》"汉语祈使句研究历史概况"部分,上海社会科学院出版社2010年版,第117—120页。

[②] 吕叔湘:《中国文法要略》,商务印书馆1982年版,第301页。

[③] 王力:《中国现代语法》,商务印书馆1985年版,第171页。

出,"从句子的功能来看,我们又可以把它分成陈述句、疑问句、祈使句、称呼句和感叹句五类"①。此后还有石佩雯(1980)、蒋平(1984)、刘月华(1985)等采用此说。具体参见赵微(2010),此不赘述。

二 祈使句的外延界定

关于祈使句的外延界定在实际研究中是比内涵更为重要,也更为棘手的问题。早前的祈使句并未取得跻身四大句类的资格,如王力(1943)将汉语的句子分为三类:叙述句、描写句和判断句,其中叙述句下的用例中有一些在今天看来是较为典型的祈使句,如"再不必起赎我的念头""听我告诉你这缘故"②。同一时期吕叔湘(1942)采取四分法,把汉语句子分为叙述句、表态句、判断句和有无句,在叙述句的"省略起词"一节的句例中有"快来(=你快来)""别动(=你别动)"③,也就是说,当时二位先生都认为这类没有主语的,在语义上表示命令语气的句子是一种叙述句。明确将祈使句作为一个句类来研究的始自朱德熙(1982),他的界定较具操作性:"祈使句的谓语只能是表示动作或行为的动词或动词性结构,主语往往是第二人称代词'你、您、你们'。不过祈使句的主语常常略去不说。""第一人称代词包括式'咱们'包括听话的人在内,所以也能做祈使句的主语。"④ 此后袁毓林(1993)进一步重申:"只有当某些句子具备了某种句法形式特征、又具有某种语用功能时,我们才能断定它们是陈述句,或者是疑问句、祈使句、感叹句。"⑤ 并且给出了和朱德熙大同小异的定义:"从句法形式上看,它的谓语主要由表示动作、行为的谓词性词语充当,主语往往是第二人称代词'你'、'您'、'你们'或第一人称代词复数式'咱们'、'我们';此外,祈使句的主语常常可以略去不说。从表

---

① 朱德熙:《语法讲义》,商务印书馆1982年版,第23页。
② 王力:《中国现代语法》,商务印书馆1985年版,第42—45页。
③ 吕叔湘:《中国文法要略》,商务印书馆1982年版,第29页。
④ 朱德熙:《语法讲义》,商务印书馆1982年版,第205页。
⑤ 袁毓林:《现代汉语祈使句研究》,北京大学出版社1993年版,第7页。

达功能上看,祈使句的作用主要是要求(包括命令、希望、恳求等)听话人做或不做某事。"对于那些倚助语境或言外之意含有祈使意义的句子,袁毓林认为不能算作祈使句;但是对于一些诸如"还不快跑"之类的疑问句,他又认为"只能算作祈使句"。将形式和功能联系起来是可取的做法,遗憾的是未能在实际操作中贯彻到底。袁氏将祈使句分为"核心祈使句"和"边缘祈使句",在他的研究中只讨论前者。后来王振来(1997)区分了"语法祈使句"和"语用祈使句",前者是狭义概念,侧重于语法形式;后者是广义概念,侧重于语用功能。王秀荣(2001)区分"祈使句"和"祈使行为",认为前者只是后者的表达式之一。这些探索对于明确祈使句的外延问题作出了尝试和努力。

赵微(2010)在前人研究的基础上提出了判断祈使句的四条标准,包括语音、句法、施受关系和功能,其中句法标准中除主语是第二人称和第一人称复数,谓语由动词、形容词或副词充当以外,还提出以添加"请"字而不改变原义作为检验标准,并将之前存在争议的类祈使句——"情态句"排除在外,如"你应该/必须/可以/得走了",但她同时指出,此标准不适用于"不许、不准、不用、禁止"等否定祈使句。[①] 我们认为,"请"字作为一种谦辞并不具有鉴别祈使句的功能,如"跑!"显然不能添加"请"字,但谁也不能否认这是一个祈使句。徐晶凝(2008)从现代汉语话语情态角度(包括情态、语气)找出了陈述句和祈使句两种句式的对立特征,她说:"从人类语言看,句类所表达的言语行为功能类和动词形态表达的狭义语气,有一个共同的意义领域:做断言/发出指令(直陈/祈使)的对立……汉语中,陈述句和祈使句在句子的主语、谓语动词的语义特征或时体特征等方面,存在着明显的对立,这种对立可以看做是句类的对立。"[②] 然而这种对立并不是绝对的,因为"从典型陈述句到典型祈使句之间有一个逐渐过渡的连续统",

---

[①] 参见赵微《指令行为与汉语祈使句研究》,上海社会科学院出版社2010年版,第135—141页。

[②] 徐晶凝:《现代汉语话语情态研究》,昆仑出版社2008年版,第63—65页。

这个连续统的序列如下：

典型陈述句—意愿陈述句—意向陈述句—施为陈述句—祈使句

我们认为，这个序列还可以再作些增补，祈使句内部也有一个由非典型到典型的连续统，如"可以、不妨、必须"就分别代表不同的道义情态梯度，最典型的祈使句没有标记，但是［义务］强度最高。也就是说，带有话语情态的句子系属哪个句类需要根据情态内部的不同小类来区分，不能一概而论。我们的观点是，"你应该/必须/可以/得走了"之类的"情态句"是肯定祈使句。理由如下：首先，从语言形式来看，既然否定祈使句多以"否定词+情态助动词"作为否定标记，那就说明与此相应的光杆情态词本身即具有构成肯定祈使句的能力。每一个否定形式都有一个对等的肯定形式。在具体的语言环境中，出于不同交际目的的需要，情态词的肯定和否定形式在使用频率上出现了不对称，但不可否认的是人类认知域中肯、否定之间是相伴相生的关系。如现代汉语最常用的否定祈使标记"别"就是由否定副词"不"和情态词"必"在长期的联合使用中合音而来。[①]如果承认"不许、不准"构成否定祈使句的合理性，那么就没有理由排斥"不应（该）/不必/不可（以）"等形式，它们仅在否定的强度上存在差异。继而，如果否定祈使句可以自由选择不同的否定形式而表达强度不等的否定值，那么只允许一种强度值、一种形式的肯定祈使句存在无疑极不合理。其次，从语用功能角度来看，此类"情态句"在具体言语交际中发挥的作用与典型祈使句没有多大差别，都是说话人提议听话人实施某行为，能够使听话人的行为发生改变。如"你可以走了。"和"你走！"虽然适用语境不同，但核心内容没有太大的差别，可以取得同样的语用效能。另外，此类"情态句"和通常意义上的核心祈使句在句法结构上也有诸多相通之处。基于以上三点，我们认为"情态句"应纳入祈使句这个概念之下。并且只有承认"情态句"的祈使句地位，祈使句体系才是完备、整齐的。下面以"开车"为例来看：

[①] "别"的来源说法不一，有人认为是"不""要"合音而成，如江蓝生（1991）；也有人认为是"不""必"合音而成，如李焱、孟繁杰（2007）。我们同意后者。

	肯定祈使句	否定祈使句
有标记句	a1 你应该开车。 a2 你必须开车。 a3 你可以开车。 a4 你要开车。 a5 你得开车。	b1 你不应该开车。 b2 你别（=不必）开车。 b3 你不可以开车。 b4 你不要开车。 b5 你不得开车。
零形式	a6 开车！	b6 禁止开车！

只有承认 a1—a5 的合法祈使句身份，祈使句体系在语义和功能上才是完备的。a1—a5 可视为肯定祈使句的有标记形式，a6 则为肯定祈使句的零标记形式；同样，b1—b5 是否定祈使句的有标记形式（"别"保留了音位标记 [p]），b6 实际上也是否定祈使句的零标记形式，因为它采取的是词汇手段，利用词汇意义来表示最高级别的否定指令。这里的有标记和无标记是相对的，否定祈使句相对于肯定形式来说是有标记的，肯定、否定祈使句内部又分有标和无标（零形式）。在以肯定、否定语义分类的内部，零形式的祈使句强度最高，其次才是各种有标记形式。还应该看到的是，祈使句的根本功能是对他人的行为下达指令，充分体现了说话者的个人意志，打上了说话人的个人主观印记。祈使句中情态词的功能是使指令强度多级化，以满足不同场合、不同身份地位等多样化的交际需求，体现了说话人对指令的立场、态度、感情等方面的把握。说到底，祈使句中的情态词就是祈使句中的主观性成分，该类词的最大功能是使指令的表达主观化。主观性成分除了情态词以外，还可以采取添加语气助词、语气副词等手段来凸显说话人的主观意愿。这些主观性成分以情态词为主，其他成分属于辅助成分。

我们讨论的祈使句以上述内涵和外延为标准来确定考察对象。在具体分析中采用一种新的研究视角和方法，根据陶书的两种典型语境把全部祈使句置于两种语体——对话语体和操作语体之下作量化研究，先分别描写两种语体祈使句的分布情况，然后进行比较，得出祈使句的语体差异与特征。

第二节　对话语体祈使句

根据袁毓林（1993）的研究，使用祈使句最典型的语境是听话人[＋明确][＋在场]，符合这一语境要求的就是听说双方面对面的对话场合。[①] 陶弘景的三部道书中《真诰》和《周氏冥通记》记载了真人诰受过程中的仙凡对话，这些对话语体中的祈使句最接近典型祈使句的特征。这类对话语体祈使句从语义上可分为肯定、否定两种。肯定祈使句下面分出零形式和有标记两小类，否定祈使句下不再细分。陶书对话语体祈使句分布见表5.1。

表5.1　　　　　　陶书对话语体祈使句分类统计

		零形式	有标记	
肯定祈使句	具体	/	愿31\当9\可9\宜8\须2\应4\必1\请2\幸4\欲1\希1\且2\乞2\其2	86（50.6%）
	合计	8（9.3%）	78（90.7%）	
否定祈使句	具体	勿48\不可8\慎勿7\莫4\不宜3\不得2\不须3\愿不2\慎3\不能1\可不须1\可勿1\未可1		84（49.4%）

表5.1显示，对话语体祈使句的肯定、否定比例相当，接近1∶1，这说明在自然对话语体中，要求他人做某事和不做某事的频率基本相等。

一　肯定祈使句

（一）零形式

对话语体中零形式肯定祈使句数量较少，全书仅8句，占全部肯定祈使句的9.3%。例子如：

[①] 参见袁毓林《现代汉语祈使句研究》，北京大学出版社1993年版，第16页。

508）帅云："下声！旁人闻。"（冥通记·卷一）

509）六日，见洪先生，云："子勤之勖之，前后事事也。"云云。（冥通记·卷四）

510）自云："研莹之。"云云。（冥通记·卷四）

这3句共同的语境特征是谈话双方地位不平等，都出自地位较高的仙真之口，较少使用语气助词和情态助词，语气显得直接果断。例508）中除说话人"帅"拥有高人一等的地位以外，还可理解为情况紧急，说话人下达的指令更少矫饰。例509）使用了第二人称尊称"子"，语气显得缓和从容。例510）与例509）语境相似，都是对修道者进行规劝和勉励。

（二）有标记

有标记的祈使句使用的标记手段有语气词、情态副词和情态助动词，其中又以情态助动词为主。情态是一个复杂的概念，Lyons（1977）虽然没有给情态下一个明确的定义，但他认为认识和理解情态离不开对两个重要因素的把握："其一，主观性（subjectivity），指说话人对句子所表达的命题或对命题所描写的情景的观点或态度。""其二，必然性（necessity）和可能性（possibility），二者是传统情态逻辑的中心概念。"[①] Quirk（1985）指出："情态往往可定义为一种方式，这种方式使小句的意义能够反映出说话人对小句所表达的命题的真实性的判断。"[②] 彭利贞、刘翼斌（2007）证明了情态与体同现的规律："表认识情态的情态成分要求与表达'现实'事件的体标记同现，而表道义情态的情态成分则只与能表达'非现实'事件的体标记同现。"[③] 用于祈使句的情态因受句法环境的约束又与别处不同，正如徐晶凝所说："陈述句、祈使句这两个句类的区分，是作用于整个命题的，与认识情态和道义情态的基本区分有关。"[④] 这两篇文章都指出情态与事件表达有关，与句子的时态和句类都有关系。表现实

[①] 转引自朱冠明《情态与汉语情态动词》，《山东外语教学》2005年第2期。

[②] 转引自李明《两汉时期的助动词系统》，载北京大学中文系语言学论丛编委会编《语言学论丛（第25辑）》，商务印书馆2002年版，第257页。

[③] 彭利贞、刘翼斌：《论"应该"的两种情态与体的同现限制》，《语言教学与研究》2007年第6期。

[④] 徐晶凝：《现代汉语话语情态研究》，昆仑出版社2008年版，第65页。

事件的陈述句往往与认识情态同现，表非现实事件的祈使句则与道义情态同现。有些助动词表达情态的功能具有多义性，既能表达认识情态，又能表达道义情态。但在祈使句中，它们表达认识情态的功能受到抑制，只能理解为道义情态。正是由于这个缘故，一些情态助动词或是不能进入祈使句，或是本来具有多种表达功能但在进入祈使句之后仅能表达道义情态。如"可"在"年可二十"中意思是"可能"，属认识情态，这种情态义就不大可能出现在祈使句中，只能以"可以"义进入"可记之"等句中表示道义情态。情态助动词的语法功能在不同的句法环境中出现了分化，陶书有标记肯定祈使句按标记手段的使用频率高低排列如下：

愿31＼当9＼可9＼宜8＼须2＼应4＼必1＼请2＼幸4＼欲1＼希1＼且2＼乞2＼其2

彭利贞（2007）借鉴并吸收国外情态研究成果，把现代汉语情态动词表达的情态语义系统分为三类：认识情态、道义情态和动力情态。其中道义情态包括三个等级的情态，即"［必要］、［义务］、［许可］，而与之相应的语用意义则是［命令］或［保证］、［指令］或［承诺］、［允许］或［允诺］"①。而 Palmer（1986）的广义道义情态则包括指令（directives）、承诺（commissives）、愿望（volitives）和评价（evaluatives），前两类是最重要的道义情态，后两类次之。"愿望"也是一种广义的道义情态，"义务情态可能还包括愿望（volitives）和评价（evaluatives）。愿望是指我们说话人希望某事发生，包括可能的和不可能的事。愿望可以认为是情态的，因为它涉及非事实性而且涉及命题的可能的行为而不是真理／真实性"②。我们综合二人的分类，将道义情态分为［必要］［义务］［许可］和［请求］四个等级，为便于讨论，将少数语气词一并纳入情态系统等级进行考察。陶书对话语体祈使句情态动词的等级系统排列见表5.2。

---

① 彭利贞：《现代汉语情态研究》，中国社会科学出版社2007年版，第159页。
② 廖秋忠：《〈语气与情态〉评介》，载《廖秋忠文集》，北京语言学院出版社1992年版，第423页。

表 5.2　　　陶书对话语体祈使句情态动词等级排列表

情态	情态词	使用频次	比率（%）
［必要］	必	1	1.3
［义务］	须、当、应	15	19.2
［许可］	可、宜、且	19	24.3
［请求］	愿、欲、希、其、乞、幸、请	43	55.2

表 5.2 显示，陶书对话语体祈使句在情态系统等级上呈金字塔形状，道义强度等级越高，用例越少，反之亦然。其中［请求］义的比例最高，道义强度等级最弱。如果把零形式的祈使句也纳入［必要］情态，仍然不会对上述结果有大的改变。

1. 道义情态［必要］：必

书中表［必要］情态的仅"必"字 1 例：

511）君曰："吾欲说仙之妙，论道之变化，子必秘之，慎识吾言也。"（真诰·卷五）

在上句中，"必"用于强调"秘之"的必要性，比单纯说"秘之"强度更高。用"必"要求受话人坚决实施该行为，一般用于说话人具有较高的个人权威的场合。此期情态强度相近的"定"虽然已经产生，但仅能用于认识情态，如：

512）论人之性，定有善恶。（《论衡·率性》）

由此推断，"定"的道义情态义是在认识情态义的基础上产生出来的，此处不作展开。

2. 道义情态［义务］：须、应、当

陶书表示［义务］情态的有"须、应、当"三个。说话人对受话人传达义务，要求受话人把指令行为变成事实。与"必"不同的是，"须、应、当"表达道义情态的来源或原因不是基于个人的权威，而是基于某种道德、法律准则或某种内在的动力。这三个情态词之间存在着道义强度上的差别，依次为：

须 > 应 > 当

下面是这三个词表达道义情态的例子：

513）定录告云："卿虽缘质有定，亦须用谨。"（冥通记·卷一）

514）定录君乃语子良曰："……此乃冥符宿契，虽非此间之职，要应先当成就。"（冥通记·卷三）

515）仙人曰："桐柏当复有来者，当善相待，吾今去矣。"（冥通记·卷二）

以上3句都是仙真对周子良提出行动上的要求，这些要求都基于某些默认的规则，表达［义务］这种道义情态。

3. 道义情态［许可］：可、宜、且

以上4个词仅"可、宜"是情态助词，"且"是个副词，意思是"暂且"，表示采取某种行动是权宜之计。"可"表示情理上许可，说话人给主语施行某事的许可，"宜"表示采取某种行动符合事理，二者在道义强度上有差异，"可"的语力强度要略高于"宜"。例子如下：

516）丞前进曰："今夕有高真来，可起，可起。"子良因起拜前者。（冥通记·卷二）

517）陶曰："夜已深，宜去。"便欲去。（冥通记·卷三）

以上2句分别表示说话人对"起"和"去"的允准态度，表达［许可］的道义情态。"且"的例子如下：

518）司命云："道未成，不得九转之华。且食此，亦足明尔。"云云。（冥通记·卷四）

4. 道义情态［请求］：愿、欲、希、乞、幸、请、其

"愿""欲""希""乞""幸""请"和"其"表达［请求］情态义，位于道义情态的最低一级。该类词语数量最多，占全部肯定祈使句的一半以上。但语法化程度不及前三类，大多兼作动词，保留了较多的词汇意义，如"愿、欲、希、乞、幸"。之所以能够表达［请求］情态义，是因为这些词语的概念义中有与［请求］相近的义素。如"幸"表示"期望、希冀"，"请"是由"请求"的动词义衍生作助动词表"愿意"，最后才演变成用于希望对方做某事的敬辞。另外，"其"是个表示祈使的语气副词，语气也是广义情态的一种。分别举例如下：

519）得谷，愿为都作米，此无可舂者。（真诰·卷十八）

520）昔赵叔期学道在王屋山中，时时出民间，闻有能卜者在市

阊中，叔期往见之，因语叔期曰："欲入天门，调三关，存朱衣，正昆仑。"（真诰·卷五）

521）度子者当自有人，吾特嘉子缘德，来结交耳，幸无谦辞。（冥通记·卷二）

522）子良曰："比风日赫烈，塘湖熇竭，五谷焦枯，草木凋落，方虑饥乏，故冒共投辞，希垂沾润。"（冥通记·卷二）

523）其留启云："止请留一间。"（冥通记·卷四）

524）男生许玉斧辞……玉斧不修，乞身自受责，愿赦大小。（真诰·卷七）

525）君曰："此有志之士也，子其识之，若有此试，慎勿言不能也。"（真诰·卷五）

这7个词用于祈使句，显性语义上指向说话人自己，仅以隐性意义提出让对方做某事的要求，具有委婉、客气的色彩。

"愿"的使用频率最高，在［请求］类情态词类中具有典型意义，下面我们尝试探讨"愿"的语法化轨迹。"愿（願）"的本义是"大头"，后来假借为名词"愿望"。在名词的基础上引申出动词用法"愿意、情愿"，又经由动词用法演变为助动词"愿意"。这一系列演化过程在上古汉语中就已完成，其中名词和助动词的用法一直保持到现代汉语。上古时期"愿"用为名词、动词和助动词的例子分别举例如下：

526）邂逅相遇，适我愿兮。（《诗·郑风·野有蔓草》）

527）管仲曾西之所不为也，而子为我愿之乎？（《孟子·公孙丑上》）

528）意而子曰："虽然，吾愿游于其藩。"（《庄子内篇·大宗师》）

不管是作动词还是作助动词，这时候的"愿"在语义指向上主要是指向说话人自己，用于陈述个人内心的意愿。作为助动词的"愿"后面所接动词的施事者为说话人。到了战国末期，"愿"还是表达个人的意愿，但语义开始指向受话人，句法上形成"愿+指人NP+VP"结构。如：

529）且至言忤于耳而倒于心，非贤圣莫能听，愿大王熟察之也。

（《韩非子·难言》）

530）吾愿君去国捐俗，与道相辅而行。（《庄子外篇·山木》）

531）平谓何曰："愿君让封勿受，悉以家私财佐军。"（《汉书·萧何传》）

532）信曰："仆闻之，百里奚居虞而虞亡，之秦而秦伯，非愚于虞而智于秦也，用与不用，听与不听耳。向使成安君听子计，仆亦禽矣。仆委心归计，愿子勿辞。"（《汉书·韩信传》）

以上句子中，"愿"已经不作句子的主要谓词，施事主语在对话语体中更多地采取省略的形式，"愿"后的指人名词 NP 是后面 VP 的施事，VP 具有［+自主］［+可控］的特点。这种结构中的"愿"语义更多指向受话人，表示对他人未来行动的建议，这个建议是受话人完全有能力付诸实施的，具有现实可能性。虽然此时整个句子的语用意义是［建议］，但"愿"在语义指向上指向说话者，仍然着眼于说话人的个人主观愿望，在促使对方采取行动的强制性上不够，词汇意义更接近"希望"。"愿"之所以具有某种程度的［建议］意义，是在进入"愿＋指人 NP＋VP"这种结构后衍生的，该结构类似兼语式，也隐约带上了兼语式的使动意义。这是"愿"语义虚化的第一步。需要注意的是，"愿＋指人 NP＋VP"这种结构在南北朝时期有进一步的分化，其中之一是"愿"后指人名词和谓语动词的施受关系模糊，VP 的［+自主］［+可控］义丢失，逐渐被小句取代。而且小句描述的事件不具有现实可能性，用来抒发说话人对一种理想状态或良性结果的期待，"愿"成为祈愿语的标记。如：

533）惟愿大王圣体和善，群臣百官，悉自安隐。（《宋书·夷蛮·天竺迦毗黎国国王月爱上宋文帝表》）

534）巇谓上曰："古来言，'愿陛下寿偕南山。'或称'万岁'，此殆近貌言。如臣所怀，实愿陛下极寿百年亦足矣。"（《南齐书·豫章文献王巇传》）

例 533）中"圣体和善"不是大王自己能够决定和控制的，例 534）中"寿偕南山"和"极寿百年"现实可能性不强，只是一种主观愿望。"愿"后小句是一个主谓谓语句，句子的［建议］色彩完全消失，"愿"成为祈愿式话语标记。《真诰》记载的书信中程式化的问候语亦有此类"愿"字句，如：

535）玉斧言，郑恨还，奉敕，尊犹患饮，痛不除，违远悚息，阴臑。愿今餐食无恙。（真诰·卷十八）

536）玉斧言：节至，增感思……服散微得饮水，犹是得益，愿彼大小无恙。（真诰·卷十八）

537）玉斧言：渐热，不审尊体动静何如？愿饮渐觉除，违远憔悚，急假愿行出，即日此蒙恩，谨及启疏。（真诰·卷十八）

另一条是在表"建议"的"愿+指人NP+VP"结构的基础上，在中间的指人名词省略的情况下表示"请求"，"愿"由此成为祈使标记。"愿"由"希望"义演变为"请求"义，用作祈使标记发生在南北朝时期。陶书的用例如下：

538）不审玄帝是何世耶？后生蒙蒙，多所不及，愿告。（真诰·卷十一）

539）次书告"有年之志，畴昔之好，恒愿真人禀受要诀，仰接容景，亲奉徽音"。（真诰·卷十二）

540）谨付还，愿深见亮。（真诰·卷十七）

541）玉斧言：有槟榔，愿赐，今暂倩徐沈出，至便反，谨启。（真诰·卷十八）

542）赵夫人乃见告曰："子冥契久着，故能招感真仙，良助欣然。"子良答曰："不以猥俗，少便依道，籍以缘幸能栖林谷，岂期一旦真仙启降，喜惧交心，无以自安。若前因可采，愿赐神仙要诀，以见成就。"（冥通记·卷二）

543）六月八日夜，紫阳童来，装服如前。言曰："欲知我姓字不？"子良曰："愿闻之。"（冥通记·卷二）

544）此人曰："前辞言语乃好，但请雨应墨书，请晴应朱书，并青纸上。……愿更作墨书，辞勿同前语。"（冥通记·卷二）

以上7例的"愿"都可换作"请"，请求对方作出某种即时行动来作为回应。至此，"愿"的语法化轨迹如图5.1所示。

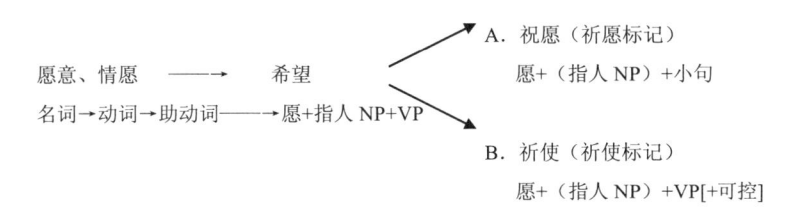

```
愿意、情愿 ──→  希望  ──→  A. 祝愿（祈愿标记）
                              愿+（指人 NP）+小句
名词→动词→助动词──→愿+指人 NP+VP
                          ──→  B. 祈使（祈使标记）
                              愿+（指人 NP）+VP[+可控]
```

图 5.1　"愿"的语法化轨迹

（1）用法 B 在后来的发展中衰落，其他几种用法一直沿用、共存至今。如《现代汉语词典》中"愿"可作名词、动词，作动词仅两个义项，一项是作助动词，另一项是表示"祝愿"，后一项语义即肇始于南北朝时期。现代汉语中"愿意"不能作为祈使句情态用词。袁毓林（1993）提出"祈使句的语用预设（pragmatic presupposition）"这一概念："说话人在用祈使句向听话人发出一个指令前，必须对听话人应该不应该、能够不能够、愿意不愿意执行指令事先作出若干假定，这就是祈使句的语用预设。"[①] 并举了"该、应该、可以"的例子，却没有列举表示"意愿"义的句子，"愿（意）"能否进入祈使句也很可疑。试比较：

（你）该走了！
（你）该轻松几天了！
（你）应该早点儿去！
（你）应该冷静一点儿！
（你）可以回去了！
（你）可以认真一点儿了！
＊（你）愿意走了/轻松几天了/早点儿去/冷静一点儿/回去了/认真一点儿了！

这可以从祈使句的句式特点和"愿意"的词汇意义上找到答案。祈使句是说话人向听话人发出指令的句子，说话人可以添加一些情态助动词来充分表达个人主观意志，辅助完成指令义的表达，但是仅限于表示客观必要程度或主观意志程度的助动词。但"愿意"本身表示个人意愿和想法，本质上与心理状态有关，因此与祈使句的指令意

[①] 袁毓林：《现代汉语祈使句研究》，北京大学出版社 1993 年版，第 21 页。

义相冲突。齐沪扬（2002）就曾指出："'愿/愿意'、'想'、'要'这几个表示陈述语气时对第二人称是排斥的，主要是因为这三个助动词都有'表示主观意愿'的意思，'主观性'使这类词与表示'事实与情理上的需要'的'应该'，与表示'主客观条件容许做某事'的'可以'有所区别。"① 齐沪扬虽然是针对陈述句阐发的议论，但同样适用于祈使句。据我们在 CCL 语料库中检索的结果来看，与第二人称结合的"愿意"几乎没有用于祈使句的用例，大多用于条件复句和疑问句。这里面反映出"愿"的祈使标记用法衰落的原因：一方面受到"愿"本义的影响，另一方面是竞争词汇的兴起。"愿"名词和动词的身份并未消失，而是一直与其后衍生的几个义项共存；而且表示"愿望"的名词义和"愿意、情愿"的动词义几乎无可替代。这造成"愿"的语义虚化无法取得实质性的进展。另外在南北朝时期，表达［请求］的情态动词相当多，仅陶书就有 6 个，如"幸"和"请"都在此期衍生出"期望""愿意"的近似义，"希"亦在此时兴起，② 众多语义、功能相近的词语形成竞争之势，竞争的结果就是"愿"的"请求"祈使语义分别由"希""请"承担，"愿"作祈愿标记的功能保留了下来。

（2）［请求］类情态词表达指令义的动因及句法语用特征

"愿"在［请求］类情态词中较具代表性，它在祈使句中主要表示"建议"或"请求"的道义情态。以"愿"为例，我们认为［请求］类情态词表达道义情态的动因来自两个方面：

第一，高度惯例 0 化。

例 519）—例 525）、例 538）—例 544）是两组由表示"请求"义从而带有指令语力的施为动词的句子，属于惯例化程度较高的"间接指令句"，"由于经常在一些特定的语境被发出者出于礼貌等原因用来表达指令，它们的表面形式与间接功能（指令）之间的联系相对密切，不论是发出者还是接受者都已经忽略了这些句子表面形式和直接功能（疑问或陈述）之间的最初联系"，"人们在接受这些句子

---

① 齐沪扬：《语气词与语气系统》，安徽教育出版社 2002 年版，第 246 页。
② 查《汉语大字典》，"希"字条下"希望；企求"义项首见书证出自《后汉书·周举传》。

时，直接将它们理解为发出者希望借助这些句子达到有所指令的目的，中间不需要一个根据具体语境或背景做出判断的推理过程，因此我们说这些句子通过惯例直接与指令相关，也就是说表达了直接指令的句子是高度惯例化的"[1]。"愿、欲、希、乞、幸"原本用于陈述说话人自己的心理状态，在进入省略施事主语的"V$_情$ + 指人 NP + VP"结构后，成为一种具有［请求］效力的构式，这些词语的［请求］道义情态是高度惯例化的结果。

第二，语力和示意行为。从理论上讲，这种高度惯例仅仅提供了一种条件反射的心理可能，"愿、欲、希、乞、幸"之所以具有这种间接指令的功能，更深层次的决定机制是语力（illocutionary force）和示意行为（illocutionary act）。"愿、欲、希、乞、幸"的意思是"我希望（想要、请求）你做"，那么听话者完成该动作就是在满足对方的愿望，这是交际语境对谈话双方的一种规约。只是这种指令语力不是直接发出的，而是根据某些支配会话进行下去的交际原则所推导出来的指令意义。由于是间接要求产生的指令意义，因此语力强度较低，不如其他方式强烈。总而言之，"愿、欲、希、乞、幸"的［请求］道义情态是这样产生的：说话人希望受话人执行某个动作，产生某种"语力"。进而，受话人在"合作原则"的支配下，为满足说话人的心理期望而完成某个动作。这种间接指令方式在长期的使用当中已凝固为一种具有［请求］效力的构式，交际双方对此的运用和理解等同于直接指令方式。

［请求］类情态词是一个特殊的类，在句法、语用上有一些不同于其他道义情态词的特点。在句法上，真正的主语隐而不现，后面的指人名词也往往省略。这是受到该类词词汇意义的影响所致。除语气副词"其"以外，"愿""欲""希""乞""幸""请"在底层的词汇意义上都只能指向说话人，故而不能像其他类的情态词那样可以接受以第二人称为主语。如前面三类情态词都可以接受以第二人称代词敬称"子"等作主语，但在本类中第二人称代词只能位于情态词之后，说成"愿子……"这是语言深层的词汇意义在发生作用。

［请求］类情态词在语用上也有一些特殊之处。其一，与上一章

---

[1] 赵微：《指令行为与汉语祈使句研究》，上海社会科学院出版社2010年版，第53页。

"不审"式疑问标记一样,此类多用于下级对上级提出请求的对话场合。心理机制也一样,即由于地位的不对等,下级在提出指令时只能采取迂回策略,借助语用交际中的合作原则达到目的。由此带来第二个语用特征:话语风格委婉含蓄,语力强度不高。这与说话人的身份地位是相应的,符合言语交际中的礼貌原则。

二 否定祈使句

根据否定祈使句道义情态强弱程度的不同,我们把否定祈使句分为[禁止]、[告诫]、[劝免]三个等级。陶书中三个等级的分布情况见表5.3。

表5.3　　　　　陶书对话语体否定祈使句情态等级

等级	标记词	使用频次	比率（%）
[禁止]	勿、莫、慎勿	59	70.2
[告诫]	不得、不可、未可、不须、不宜、不能	17	20.2
[劝免]	可不须、可勿、愿不、慎	8	9.6

上表显示,陶书对话语体否定祈使句按强度等级排序的结果与肯定祈使句正相反,否定等级越高,用例越多,以"勿、莫"作为否定标记的否定祈使句占了全部用例的70%。下面分别讨论。

1. [禁止]道义情态:勿、莫、慎勿

"勿"在陶书中几乎是一个专职表示"禁止"义的否定副词,用例也最多:"勿"48例,"慎勿"7例。"勿"早在甲骨文中就已产生,在上古汉语中用为否定副词,两汉时期,与谓语的结合能力增强,仍保留了否定事实的用法。

545)上以太后故,免官勿治罪。(《汉书·翟方进列传》)

南北朝时期,"勿"的用法变得单一,只能表示禁止否定。陶书中"勿"的用法就具有很强的专一性,几乎全部用于否定禁止,没有否定事实命题的用法。"慎勿"的禁止强度要高于"勿",类似于现在所说的"务必不要""千万别"。例子如:

546)路边有一人白衣似卜师,因见语云:"君体羸不堪事,可专

修所行，勿杂他事。"（真诰·卷十八）

547）又曰："烧香时勿反顾，反顾则忤真炁，使致邪应也。"（真诰·卷九）

548）又曰："吾今去，勿轻示人。"（冥通记·卷一）

549）二十九日，见保命，云："勿犯雾露。"云云。（冥通记·卷四）

550）二十五日，见赵丞，直云："仙籍空矣，尔勿忧矣。"（冥通记·卷四）

551）洪君云："勿轻说人事。"云云。（冥通记·卷四）

552）六月十日，于道中眠，梦见范帅，云："恶魅横行，不可卒禁，勿轻慢之。"（冥通记·卷四）

553）十五日，见保命，云："尔屋事勿以在怀，伤人神气，其人寻来就上。"（冥通记·卷四）

554）十月五日，梦见定录君，云："比来多诸进御，善自禁节，勿纵志也。"（冥通记·卷四）

555）季主出行则语之曰："慎勿开此。"（真诰·卷五）

556）语朗云："此经并是先灵之迹，唯须我自来取，纵有书信，慎勿与之。"乃分持经传及杂书十数卷自随，来至杜家。（真诰·卷十九）

557）君曰："此有志之士也，子其识之，若有此试，慎勿言不能也。"（真诰·卷五）

虽然有学者认为，"东汉以后，表禁止的'莫'开始大量出现，'莫'的迅速崛起使得'勿'的发展相对滞后，开始表现出衰弱之势"[①]，但在陶书中看不出"勿"的衰落和"莫"的大量兴起这种趋势。"莫"在陶书中不主要用作禁止副词，主要功能相当于否定副词"无"或"不"，如：

558）女弟子姓宋，为人高洁，物莫能干，年老而亡，仍葬山南。（真诰·卷十一）

559）容质鲜净，不异于生。一切闻见，莫不叹骇。（冥通记·卷一）

---

① 金颖：《禁止性否定副词"勿"的历史演变》，《龙岩学院学报》2006年第1期。

"莫"用于否定禁止仅4例，全部列举如下：

560）保命告云："许子遂能委形冥化，从张镇南之夜解也，所以养魂太阴，藏魄于地，四灵守精，五老保藏，复十六年，殆睹我于东华矣。既适潜畅，莫觉不真。"（真诰·卷四）

561）保命又云："既适潜畅，莫觉不真，如此之指，非真尸也。"（真诰·卷四）

562）（周子良）唯闭眼举手，三弹指云："莫声叫！莫声叫！误人事。"（冥通记·卷一）

563）又曰："中食亦足，但夏月眠不益人，莫恒贪眠。"（冥通记·卷一）

上面提到过，一般道义情态都有一个道义来源，或是个人权威，或例547）是常规事理。以上语例中，这两类来源都有出现，其中例547）、例553）、例562）、例563）都从反面角度给出了禁止缘由，这些句子中的禁止道义情态明显源于事理，使得禁止指令有较强的说服力。比较而言，"莫"的否定强度要逊色于"勿"，所以在表示［禁止］道义情态下的这三个词内部又可按否定强度高低排出一个序列：

慎勿＞勿＞莫

2.［告诫］道义情态：不得、不可、未可、不须、不宜、不能

此类［告诫］道义情态词均由否定副词"不"与肯定情态词语构成，构成［告诫］道义情态的不同等级。例子分别如下：

564）真妃曰："君今语不得有谦饰，谦饰之辞，殊非事宜。"（真诰·卷一）

565）君曰："饮食不可卒断，但当渐减之耳，十日令减一升，则半年便断矣。"（真诰·卷五）

566）陶夫人曰："闻近斋而俟北斗，大不可言，讶尔标心乃至于此，星亦未可卒见，积以岁月，所不论耳。"（冥通记·卷三）

567）帅云："作道士，法不宜露眠，不宜横牵屐。横牵屐，则邪不畏人。"（冥通记·卷一）

568）女曰："既已在此，已夜，不须复还，恐人相疑，亦不须道今夕来此意。"（冥通记·卷二）

569）又一人来，甚华少，白衣，传范帅语云："前故相告食肉事，遂不能断耶。"（冥通记·卷二）

在上面的句子中，说话人对听话人今后的行为提出了指导意见，告诫哪些行为是不可行的。多数句子中给出了理由，使听者知其然，更知其所以然，能够更有效地听从教导。［告诫］道义情态内部诸词也存在一个强度等级序列：

不得＞不可＞未可＞不能＞不须＞不宜

3.［劝免］道义情态：慎、可不须、可勿、愿不

"慎"较特殊，它本来是一个形容词，意思是"谨慎、慎重"，后来也可以兼作副词，用于动词前，如"慎言""慎行"。据《汉语大字典》，"慎"作副词用法有二：一表"确实"[①]；另一用法就是与否定词"毋""勿""莫"连用表示禁戒。但我们在陶书中发现，即使不与否定副词连用，"慎"独用也可以表示禁戒之意。如：

570）此书疏慎示俗人。（真诰·卷十一）

571）（小君言：）许长史慎临尸、吊丧年内耳，示许仙侯如此。（真诰·卷二）

572）（保命告长史：）落廓不束，高下失常，定之勿疑，若不加意，勿单用此，慎示人，慎示人。（真诰·卷七）

例570）中的"慎示俗人"意近"勿示俗人"，例571）中的"慎临尸、吊丧"意近"勿临尸、吊丧"，但禁戒强度不如后者。一方面受其本义的影响，"慎＋VP"亦可理解为"谨慎地做某事"；另一方面可能因为"慎"经常与否定副词连用表示禁止，浸淫其中受到沾染，故而单用也可表示禁戒义。总的来说，受到语境暗示等的影响，"慎"偏向于表示禁止义，但语义强度有限。

［劝免］道义情态词有些是在禁止强度较高的情态词前加上"可"，如"不须"和"勿"说成"可不须"和"可勿"。"可"表示［许可］的道义情态，意为情理上许可，说话人给主语施行某事的许可，这样说能有效降低语气的强制程度，显得委婉有礼。例子如下：

573）夫人曰："可不须起，但当共坐，自相向作礼耳。"夫人坐

[①] 如《诗·小雅·巧言》："昊天已威，予慎无罪。"见《汉语大字典》"慎"字条。

南向。(真诰·卷一)

574)(小君授书:)可勿宣此,当言我假威于君矣,不知君宜往试摄灭之耳,灭鬼之迹,事中暂应尔。(真诰·卷七)

有的是在动词前加上表示[请求]道义情态的"愿",构成"愿不V"格式,比起加"可"来语气委婉度更高,易于让人接受。例子如:

575)(杨羲)别疏:愿不以示人,诸所屈曲,奉觐一二。(真诰·卷十七)

576)(杨羲书:)今具道梦,聊复以白,愿不怪忤。(真诰·卷十七)

如果上两句去掉"愿"字,独用"不"字则不成句,因这种劝免义祈使句还是要用禁止否定副词"勿"才能成立,《冥通记》中有"尔勿示人此事也"的例子。

表示[劝免]道义情态的几种方式也有一个高低序列:
慎＞可不须＞可勿＞愿不

总的来说,陶书对话语体否定祈使句中所使用的道义情态词语可以排出一个序列:

慎勿＞勿＞莫＞不得＞不可＞未可＞不能＞不须＞不宜＞慎＞可不须＞可勿＞愿不

强　　　　　　　　　　　　　　　　　　　　　　　　　　　　弱

这个序列左边强度最高,越往右,语力强度越弱。同样地,当说话人选用靠左边的情态方式下达禁戒指令时,语气强硬、不容置疑,容易凸显说话人的身份权威;当说话人选择右边的情态方式表达禁戒指令时,话语的委婉程度相应提升,更多地考虑到了受话人的心理感受。其中最右边的"愿不"是陶书中身份地位较低者向上级提出否定祈使的唯一形式,具有较浓的"乞免"色彩。

第三节　指南语体祈使句

一　指南语体祈使句的界定

长期以来,语体研究是修辞学的重要内容之一,语法研究关注的语体多着眼于语法单位的口语和书面语、文言和白话色彩差异。将语体分类纳入语法学研究框架的研究国外学者开始得较早,成果较丰,汉语学界相关研究一直以来处于较为边缘的地位。20 世纪 80 年代以来,汉语语法学者注意到不同语体的语言材料会影响语法研究的结论,朱德熙(1987)、廖秋忠(1988)、胡明扬(1993)较早提倡开展语法研究要分别语体。进入 21 世纪以来,语体语法研究取得了新的成就,陶红印、张伯江、冯胜利、方梅等学者在该领域用力颇勤。陶红印(1999)明确提出整合语体研究和语法研究,指出以语体为中心的语法研究具有重大理论意义,"以语体为核心的语法描写应该是我们今后语言研究的最基本的出发点"。并希望"汉语语法学界的同仁能切切实实地展开基于更细致的语体分类系统上的语法研究"[①]。陶红印(2007)就是在这个指导思想下作出的示范,着手探讨了语体中的一个小类——操作语体中的论元结构特征,进一步强调了在语体的基础上研究语法的重要性。语体研究为汉语语法研究提供了一个全新的视角,加之这方面的研究一般立足于分语体语料库,故而结论可信度较高。

我们在"量词"一章就指出,为贯彻"形神双修"的宗旨,规范上清派道士的个人修行,陶弘景在其所著道书中(尤其是《真诰》的部分卷篇和《登真隐诀》全书)用大量的篇幅详细阐明了修行的一应事宜,包括选择修行地址,建筑修行静室,修炼的具体步骤、实施时间和禁忌,还有上章、制符、驱邪、念咒等,几乎达到了事无巨细又精确无比的地步,为道士个体修炼提供了详细可靠的"指南",是一种"操作指南语体"。这种"操作指南语体"具有简明准确、注重实效等特点,语言上除了对某些词类(如量词)的大量使用以外,进入该语体的句法结构、范畴表达、语法功能都是值得关注的现象,值得探讨。我们尝试借鉴现有的语体语法分析方法和观点,将陶弘景道书中的祈使句依据出现的语体分为对话语体祈使句和操作指南语体祈使句,对话语体祈使句的运用场合满足袁毓林提出的典型语境条件,是祈使句的"典型成员"或"核心成员",上一节我们对其在语料中的分布做了描述。本节我们将首先对操作指南语体祈使句进行定

[①] 陶红印:《试论语体分类的语法学意义》,《当代语言学》1999 年第 3 期。

量描述，并在计量统计的基础上与对话语体祈使句对比，归纳指南语体祈使句的特点。

对于什么是操作指南语体，陶红印（2007）引用 Farkas（1999）给出了如下解释（括号内为陶注）：

> 操作指南语体（有时简称操作语体）指的是用书面语或口语指导用户（读者/听者）完成某个具体任务的语言形式（Farkas, 1999）。例如菜谱是指导读者做菜的，美容产品的说明书是指导消费者正确使用美容商品的，而电脑用户手册是指导用户正确操作电脑的。由于完成任务、达到目的一般需要一些过程和步骤，这种语体也被称作过程语体（廖秋忠，1984/1992），在英语中叫 procedural discourse。①

操作指南语体是科技语体的一种，系书面语体之一。操作指南语体和对话语体两种语体的对立本质上是书面语体与口语语体的对立。操作指南语体祈使句是标准祈使句进入操作指南语体的功能变异，属于祈使句系统内部因表达不同语义功能出现的"变体"。对于操作指南语体中的句子是否属于祈使句可能会有不同看法，陶红印举《齐民要术》的一个语段作为操作指南语体"古已有之"的例子：

> 先为深坑，内树讫，以水沃之，着土令如薄泥，东西南北摇之良久，摇则泥入根间，无不活者；不摇，根虚多死。其小树，则不烦尔。然后下土坚筑。近上三寸不筑，取其柔润也。时时溉灌，常令润泽。每浇水尽，即以燥土覆之，履则保泽，不然则干涸。埋之欲深，勿令挠动。凡栽树讫，皆不用手捉，及六畜抵突。（栽树第三十二）

上面一系列的过程"为深坑、内树、以水沃之、着土"都是采用祈使句形式发出的指令。再引陶红印（2007）中的一个现代汉语操

---

① 陶红印：《操作语体中动词论元结构的实现及语用原则》，《中国语文》2007 年第 1 期。

作指南语段为例进行说明：

577）先打鳝鱼头部，将鳝鱼打晕，把鱼头挂在木板的钉子上，用小刀从脊背划开，去掉大梁刺。

上段话如果换成对话语境，设想一个人现场指导另一个人剖杀鳝鱼，整个语段会分解成一个个的命令单句：

578）打鳝鱼的头！把鳝鱼打晕！把鱼头挂在木板的钉子上！用小刀从脊背划开！去掉大梁刺！

这样的话，每一个单句都是典型的祈使句。早有学者发现了指南语体与祈使句式的关系，如 Jonathan J. Webster（卫真道）在对一份上网指南文件进行分析后指出："在上网指南中，特别是在操作说明中，有一些有趣的词汇—语法上的模式：操作说明都用祈使句式。"[①]又如，王一平考察了HSK（初、中等）主考手册中在应试现场的指令文本（内容是主考对应试者提出的各项要求）的102个句子，"从话语表达看，70个使役言语行为句中，祈使句49个（约占70%）"。"'考场纪律'部分（共12句）都是些严格的规定，较多使用祈使句（10例），而且大多数的指令是仅由核心使役行为语来表达，简洁明确。"[②] 例如：

579）请把手机、MP3、录音笔等电子设备关掉，连同书包、词典等物品放到指定地方。除了准考证、身份证件，手表、铅笔、尺子和橡皮以外，请不要把别的东西放在桌子上。请把准考证、身份证放在桌子的右上角。考试过程中请不要说话，不要观看别人的答卷或举起答卷让别人看。

上例是一份很常见的考场纪律说明，是一种操作指南语体，意在要求他人做某事或不做某事。操作指南语体中的动词谓语句满足祈使句在句法特征和语用功能上的一般要求，也有一些富于特色的差异之处，条述如下：

（1）祈使句主语一般为第二人称或第一人称复数，这个主语通常

---

① ［美］卫真道：《篇章语言学》，徐赳赳译，中国社会科学出版社2002年版，第19页。
② 王一平：《从HSK（初、中等）主考手册的"指令"看——汉语使役言语行为语篇的话语结构和语用表现》，载朱永生等编著《复旦汉学论丛（第6辑）》，复旦大学出版社2008年版，第195—197页。

可以省略或隐含。操作指南语体中的动词谓语句的主语一般缺省，因为该语体以广大读者为潜在的受话人，将其视为广义的第二人称。这个主语虽然既不明确，也不在场，但我们能够确定的是，这个主语绝非第一人称单数或第三人称。有些特殊语境如当代电子媒介中配合视频播放的操作指南脚本也使用第一人称复数作主语，这些文本的核心指令语多由祈使句充当。

（2）祈使句谓语由动词、形容词性词语、副词充当，其中动词通常具有［＋自主］、［＋可控］的语义特征。操作指南语体指导受众某一件事如何完成，核心指令语的动词自然必须满足［＋自主］、［＋可控］的语义特征，如例577）中的"打、挂、划开、去掉"，例579）中的"关、放、说话、观看、举"都是这样的动词。

（3）否定祈使句一般需要在谓语动词前加上禁止词语，除了专职的禁止否定副词，还可以由"否定副词＋情态词"组成。操作指南语体中的否定句与否定祈使句使用同一套否定系统，不会出现"不""没有"直接作否定副词的用例。例如把例578）全部改成禁止指令，必然要使用禁止否定词"别"或"不要"，除此之外没有第二种办法。

（4）祈使句具有［＋当时执行］或［＋未来执行］的时间特征[①]，操作指南语体一般没有指示受话人执行指令的具体时间，是一种包括当时和未来的［＋泛时执行］。

（5）祈使句的语用功能是对受话人的行为下达指令，要求受话人去做某事或不做某事。操作指南语体的语用功能是指导受众如何完成某事，其中包括哪些是可以做的、怎样做，哪些是不能做的。

基于以上5点，我们认为操作指南语体中的动词谓语句与祈使句这个概念的一般特征吻合，是典型祈使句进入操作指南语体的一种功能变异体。"变体"和"本体"的关系是特殊和一般的关系，本质特征与典型祈使句一致，都是一种作用于他人行动的指令语言，出于交际功能的表达需要在某些方面会与"本体"之间形成一定的差异。操作指南语体的言语风格与科学体、法规体有相通之处，都注重表达的严密性和准确性，较少掺杂个人感情。

[①] 参见袁毓林《现代汉语祈使句研究》，北京大学出版社1993年版，第13页。

二 指南语体祈使句概貌

为便于比较,我们参照对话语体祈使句统计项目对陶书操作指南语体祈使句进行数量统计,结果见表5.4。

表5.4　　　　　　　　陶书指南语体祈使句统计表

		零形式	有标记	
肯定祈使句	具体	/	当80\可39\宜27\须16\应13\要11\要当8\可以3\要应2\必1\要宜1\宜当1\宜须1\应先须1\应须1	710（80.9%）
	合计	505（71.1%）	205（28.9%）	
否定祈使句	具体	勿63\不可46\不得13\莫10\不宜10\未可6\不可以5\慎不可2\不须2\可不须2\不必须2\未宜1\慎1\且莫1\不当2\可不1\不必1		168（19.1%）

上表显示,指南语体中祈使句的肯定形式和否定形式之比为8:2,肯定形式占据绝对优势。肯定祈使句中零形式和有标记之比为7:3,肯定祈使句以零形式为主。

（一）肯定祈使句

零形式肯定祈使句是指南语体的典型形式。看下例:

580）此存法,昼夜有闲便为之,先摩掌及热,以摩面目数遍,复切掌又摩,如此四五过,乃度手项后及两鬓,更互摩鬓,向上就经,状如栉头,数十过止,此法虽解,童颜还白之良方也。（登真隐诀·卷中）

对话语体零形式仅8例,占全部肯定句的比例不到10%。相比之下,指南语体零形式数量大大增加,达到了505例。这是因为指南语体的主要功能是说明一个过程,作者尽量采取客观中立的态度描述过程链内部的各个环节。

我们把指南语体中的有标记肯定祈使句也按照情态等级作了分类,相关数据见表5.5。

表 5.5　　　　　指南语体肯定祈使句道义情态层级表

情态	情态词	使用频次	比率（%）
［必要］	必、要、要当、要宜、要应	23	11.2
［义务］	须、当、应、应须、应先须	111	54.1
［许可］	可、宜、且、可以、宜当、宜须	71	34.6

上表显示，指南语体祈使句的标记手段以添加道义情态词为主，但和对话语体祈使句不同的是，少了［请求］类的道义情态，只有［必要］［义务］［许可］三类。除减少一个情态等级以外，各等级情态所占比例也有差异。指南语体中，［义务］道义情态在三个等级中所占比例最高，［许可］次之，［必要］比例最小。如果将零形式看作指南语体祈使句的典型句式，则三种情态中比率最高的［义务］情态在表达上与零形式最为接近，均属相对客观的形式，其次是［许可］、［必要］和［请求］。图示如下：

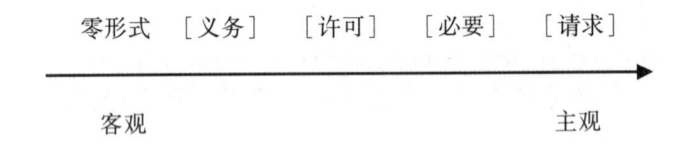

　　　　零形式　［义务］　［许可］　［必要］　［请求］
　　　　――――――――――――――――――――――→
　　　　客观　　　　　　　　　　　　　　　　　主观

［请求］情态是所有义务情态中客观程度最低的一类，故而不为指南语体所取用。这种情态分布特征在当代法律语体中有平行相似的表现。与指南语体相比，法律文本在表述上更加客观中性，一般来说不能夹杂任何个人情感和评价成分。根据赵微（2010）对五类十一部法律文本中情态词的频次统计数据，"应当"和"可以"是最主要的情态用词，占全部肯定义情态词用例的91.1%。[①] 此二词分别代表

[①] 参见赵微《指令行为与汉语祈使句研究》，上海社会科学院出版社2010年版，第109—110页。这五类十一部法律文本分别是《中华人民共和国宪法》《中华人民共和国刑法》《中华人民共和国民法通则》《中华人民共和国行政处罚法》《中华人民共和国行政复议法》《中华人民共和国行政监察法》《中华人民共和国行政许可法》《中华人民共和国国家赔偿法》《中华人民共和国刑事诉讼法》《中华人民共和国民事诉讼法》和《中华人民共和国行政诉讼法》。赵的统计包括"应当""必须""应""得""须""需""要""可以""能""能够"和"可"，通过汇总我们得到这11个词的使用频次合计1455次，其中"应当"803次，"可以"523次。

[义务] 和 [许可] 两种情态，由于立法语言固有的 [客观] [权威] 风格，我们有理由认为，[义务] 和 [许可] 两种情态具有相对较高的客观程度。陶书操作指南语体的肯定义祈使句中这两种情态合计88.7%，深层次的原因是 [义务] 和 [许可] 两种情态的客观性与指南语体的风格需求相一致。

（二）否定祈使句

指南语体中否定句比例偏小，仅为20%。这与指南语体的功能相适应，在写作过程中，作者作为知识传授者，自然从肯定角度告知读者应该怎么做，不能做什么只是补充说明。对话语体中肯否定之比各占一半，这可能是因为在面对面的情境中，受众一方的错误观点或行为更容易暴露，也更容易得到指导一方的当面纠正。指南语体的否定祈使句多用于指明修道过程中的禁忌，如下例：

581）服仙药常向本命，服毕，勿道死丧凶事，犯胎伤神，徒服无益。（登真隐诀·卷中）

582）斋者不宜杂不斋者而相混，并未体正道，后宜改之。（真诰·卷十）

583）如此，出入静户并不可反顾也。（登真隐诀·卷下）

禁忌程度不一、或作者态度不一导致选择不同的否定情态词，也能归入道义等级，使用频次和比率见表5.6。

表5.6　　　　指南语体否定祈使句道义情态层级表

等级	标记词	使用频次	比率（%）
[禁止]	勿、莫、慎不可、且莫	76	45.2
[告诫]	不得、不可、未可、不须、不宜、未宜、不必、不应、不可以、不当、不必须、不	88	52.3
[劝免]	可不须、可不、慎	4	2.4

上表显示，与对话语体 [禁止] 情态占据70%的绝对优势相比，指南语体中 [告诫] 情态所占比重较大，[禁止] 类略逊一筹，比重最小的是 [劝免] 类，仅2.4%。就具体词语的使用频次来说，指南语体中使用频率最高的三个词分别是"勿""不可"和"不得"；对

话语体排名前三位的词语分别是"勿""不可"和"慎勿",指南语体"不得"的使用频率相对有所上升。"不得"的例子如下:

584)出静户之时,不得反顾,忤真光致不诚也。(登真隐诀·卷下)

585)初入静户,不得唤外人,及他所言念,则犯灵气,故不得祯祥。(登真隐诀·卷下)

586)此亦应检长历,从初生日便计,计百八十二日辄一断,至今年数满而用之,不得即取今年生月日为始也。(登真隐诀·卷下)

587)此章自不过两纸,所丸亦无多,必应一过顿服,以清水送之,不得分为两三也。(登真隐诀·卷下)

"不得"表示"不许"的道义情态义始自战国时期,《韩非子》中就有类似法律语体的用例,此后一直沿用至今,现在的法律条文主要使用"不得"来表达否定禁止。还是引用赵微(2010)的统计数据,十一部法律文本中表示禁止的情态词有"不得""不能"和"不应"3个,分别出现151次、12次和1次,"不得"占92.1%。与"应当"一样,"不得"如此频繁地用于立法语言,说明"不得"表达了[客观][权威]的情态义。在"勿"和"莫"在汉语史上衰落之后,"不得"便成为客观权威语体的首要否定用词。"慎勿"因主观程度较高未能进入指南语体。

三 指南语体祈使句特征

"语体是全民语言的言语功能变化,它在本质上只是受功能性因素制导而形成的全民语言的言语变异特点的体系,这个特点体系只是与一定领域、目的、对象表现出相对稳定适应关系的同义成分在选择运用上频率差异性的'固化'物。"① 语体作为一种特殊的语用"变体",它势必制约内部的诸语言要素(词语、句式、语音手段、辞式等),不同的语言要素通过不同的使用频率、不同的形式特点显示和语体的适应关系。对话语体祈使句是祈使句的原型范畴形式,是"祈使句"家族中的典型成员。如袁毓林认为祈使句出现的典型语境是受

---

① 李熙宗:《关于语体的定义问题》,《复旦学报(社会科学版)》2005年第3期。

话人［＋明确］［＋在场］，这意味着他的考察对象"核心祈使句"就是对话语体祈使句。指南语体是一种实用性较强的语体，它是指导人们从事一切操作活动的语言变体，涉及农业、工业、军事、日用等诸多方面。简而言之，对话语体祈使句与指南语体祈使句是典型与非典型、正体和变体的关系。指南语体的词语、语法形式、篇章结构的选择服从准确、客观、简洁、周到地表述操作内容的需要。指南语体的结构要素往往按照一般的事理顺序组成篇章，可以分成三个部分：①前提，②过程，③后果。其中过程部分是核心结构要素，可由一个或多个祈使句构成，多个祈使句一般按照时间先后顺序组合。前提和后果部分有时运用陈述句作出说明，疑问句和感叹句基本不采用。祈使句是指南语体的必要成分，负责详细地阐明操作的流程及注意事项，下达准确无误的指令，它的运用有助于受众照章行事，减少无关因素的干扰。祈使句是操作指南语体的核心句式，陈述句是辅助句式。指南语体祈使句服从该语体的功能需要，表现出与对话语体祈使句相区别的种种特征。

我们对陶弘景道书中对话语体与指南语体祈使句情态与结构两项指标作了定量统计，结果见表5.7。

表5.7　　　　对话语体与指南语体祈使句各项指标对比

			指南语体	对话语体
情态	肯定	必要	11.2%	1.3%
		义务	54.1%	19.2%
		许可	34.6%	24.3%
		请求	0	55.2%
	否定	禁止	45.2%	70.2%
		告诫	52.3%	20.2%
		劝免	2.4%	9.6%
	肯否比		81：19	51：49
结构		动量	10.7%	0.5%
		使役	22.4%	11%

鉴于对话语体较为典型，相关论述较多，我们这里主要讨论指南

语体祈使句的特征,对话语体作为参照系。

(一) 句法特征

1. 祈使句的"减价"特征

陶红印(2007)在 Longacre(1983)归纳的指南语体话语特征的基础上探求汉语操作语体动词论元结构的实现特征,他提出了三点(括号中的注语为陶注):

(1) 以单论元为基本格式:(X) +V;

(2) 抑制及物动词的施事(所谓的A);

(3) 突出受事论元。表现在四个方面:及物受事比及物施事更容易出现;利用"将"字句、"把"字句和"被"字句等特殊句式把受事移到及物动词前;不用"将""把""被",受事直接放在动词前;受事成分变成不及物动词(含形容词)的主语成分(系事S),也放在动词前。

我们认为陶氏关于操作语体中谓语动词的根本特征的观点有待商榷。陶氏还为他的单论元结论提供了数据方面的证明,我们认为这一方面是因为二价动词数量较多;另一方面是他的"单论元"结论适用范围太大。陶氏补充指出:"'(X) +V'是一个广义格式,指在表层上包含不超过一个的动作参与者,这个唯一的动作参与者可能是及物动词的某个出现的论元,也可能是不及物动词的单论元,单个论元(或无任何论元)跟动词一起出现。"这样把一价动词和二价动词都包括进去了,这样"无所不包"的结论太过泛化,缺乏解释力。我们认为,前两点可以归结为一句话:施事基本上不出现,受事成为动词唯一的论元。如果将祈使句视为操作语体的主要句子形式,以上特征迎刃而解:为何操作语体中施事常常受到抑制而不出现?因为祈使句省略主语是常态,尤其是在书面色彩的操作语体中,这种主语因为是[-明确][-在场]的读者,作者通常采取默认的态度,即陶红印所说的"假定是任何人都可以做的"。因为祈使句施事主语往往缺省,这些动词进入祈使句后自动"减价":原来的一价动词变成没有论元,二价动词只剩一个论元,三价动词会剩下两个论元,而不是全部变成一个论元。结合一价动词多为位移动词的特性,我们提出假设:运动指南语体中应该集中了数量可观的无论元动词谓语句。我们检索了"瑜伽"和"健美操"指南文本，大体验证了我们的假设。现举两例如下：

588）站立，双腿并拢伸直，使身体保持一条直线。吸气，右臂从侧旁向上伸展；呼气，身体再向左弯腰，保持3个深呼吸。做另一侧。(《初级瑜伽经典教程》)

589）直立，沉肩，立腰，两脚并拢，松膝，上体稍后屈25°。(《健美操实用技法解析》)

可见，把操作语体中论元的变化处理成"减价"现象更合适。"减价"是祈使句这个句类比较常见的现象，根本原因是祈使句的主语通常省略不说。

陶红印提出的第三点是受事成分得到彰显，"在操作语体里，恰恰是受事（以及跟受事相关的系事）在多数情况下是篇章的话题核心"。"大量的受事所指几乎被赋予了施事的色彩，至少我们看到在操作语体里对受事主语的容忍度大大增加了。"[①] 陶红印给出的例子有一些是操作语体中的说明部分，多由陈述句充当。我们调查了陶书指南语体祈使句，发现受事作主语的倾向并不突出。我们仅检索到12例受事主语的例子，占全部用例的1%。例子如下：

590）青绢三十尺，酬鬼帅范疆近执戮百恶，灭讼散祸，有功。(真诰·卷七)

591）药四丸，日服一。(真诰·卷七)

592）右二物，细切芝竟，仍以玉浆一斗渍之一宿，埋阴垣之阳，去垣三寸，入土一尺，以白瓦器容四斗许盛。仍以瓦盘盖之，蜡密封之，上土令厚二寸。(冥通记·卷四)

593）天地间自有一切老精，皆能作诸变怪，侵犯人家，求索祷祀者，宜收执之。(登真隐诀·卷下)

这类句子作为主语的受事多为无生名词，提到句首可能由于受事太长或是为了强调"处置"义，因为用例不多，此不详述。

2. 动词语义特征

陶红印的"单论元"之说尝试从论元角度分析操作语体的句法特

---

① 陶红印：《操作语体中动词论元结构的实现及语用原则》，《中国语文》2007年第1期。

征,他的研究越过了小句这个层级,企图将论元与语体直接挂钩。这样的做法混淆了语言的不同层级,"语体是一个系统,它是由若干相互作用的语体要素组成的具有一定结构与功能的整体"①。对语体系统的考察离不开句子层级,根据邢福义的"小句中枢"理论,只有小句能控管其他语法实体,成为其从属或依托的核心实体。② 对语体的研究不能脱离句型、句式,句型、句式是语体的直接构成单位,语体对句型、句式的使用施加约束。分析操作语体中谓语动词的特征需要联系该语体的句类特征。我们的观点是:祈使句是操作语体的基本句法形式,操作语体中谓语动词的性质应与祈使句的动词性质保持一致。什么样的动词能进入祈使句,袁毓林(1993)的结论影响较大。他指出,能进入肯定祈使句的动词需要满足[＋述人][＋可控][＋自主]三个语义条件,如"走""坐""吃""切""借""送"等。我们据此对《真诰》中较为典型的操作语体(第九章)中的肯定祈使句作了统计,离析出以下核心动词:

按、把、拜、乘、出、登、顿住、反张、服、行、呼、进、临、眄、摩、示、拭、书、为、卧、开目、叩齿、理发、临目、摩拭、蹑(捏)、屈动、趋行、入(户)、伸手、漱液、吐气、微呪、微祝、洗澡、宣摇、旋、咽、咽液、掩、摇、用、浴、呪、煮、祝、琢齿、作、坐、存日月、越网蹈星、止、栉发、栉头理发、顺发就结、安身微气、闭目内视、逆乘额上、清斋休粮

这些动词都能满足[＋述人][＋可控][＋自主]三个特征。此外,作为道家修行指南文本,这些动词还多了[＋书面][＋道家]两种语体色彩:书面色彩集中体现在"四字格"词语的出现,如"顺发就结""安身微气";道家色彩体现在这些动词如按摩、导引、行气、存日月都是道门特有的动作,"越网蹈星""清斋休粮"等宗教术语非道门中人士则不知所云。

---

① 袁晖、李熙宗主编:《汉语语体概论》,商务印书馆2005年版,第33页。
② 参见邢福义《小句中枢说》,邢福义《邢福义学术论著选》,华中师范大学出版社2003年版,第5—8页。

袁毓林还指出："自主动词既能进入肯定式，又能进入否定式，非自主动词只能进入否定式，不能进入肯定式。"我们对《真诰》第九章的否定句进行了检索，共检得9个动词：

疑、道、反顾、失、语、解发、见、违、休

其中"疑、失、见、违、休"符合［＋述人］［＋可控］［－自主］的特征。例子如下：

594）操志入山，唯往勿疑，乃获至真。

595）卧觉，辄按祝如此，勿失一卧也。至于视星，入室任意耳，唯以熟感为上耳，亦不必须都见星，然后速通也，视之亦审耳。

596）次服饮饭，兼谷勿违，益髓除患，肌肤充肥。

597）寒裳七度，耽凝洞楼，内累既消，魂魄亦柔。守之不倦，积之勿休。

其中，例595）中肯定句用"视"，否定句用"见"，这种选择很能说明问题。《说文》："见，视也。"段玉裁注："析言之，有视而不见者；浑言之，则视与见一也。""视而不见"说明"视"是有意识地发出的看视动作，"见"则是无意识行为。

由此可知，语体与语体内部句式之间存在相辅相成的关系。祈使句是操作语体的物质基础，操作语体要以祈使句的语言特点作为物质体现和依托。构成操作语体文本的过程叙述必须以祈使句的形式展现出来，舍此别无选择。同时，操作语体又对祈使句的成句要素形成制约，如动词的书面语色彩和特定的内容限制。

3. 两种综合句式

为了表达上客观、准确的需要，操作语体经常运用综合句式。即句子内部的核心谓语动词常常和别的成分共现，形成成分多样的句式。这里我们讨论两种句法形式：指令—动量式和指令—使役式。我们统计了这两种形式在陶书操作语体祈使句中的分布，见表5.8。

表5.8 指令—动量式和指令—使役式在陶书操作语体祈使句中的出现次数

共现成分	合计	零形式肯定祈使句	有标记肯定祈使句	否定祈使句
动量	94（10.7%）	83	5	6
使役	197（22.4%）	105	53	39

指令—动量式（V+M）

"动量"是以谓词为中心的范畴之一，意在对动作行为作出量化。我们在考察"量词"时注意到，陶书动量词的使用占到全部动量描写的70%还多，"V（+O）+数+量"是书中动量词的主流结构。动量词及动量结构主要分布在操作语体中，用于说明修道过程中的叩齿、咽液、按摩、行气、诵经等修行环节。在操作语体中，动量的作用是解决"做多少"的问题，对修行过程进行量化。如：

598)《大洞真经□高上内章》"遏邪大祝上法"曰："每当经危险之路，鬼庙之间、意中诸有疑难之处，心将有微忌，敕所经履者，乃当先反舌内向，咽液三过，毕，以左手第二第三指蹑两鼻孔下人中之本（鼻中隔孔之内际也）三十六过，即手急按，勿举指计数也。"（真诰·卷十）

上面这个语段含有两个"指令—动量"式，动量成分"三过"和"三十六过"充当指令动词的补语，补充说明"咽液"和"蹑人中"两个动作进行的次数，使表意准确、严密。

我们猜测，动量词的兴起与"修道指南"这种语体有关。刘世儒指出："动量词的发展是异乎寻常地迅速的。它一经产生就马上成了语言中极为活跃的因素。南北朝虽然是动量词刚刚产生、发展的阶段，但到了中晚期就已经形成为一种明确的范畴。"[①] 刘氏的观点表明，动量词甫一诞生即迅速发展、成熟，速度之快，异乎寻常。动量词快速发展的时间正好是修道指南文本大行于世的时间，这可能不是巧合。在篇章分析学者眼里，句法的形成大部分"是在语言运用过程中形成的，是语言运用的结果"[②]。虽然这种"修道指南"披着宗教的外衣，但其本质上是一种科技语体。古代汉语的科技语体远未形成现代意义上的科技语体那种独特鲜明的语言表达体系，在语言材料、表达方式的选择运用上还表现出较大的随意性，但是在特定交际目的、表达任务的影响下还是会出现一些不自觉选择下的语言运用特点，呈现出一些与其他文体不同的个性表达。具体来说，科技语体对语言运用的要求是："对客观事物现象和规律的记述、论证力求确切、

---

① 刘世儒：《魏晋南北朝量词研究》，中华书局1965年版，第43页。
② 廖秋忠：《篇章与语用和句法研究》，《语言教学与研究》1994年第4期。

简洁；而由于科学性的要求，这种记述和论证，又必须概念明确、判断恰当、推理周密，表现出建立在严密逻辑思维基础上的特有精确和严密。精确严密和简洁性是科技语体根本要求。"① 追求表述的严密和简洁当然也是"修道指南"语体的内在要求，正是在这种语用要求的驱使下，此类文本的撰述大量使用了当时刚刚萌芽的动量词。我们检索了《中国基本古籍库》，魏晋南北朝时期动量词使用频率最高的文献无一不是道教文献，如晋蒋宗瑛校勘《上清大洞真经》、佚名《大有妙经》《九经中经》；北朝寇谦之《老君音诵戒律》、陆修静《太上洞玄灵宝受度仪》、北周武帝宇文邕敕纂《无上秘要》等，多数动量词出现在道经关于修炼方法的指南语体中。在当时清整与规范道教门派的大背景下，传统的"数+V"不能满足修道指南语体精确、严密的要求，我们在"量词"一章中分析过不使用动量词的"数+V"式和"V（+O）+数+量"或"数+量+V（+O）"最大的区别在于前者在表达上不如后两类精确。"数+V"式作为一种传统的动量表达方式，在指南式语体中遇到的最大挑战就是它不能精确表达修道过程中动作的量，尤其是对于分辨离散量和连续量无能为力。动量词的适时兴起正好解决了这个问题，该词类对于动作行为的准确量化契合"修道指南"语体表达严密的要求，往大处说，是迎合了规范道教仪轨，扩大道教影响的历史需要。从这个意义上说，如果要考察动量词的发展历史，则为其发展壮大提供环境的指南语体功不可没。

此外，考察动量词的语体分布有助于分化现代汉语量词研究中一些棘手问题。如"进一趟城"（记为VMN）和"进城一趟"（记为VNM）这两种动量成分和宾语的语序的研究一直难有定论。这两种语序（或者说结构）的根本对立特征是什么，分别有学者从指称、信息、名词长度、时态等角度展开考察，均不能给出令人信服的结论。② 我们认为，可以考虑从语体入手，考察两种结构的语体分布倾向。南北朝时期，动量词只有两种结构："V（+O）+数+量"和

---

① 李熙宗：《关于语体的定义问题》，《复旦学报（社会科学版）》2005年第3期。
② 参见张伯江、方梅《汉语功能语法研究》，江西教育出版社1996年版，第113—129页。

"数+量+V（+O）"，即 VNM 和 MVN，如"咽液三过"和"三过叩齿"，VMN 此期尚未产生，其产生年代约在唐末。① 陶书 VNM 和 MVN 的使用频次分别为 115 和 13，比率为 9∶1。我们在"量词"一章尝试总结了后一种结构用例何以如此稀少的原因，根据语料归纳得出后一种结构中动词多为单音节和表示已然时态两种倾向。现在联系语体来看，指南语体中 VNM 结构的使用是自由、没有限制的；MVN 的使用则是不自由、有条件的。同一时期同为操作指南语体的《齐民要术》在对 VNM 和 MVN 的使用频率方面与陶书大致不差，二者之比为 28∶13，前者的使用频次是后者的一倍还多。到了唐代，同样语体中 VNM 的数量相比前期又有增长。如：

599）两手攀头下向三顿足，两手相捉头上过左右三遍，两手相叉托心前推却，挽三遍，两手相叉着心三遍，曲腕筑肋挽肘左右亦三遍，左右挽前后拔各三遍，舒手挽项左右三遍，反手着膝手挽肘覆手着膝上左右亦三遍。（《千金要方·按摩法》）

上句中除了"三顿足"仍是旧式的"数+V"结构，其他全部采用 VNM。这种结构按照汉语句子信息分布的"尾焦"原则来看，位于句末的动量成分（如上文的"三遍"）是整个句子的焦点，是作者着意强调的信息。强调动作的量成为 VNM 有别于其他动量结构的显著特点，也契合操作语体的语言表达要求。现代汉语中，"数+V"结构除了在一些正式场合的仪式用语中出现，一般很少见到；MVN 彻底消失不见，后起的 VMN 与 VNM 共存。VNM 仍然在操作语体中占优势，该结构的表达特点与操作语体的语体特点一致，可以概括为［+准确］［+客观］。张伯江认为有些 VNM 不能成立，如"看病人两趟""包饺子三次"，我们认为这些实例的可接受程度可能因语体而异，如在记录体文字中这两个实例就可以成立，因记录体文字与操作语体对文字表述［+准确］［+客观］的要求是一致的。但该结论仅适用于要求表述准确严密的语体，如操作语体、说明语体、记录语体等，叙述语体中情况要复杂得多，该语体中 VMN 和 VNM 两种结构

---

① 张伯江认为太田辰夫《汉语史通考》第 119 页引《祖堂集》"者个子好与一顿棒且放过"是最早的 VMN 的例子。参见张伯江、方梅《汉语功能语法研究》，江西教育出版社 1996 年版，第 129 页附注。

的选用规律仍有待研究。

指令—使役式（V + C）

陶书指南语体祈使句中使役式出现的频率较高。指令和使役有相通之处，均表达了言/作者的"意志"倾向。使役式这种结构加上祈使语气就成为祈使句，如"叫他过来！""别让它跑了！"都是这种指令—使役式的例子。事实上有几位学者已经注意到使令句与祈使句有相通之处，如邓守信（1991，1994）、谭景春（1995）。谭景春从表达用途和动词性质上提出，"可以把使令句理解成'主语 + 使令动词 + 宾语 + 祈使句'，即把 V_2 部分看成一个祈使句"。但他也同时指出，"由于使令句是间接的祈使，在人称与时态上与祈使句不同"[①]。我们将要讨论的"指令—使役式"在操作语体这个大环境的限制下，"指令"部分是主要的，"使役"部分是对前者的补充说明，不是句子的必要成分。如下面这个句子：

600）成（盛）治术一斛，清水洁洗令盛。（真诰·卷十）

例 600）中的"盛"是形容词，意思是干净。[②] 如果去掉"令盛"说成"清水洁洗"，句子依然成立且意思大致不变；但是如果单说"令盛"则让人不知所云。因此指令—使役式的人称、时态方面由"指令"部分决定，与祈使句相同。如果说指令和动量成分的糅合是为了说清"做多少"的问题，那么使役式就是为了解决"做成什么样"的问题。陶书中指令—使役式可记作"$V_{使}$ + NP + C"或"V，$V_{使}$ + NP + C"，并以后者为常见，使役动词由"使"和"令"充当。NP 是使役的对象，在语义上有两类：一类指人，或是道家认为像人一样有自主活动能力的鬼怪精灵。一类指无自主活动能力的事物，多是人体的某一部位，如眼、耳、口、鼻等；还可以是仅存于道士意念中的事物，如日月、日芒等。NP 有时出现，有时不出现，不出现的时候多为承前省略或默认，一般默认为修道者。C 是使役的内容，可以是 V 的结果或过程，由位移动词、形容词等充当。整个句式不仅要

[①] 谭景春：《使令动词和使令句》，载《语法研究与探索（7）》，商务印书馆 1995 年版，第 135 页。

[②] 陶弘景注释指出："'盛'字是净义，中国本无'净'字，故作'盛'也，诸经中通如此。"

求受众实施某种行为，而且这种行为要引起受众以外的参与客体发生某种变化。因为这个原因，C 中的动词往往具有 [-自主] [-可控] 的语义特征。例子如下：

601) 良久，总五星各一芒，使俱入口而咽之，如镇星，星过数也。（真诰·卷九）

602) 卧起，先以手巾若厚帛拭项中四面及耳后，使圆匝热温温然也，顺发摩项，若理栉之，无数也。（真诰·卷九）

603) 至明日午时，又以铜器盛煎之，令火齐器底，勿令火艳出器边也。（冥通记·卷四）

604) 修真法时，但默行，莫令人知。（冥通记·卷四）

例 601) 使令的对象承前省略，指上文的"芒"，使令的结果是"芒"的位置和状态发生变化——"使俱入口"，"咽"不在"使"的辖域之内。但"入口"这种变化不是自发的，是受到了默认的致使主体——修道者的意念驱使而引发的。例 602) 指令句的核心动词是"拭"，"拭"这个动作应该达到的效果是"圆匝热温温然也"，即以脖子一圈发热为"拭"的目标，"热"同样不是自发出现的。例 603) 同时有一个肯定使役式和一个否定使役式对举，两个使役式都是对核心动词"煎"的补充说明，"齐"和"艳"都不是"火"能发出的动作，需要在人的干预下才能达到。例 604) 中的"莫令人知"补充说明什么是"默行"，虽然 NP 是具有主观能动性的"人"，但"知"却不是一个具有 [+主观] [+自主] 特点的动词，在使役式中表达被动意义。这类指令—使役式指导施事主体在具体修行时如何处理与第三方客体的关系，无论第三方是人还是事物，都只是一种被动接受役使的客观对象。

以上讨论了两种句法形式：指令—动量式和指令—使役式，前者指明了"做多少"，后者明确了"做成什么样"。这两种成分都受到祈使句核心谓语动词的管辖，是对指令部分的有益补充，符合操作语体 [客观] 和 [准确] 的要求。对话语体祈使句的句式构造较为简洁，其中指令—动量式仅占 0.5%，指令—使役式比率稍高，达到 11%，但远不及指南语体祈使句的比例。对话语体是一种口头语言，话语容量受到传播方式的限制，不大使用句式复杂的指令。

（二）语义特点

对话语体中的典型祈使句由于具体对象的不同、说话人的心理和主观期望值的不同需要表现出不同的主观态度，为配合不同的主观态度句子需要添加不同的情态手段。指南语体不直接与受话人面对面，较少考虑这些交际因素，但并不是说指南语体不带丝毫主观性，作者对不同环节的重视程度仍然需要情态成分来表现。总的来说，对话语体祈使句强调意志的传达和受众的反应，凸显的是"人"，指南语体强调整个事件过程的细致说明，凸显的是"事"。

1. 客观 VS 主观

"'主观性'是指语言的这样一种特性，即在话语中多多少少总是含有说话人'自我'的表现成分。也就是说，说话人在说出一段话的同时表明自己对这段话的立场、态度和感情，从而在话语中留下自我的印记。'主观化'则是指语言为表现这种主观性而采用相应的结构形式或经历相应的演变过程。"[①] 语言的主观性是绝对的，客观性则是相对的，我们这里所说的"客观"是指较低的主观化程度。我们通过祈使句的"情态"标记来管窥两种语体的主观化表现。

表5.7显示，指南语体的道义情态集中在［义务］［许可］和［告诫］三类上，与法律语体的情态分布有一致之处；两种主观化程度较高的情态［请求］和［禁止］类，前者未在指南语体中出现，后者出现的概率少于对话语体；另外，指南语体大量使用了无标记肯定祈使句，与对话语体的零星用例形成了强烈的反差。这三种现象说明指南语体的情态分布倾向于客观，而客观地说明一个事件的具体经过是指南语体最重要的语用功能。

这一点对话语体与指南语体很不一样，可以说恰好相反。对话语体凸显"人"的因素，自然要通过祈使句的各种成分传递说话人的主观态度和对听话人的关注。对话语体中，［请求］道义情态占了一半还多的比例，其他三类合计不到45%。在对话语体中，言者和听者是一种言语上的互动关系，这种关系决定了对话语言势必带有"交互主观性"，这种"交互主观性"指的是"说/写者用明确的语言形

[①] 沈家煊：《语言的"主观性"和"主观化"》，《外语教学与研究（外国语文双月刊）》2001年第4期。

式表达对听/读者'自我'的关注,这种关注可以体现在认识意义上,即关注听/读者对命题内容的态度;但更多的是体现在社会意义上,即关注听/读者的'面子'或'形象需要'"①。对话语体中比例较高的[请求]情态主要是一种社会意义,这种社会意义就是更多关注"人"的因素,既维护对方的"面子"尊严,又为自己留下回旋的余地。对话语体祈使句既注重"主观性",也注重"交互主观性",指南语体很少体现"交互主观性",体现主观性的情态成分相对客观。

2. 详细 VS 简洁

语体研究中"传媒"是一个基本的考察向度,"所谓传媒指信息传递所凭借的媒介或者工具。因传媒的有无,可以将交际形式区分为直接和间接两类。直接交际是交际双方直接的交流,口耳相传,没有媒体介入……间接交际是交际双方间接的交流,有媒体介入。媒介不同,语篇也会呈现出不同的特点。书面语有媒体介入,是通过书写和阅读的间接交际"②。对话语体和指南语体的对立就是因为"传媒"的不同,体现了直接交际和间接交际的对立。同样是要求人做某事,对话语体中不会使用太长的句子,指南语体则需要尽可能详细地作出说明,扩大句子传递信息的容量。这样造成两种语体在语义表达上详细与简洁的对立。比较下面两句:

605)丞前进曰:"今夕有高真来,可起,可起。"(冥通记·卷二)

606)云吐气者,向初存时,既闭口合齿,又当闭气,须存想竟,乃通气开齿,漱满口中津液,乃服咽之。(登真隐诀·卷中)

例605)和例606)最直观的差别是两句的句长不同,对话语体句子短,指南语体句子较长。例605)说话人的指令非常简洁,要求正在行礼的受话人起身。例606)则包括"存、闭口合齿、闭气、通气开齿、漱、服咽"6个连贯动作,每个动作的实施还有详细的要求。这样复杂的操作指令只能借助媒介的帮助,如用纸笔书写下来才

---

① 转引自吴福祥《近年来语法化研究的进展》,《外语教学与研究(外国语文双月刊)》2004年第1期。

② 方梅:《语体动因对句法的塑造》,《修辞学习》2007年第6期。

能保存、阅读和推广。在书写过程中，书写者摆脱了直接交际中对指令容量的限制和人际因素的干扰，尽可能详细周到地交代事件过程的具体环节和注意事项；于阅读者而言，由于不能面对面地交流，这样的说明亦是愈详细愈好。

综上所述，陶书指南语体祈使句作为一种特殊语体下的句式，在句法形式方面既具有典型祈使句的共性特征，如论元的"减价"特征和［＋述人］［＋可控］［＋自主］动词的使用；也表现出指南语体对该句类的特殊要求，如"指令—动量式"和"指令—使役式"两种综合句式的运用。语义表达方面较之于对话语体的主观、简洁特点来说，显得客观、详细，体现了指南语体［准确］［客观］的风格要求。"将语体的本质和语境、功能三者联系起来看，它们之间的关系是：类型化的语境要求运用于其中的语言有着特殊的功能，这些功能通过相应的语言手段得以实现。"[1] 祈使句作为一种形式句类，在对话语体和指南语体两种语体中表现出种种形式、意义上的差异，这些差异归根结底都能从两种语体的社会功能上得到解释，体现了语体对句法的塑造作用。我们的研究尝试分化祈使句的语体差异，虽然只考察了陶弘景的三部道书，但我们相信对于现代汉语祈使句的分语体考察同样具有启示作用。

---

[1] 曾毅平：《语言材料语体分化论析》，《福建师范大学学报（哲学社会科学版）》2008年第2期。

第六章 指南语体篇章研究

第一节 指南语体的篇章结构

一 指南篇章的界定及特点

上一章我们在语体的框架内讨论了陶书的祈使句,指出对话语体中的祈使句是原型的、核心的祈使句,操作指南语体中的祈使句是边缘的、"变异"的祈使句。并指出,祈使句是构成操作指南语体必不可少的组成部分。我们所说的"操作指南语体"这一概念来自陶红印(2007):"操作指南语体(有时简称操作语体)指的是用书面语或口语指导用户(读者/听者)完成某个具体任务的语言形式(Farkas, 1999)。"这一定义将"语体"这一概念视为具有某种功能的语言形式,但这种语体在形式上具有哪些有别于其他语体的特点,陶氏没有给出明确的答案。"语体"与"篇章"这两个概念近年来常被语言研究者相提并论,它们是既有联系又有区别的两个概念。我们认为,"语体"这一概念突出的是对语言"质"的要求,强调语用风格;"篇章"则是语体的形式外壳和物质载体,更注重"形",是研究语体的语言单位。有操作指南语体,就有相应的操作指南篇章,二者互为表里,各有所指。既然语体是不同言语功能的"变体",篇章自然就是不同言语功能的形式载体,Halliday (1981) 强调要从功能的角度来看待篇章:"任何一个篇章都可以被赋予一个特定的功能,即,它完全是,至少主要是,为了实现某个交际目的。"[①]

[①] 转引自姜望琪《从句子语法到篇章语法》,《中国外语》2007年第5期。

第六章 指南语体篇章研究

陈平（1987）认为："由前后相连的句子构成的段落，如果在语言交际中表现为一个相对独立的功能单位，我们便称之为篇章。"①Heinemann/Viehweger（1991）归纳出篇章的4种基本功能：表达、联络、传信和驱动②，钱敏汝（2001）在此基础上讨论了具有驱动功能的篇章，他说：

> 具有驱动功能的篇章指能够保证有效地对篇章接受者的行为产生影响的，或至少是含有这方面意图的篇章。它同时提示某人有作出某个行为的义务或责任，最终篇章接受者大都能够履行这个行为。属于此类型的有能提供指示的说明书（所有与行为有关的指导或指示说明书，如指示如何做一件工作或者指导如何写一篇文章）、指令性的命令和要求等，这类篇章的生产者一般拥有特殊的行为或决策能力，才能使所提出的要求具有约束力，这类篇章的接受者总是有义务或者被迫按照要求去做某事。③

他同时指出："这些基本类型之间的界限是模糊的，所以它们相互之间的区别只有通过首要标准才能确定。"④ 操作指南篇章主要承担驱动功能，即促使交际伙伴做某事。"驱动"是篇章生产者的主要目的，为了达到这一目的，篇章生产者还需要借助篇章的"传信"功能，传递关于人、物、思想的各种信息，从而更好地实现"驱动"的目的。从这个意义上来说，操作指南语体的表现形式就是一个个"驱动—传信"篇章。直观来看，"篇章"一般由一个或一个以上的小句构成，但小句是否就是篇章的直接构成单位学界有不同看法。许余龙（2010）认为："正如我们不应该把句子看成是由音位构成的超级语音单位一样，我们也不应该把篇章看成是由句子构成的超级语法单位。因而，严格说来，篇章并不是一连串句子的组合，而是一个语

---

① 陈平：《现代汉语零形回指的话语分析》，载《现代语言学研究——理论·方法与事实》，重庆出版社1991年版，第67页。
② 转引自钱敏汝《篇章语用学概论》，外语教学与研究出版社2001年版，第293页。
③ 钱敏汝：《篇章语用学概论》，外语教学与研究出版社2001年版，第296页。
④ 同上。

义上的统一体。"① 廖秋忠、陈平也认为在篇章和句子之间还存在着"段落"这样的中间层次。"语义统一体"这一说法太含糊，难以把握；"段落"与"篇章"的界限难以把握，所以篇章和小句之间的关系究竟如何界定尚需进一步研究。我们把"操作指南篇章"界定为："由多个具有内在联系的祈使句充当必要成分，根据需要添加信息说明为外围成分，指导读者完成某项操作任务的语言片段。"在陶弘景的三部道书中，分散着一些具有指导说明功能的语段，这些语段在形式上是一个大于句子的"统一体"，脱离具体的言语环境之后仍然能够保持结构的独立性，语义上能说明一个完整的操作流程，每一个这样的语段就是一个操作指南篇章。我们从陶书析出126个操作指南篇章，出自《真诰》的有82篇（80篇源自九、十卷），出自《登真隐诀》的有44篇，其中最长的一篇篇幅为1500字左右，包括40多个单、复句。短的仅30余字，由一个较长的复句构成。

操作指南篇章在结构上有以下特点：①篇章的主要功能是"驱动"，所以操作指南语篇必需至少包含一个祈使句，句子的主语（同时也是篇章的接受者）一般呈缺省状态。②篇章中的名词成分多是话题主语或动词的宾语成分。③外围成分担负着配合操作过程，补充说明的任务，一般由陈述句构成。

操作指南语篇在语用预设上也有一些独特之处：①句子主语的缺省并不意味着缺位，在篇章生产者的头脑中预先存在特定的篇章接受人群，针对特定的人群提出一些操作上的要求。拿陶书来说，预设的篇章接受者是修习上清派的道士。这种针对特定人群的预设是篇章作者在写作篇章之前就设定好的，所有阅读篇章的读者都要符合作者心目中的这种预设，否则双方无法对话，交际目的无法实现。有了这种预设，篇章便可以在某些共同的知识背景上建立并展开，避免了重复烦琐的铺垫说明。②语篇名词性成分或是被处置的对象，或是用于某种特殊用途的工具，它们在篇章叙述过程中处于一种"万物皆备于我"的状态，招之即来，挥之即去，充分体现了操作主体的主观能动性。这些预设为双方共同接受，即"从动态的角度看，语言交际是发

————————
① 许余龙：《对比语言学》，上海外语教育出版社2010年版，第149页。

话者和受话者为进行信息的传递而磋商共有场（common ground）的互动过程。在这一动态过程中，交际双方共同构建一个语篇世界，而语篇则是语篇世界的语言表征。在语篇的发展过程中，发话者根据自己的假设将共有场中的信息以隐含的方式表述为预设命题，并以此作为信息传递的背景信息，从而保证语篇信息流的畅通"①。请看下面这个例子：

607）炸猪排前，应在有筋的地方切两三个切口，炸起来就不会缩了。(《生活小窍门1400例·炸猪排怎样才能不缩》)

这个语篇预设篇章接受者是需要进行"炸猪排"动作的人，这类人需要具有这样一些背景知识：什么是猪排；炸猪排的一般过程；"有筋的地方"在哪里；"缩"是什么意思……这样的背景知识还可以列得更细，这些是属于篇章生产者和篇章理解者的共同背景知识，无须专门交代。这种预设是篇章生产者基于个人经验强行规定的，不考虑特殊情况。如篇章的关键动作"切两三个切口"用什么工具，工具从哪儿来这些问题不需要考虑。这时候"刀"在作者的意识里是默认存在，且随时可以使用的。

二 指南语体的篇章结构

廖秋忠确立了论证结构的形式标准，他的目的很明确，就是论证结构可以作为识别论证体的形式标准。同理，操作指南语体的识别也应确立一种对应的结构，即操作结构。上面我们已经对这种篇章的核心结构作了探讨，下面我们将结合具体例子进一步明确操作指南篇章在结构上的一些形式特征。上面列举的例607）篇幅较小，由2个小句组成，"应在有筋的地方切两三个切口"是整个篇章的核心主干部分，"炸猪排前"是前一个小句的时间状语，说明动作施行的条件或时机；后一个小句"炸起来就不会缩了"补充说明执行效果，是篇章的外围组成部分。

当一个操作指南篇章内有多个祈使句的时候，这些句子之间必定存在着时间或逻辑上的关系。如：

---

① 朱永生、苗兴伟：《语用预设的语篇功能》，《外国语》2000年第3期。

608）炼油时，先在锅中放入适量清水（S1），烧滚（S2），再下猪油（S3），待水干后，猪油也炼出来了（S4）。这既可防止板油变焦，又使炼出的油洁白，不含沉淀物（S5）。（《生活小窍门1400例·炼油四法》）

上例篇章的过程部分有4个小句，分别是"在锅中放入适量清水""烧滚""下猪油"和"待水干后，猪油也炼出来了"，4个小句依照线性位置依次排列在时间轴上，形成一个时间序列。其中序列标记"先""再"可以帮助我们理解这些操作步骤之间的顺序。篇章的最后是一个并列关系的复句，说明了该炼油法的效果。从上面2例可以看出，一个完整的操作指南篇章包括3个部分：操作条件（MC）、操作过程（MP）和操作效果（ME）。其中操作过程是篇章的核心部分，由一系列的动作组成，这些动作联合起来构成一个完整的操作过程，完成一个特定的任务。操作条件有时候以介词短语的形式出现，有时候以小句的形式出现，一般加上明确的标志如"时""如""若"等。操作效果一般是一个描述性的陈述句，可以加上"使"表示操作过程使客观事物呈现某种预想中的状态。我们可以把典型的操作篇章的内部结构形式化为：

A→（MC）＋MP＋（ME）

其中A是一个独立的篇章，MP是构成操作指南篇章必不可少的成分，前面的操作条件和后面的操作效果是篇章的外围部分，如果缺省的话可能对篇章的完整性有一定影响，但不影响核心内容的表述。结构上方的弧形"⌒"表示连接的前后两个部分之间有内在的关联，可用图6.1所示的树形图表示。

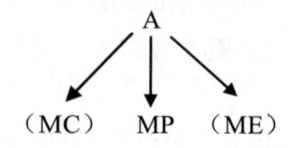

图6.1 典型操作指南语体篇章结构树形图

实际语言运用情况要比上图复杂。有时MC部分不止一种情况，不同的条件对应不同的过程，这时 MC 和 MP 交叉组合出现，总的来说，MC 一般位于 MP 之前。效果部分有时候采用正反对照的方式表达：实施前面的过程会取得何种效果，如果不实施的话会出现什么状况；实施的时候采取甲种办法会得到何种结果，采取乙种办法会得到何种结果等，作者在写作时将尽可能考虑可能出现的各种情况，辅之以相应的策略。上面例 608）的篇章结构可用图 6.2 所示的树形图表示。

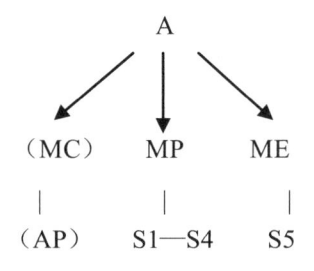

```
                    A
          ┌─────────┼─────────┐
          ↓         ↓         ↓
        （MC）      MP        ME
          │         │         │
        （AP）    S1—S4       S5
```

图 6.2　例 608）篇章结构树形图

如果把小句当作篇章结构分析的最末层级单位的话，那么在篇章构成中发挥重要衔接作用的由词或短语构成的关联成分则无法进入分析框架。例 608）中，MC 由一个介词短语 AP 充当，但无法否认这里的介词短语"炼油时"在整个语段中承担的话题开启功能和对后面小句的管辖作用。陈昌来（2005）研究了介词的语用、篇章功能，指出介词具有篇章管界功能，他说："境事介词、因事介词、关事介词、凭事介词等介引的介词短语常可以居于句首，这些介词短语不仅可以作为一个小句的句首修饰语，有时还可以作为一段话语（篇章、片段），即几个小句的修饰语，这样居于句首的介词短语就有了篇章管界功能。"[①] 这说明，小句是构成篇章的重要层级单位，但不是最小单位，对篇章的分析必须涉及那些具有篇章功能的词或短语层面，这将是我们后面分析篇章的准则之一。

陶书 126 个"修道指南"语篇的结构亦不例外，基本上由操作条

[①] 陈昌来：《现代汉语介词的语用功能分析》，《广播电视大学学报（哲学社会科学版）》2005 年第 2 期。

件、操作过程和操作效果三个部分构成。下面来看陶书中的实例：

609)"太虚真人南岳赤君内法"曰："以月五日夜半时（AP1），存日象在心中，日从口入也，使照一心之内，与日共光相合会（S1）。毕，当觉心暖，霞晖映验（S2）。良久，乃祝曰：'大明育精，内炼丹心，光晖合映，神真来寻（S3）。'毕，咽液九过（S4）。到十五日、二十五日、二十九日（AP2），复作如上（S5）。使人开明聪察，百关鲜彻，面有玉光，体有金泽（S6）。行之十五年，太一遣宝车来迎，上登太霄（S7）。行之务欲数，不必此数日作也（S8）。"（真诰·卷九）

上面这段话是一个完整的操作指南语篇。MC 部分由一个介词短语"以……时"构成，介引时间成分，后文提到的几个动作都要求在该时间段内施行。MP 部分由存日、祝和咽液三个步骤构成，三个步骤按时间先后依次完成，一个步骤完毕之后方可执行下一步骤。本语篇中唯一有些特殊的地方是增加了重复施行的条件，即给出了操作条件 AP2，要求在规定的时间内重复执行 MP 的全部步骤。最后是 ME 部分，短期效应是"使人开明聪察，百关鲜彻，面有玉光，体有金泽"；长期效应是"行之十五年，太一遣宝车来迎，上登太霄"。整个篇章的结构可以用图 6.3 所示的树形图表示。

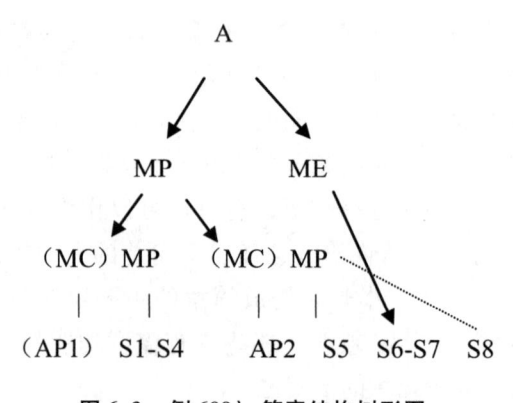

```
              A
            ↙   ↘
          MP      ME
         ↙  ↘
    (MC) MP  (MC) MP ⋯⋯↘
     |    |    |   |        ↘
   (AP1) S1-S4 AP2 S5   S6-S7  S8
```

图 6.3　例 609) 篇章结构树形图

S8 是对 MP 频率的补充说明，位于整个篇章的末尾。在标准的指南篇章中，这一句应该位于 S5 的后面。这里位于句末体现了篇章结构在整体布局中表现出来的随意性和不规则性，这种现象在陶书其他指南篇章中也较为常见。这也是篇章研究"宜粗不宜细"的原因，总结的一般规律适用于一般情况，具体到每一个篇章情况可能会有偏差。

三 指南篇章祈使句群的语义关系

指南语体的 MP 部分往往由不止一个祈使句构成，两个以上的祈使句在一起便形成一个祈使句群，前后两个祈使句之间必定存在某种内在的语义关系。受到操作指南这种语体特征的影响，指南篇章一般逐一说明操作过程的各个环节，时间先后顺序是最常见的。应该说，篇章内部各小句之间常见的有时间顺序，也有逻辑顺序。

下面我们讨论陶书指南篇章中祈使句群之间的语义关系，具体来说有六种。

1. 并列关系

具有并列关系的两个祈使句之间并无时间先后关系，施行的两个动作由于某种原因无法分解出先后主次。如下例：

610）夫学道唯欲默然养神，闭气使极，吐气使微，又不得言语大呼唤，令人神气劳损。如此以学，皆非养生也。（真诰·卷十）

611）凡存神光、行真仙之事者，又不得以衣服借人，亦不服非己之物，诸是巾褐履屐之具，皆使鲜盛，三魂七魄或栖其中，亦为五神之炁忌垮沾故也。（真诰·卷十）

例610）中，"闭气"和"吐气"并没有时间上的先后之分，因为人在呼吸时闭气和吐气必须交换进行，分不出孰先孰后。这里的"闭气使极"和"吐气使微"分别对呼吸的一进一出提出要求。例611）中"又不得以衣服借人"和"亦不服非己之物"是并列关系，可以调换位置而意思不变。

2. 选择关系

前后两个祈使句相当于是两个并列的选项，分不出孰优孰劣，实施的时候任意选择一个施行即可。如：

612）三八景二十四神，以次念之，亦可一时顿存三八，亦可平日存上景，日中存中景，夜半存下景，在人意为之也。（真诰·

卷九)

613) 右书日月象法，亦可圆书日也。(登真隐诀·卷中)

614) 有急事当随事称之，皆即验也，亦可上章请之，亦可入静烧香，口启四方，请以求救。(登真隐诀·卷下)

615) 手臂不授者，沉风毒气在脉中，结附痹骨，使之然耳。宜针灸，针灸则愈。又宜按北帝曲折之祝，若行之百过，疾亦消除也。

具有选择关系的句群往往在提出一种操作办法之后，又在后面的小句句首使用"亦可""又宜"提起下文，表示在相同的操作前提下，允许采用另外一两种办法。

3. 对立关系

对立关系一般第一个小句是肯定祈使句，交代如何实施；后一个小句是否定祈使句，交代有哪些是特别要注意不允许做的，或什么样的情况是不允许发生的。前后两个小句在形式上是对立的，一肯定、一否定，但都说明同一个动作环节，并不代表两个不同的步骤。例如：

616) 祝毕，又琢齿三通，咽液三过，并右手第二指蹑右鼻孔下，左手第二指蹑左目下，各七过，当尽阴案之，勿举手也。于是都毕。(真诰·卷十)

617) 炼麻腴法：清水三斛，麻腴一斛，薤白二斤，合三物会煎之，以木盖盖上，勿令腴烟散出，取一斛止，内酒中服之，亦可单服。(真诰·卷十)

例616) 前一句是说"当尽阴案之"，"案"通"按"，"阴案"的意思是说不出声地默按，后一小句的"勿举手也"是以"勿"作标记的否定祈使句，指按的时候不要举手计数。例617) 前一句说"以木盖盖上"，后一句"勿令腴烟散出"，意思是盖的时候要盖严，不要让油烟散出。对立关系的两个小句之间一般前者从正面说明，后者从反面说明，顺序不能调换。

4. 补充关系

补充关系的两个小句之间一般前句为主，后句起到补充说明的作用。例子如下：

618) 女仙程伟妻口诀：服食，勿食血物，食血物使不得去三尸，

干肉可耳。(真诰·卷十)

例618)中前一小句说"勿食血物",后一小句"食血物使不得去三尸"是补充说明为何要"勿食血物",前后两个小句都包含"食血物"这一动宾短语,从而在语义上构成一种前后衔接的关系。

5. 顺接关系

顺接关系是指前后两个句子之间具有严格的先后顺序,不能互换位置。顺接关系是指南篇章祈使句群常见的语义关系,例子如下:

619)又曰:"入静户,先前右足着前,后进左足,令与右足齐,毕,乃趋行如故,使人陈启,通达上闻。"(真诰·卷九)

620)《太上天关三经》曰:"常欲以手按目近鼻之两眦,闭炁为之,炁通辄止,吐而复始。恒行之,眼能洞观。"(真诰·卷九)

上面的例619),读者借助句中的"先""后""毕""乃"能够比较清楚地排出这几个动作的先后施行顺序。后面的例620)相关时间标记略少,仅"辄"1例,但凭语句排列的线性顺序读者也能轻易地弄清各动作的先后顺序。这说明在指南篇章中,顺接关系是祈使句之间一种无标记的关系方式。

6. 层递关系

有时候前面的操作过程产生某种结果,后面的操作需要利用此结果才能进一步展开。这种关系我们称之为层递关系。与顺接关系不同的是,层递关系具有事理上的承接性质,而顺接关系在时间上的先后有时候只是出于一种规定和强调,并不具有事理上的承接性。如:

621)若道士欲求延年不死,疾病临困,求救而生者,当正安寝,存明堂三君,并向外长跪。口吐赤气使光贯我身令币,我口傍咽赤气,唯多无数,当闭目微咽之也,须臾,赤气绕身者变成火,火因烧身,身与火共作一体,内外洞光,良久乃止。名曰日月炼形,死而更生者也。又暮卧为之,则必长年不死也。

上例中,"口吐赤气"在前,必须经过"赤气绕身者变成火"这一步,后面才能"火因烧身",进而"身与火共作一体",这几个步骤都是层层相因、渐次递进的关系。缺少其中的任何一环,后面的环节便无法展开。

对话语体祈使句群有一种"重复型"在表义上并无特殊之处,只

是为了达到强调等特殊语用目的。例子如下:

622)落廊不束,高下失常,定之勿疑,若不加意,勿单用此,慎示人,慎示人。(真诰·卷七)

上句"慎示人"连说两遍,是为了引起听话人的注意,强调保密的重要性。这种重复方式一般用于会话交际,通过重复达到一种凸显和强调的语用目的。但在书面篇章中不宜采用,这是会话和书写两种媒介传播方式相异带来的语言表达形式上的区别。口头会话以声音为传播媒介,通过重复能够形成对听觉神经的强制性反复刺激,从而在大脑中留下较深的印记,这样有利于信息的强化。但书面语体不具有这种强制性,如果采用连续反复的方式反而容易造成视觉疲劳,使得读者在阅读时自动屏蔽重复信息,这样不利于信息的传达。所以"重复型"不大见于指南篇章。

四 指南篇章的主题标记

指南篇章一般有一个 MC 部分,在篇章中起到明确操作议题、开启主题的作用,方便后文对操作流程展开说明。陶书指南篇章的 MC 部分按形式可分作三类:第一类是直接给出篇章主题,如用"……法"或一个定中结构的名词短语置于句首;第二类是用时间副词或条件副词来标引主题,如"常""凡""欲""若""常欲"等;第三类是引导时间、空间的话语范围导入语,多为时间、处所类介词短语,如"以……时""……上"等。前两类确立了篇章的主题,使得后面的说明有了一个具体的中心,整个篇章呈"总—分"式。第三类给出了时间或空间上的起点,属于比较常见的开篇方式。下面我们以"凡"为例探讨指南篇章主题标记的用法及来源。

"凡"的本义相当于"概括、大致",《说文·二部》:"凡,最括也。"在本义的基础上引申出动词"总共、总计"和范围副词"皆、一切"的用法。《马氏文通》列出了上述三种用法,把"凡"字视为"指示代字"中表示约指的一类,"皆用以为总括之辞,亦可列诸约指代字"[①]。后两种用法在陶书中比较常见,如在下面的句子中表示

---

① 马建忠:《马氏文通》,商务印书馆 1983 年版,第 86 页。

"合计":

623)右从"清灵"来凡十二条,有长史写。(真诰·卷一)

范围副词"凡"可以位于句首,后面接名词性成分。"凡"的语义指向名词,表示后面所说的情况适宜所有这类事物,例如:

624)凡头有九宫,请先说之。(登真隐诀·卷上)

例624)中的"凡头有九宫"宜分析为"凡头/有九宫",而不是"凡/头有九宫"。"凡"后也可以接复杂的名词词组,专指一部分人群,如下例:

625)凡存神光、行真仙之事者,又不得以衣服借人,亦不服非己之物,诸是巾褐履屐之具,皆使鲜盛,三魂七魄或栖其中,亦为五神之炁忌涛沾故也。(真诰·卷十)

上句中的"凡存神光、行真仙之事者"特指正在修行的一类人。这时候"凡"由通指转为类指,"凡"的全称色彩略有削弱。此时"凡"的意思更接近"大凡",表示"总括一般的情况,犹言大抵"。这时"凡+名词词组"处在主语之前的句法位置,后面往往可以有停顿,渐渐衍生出启示下文、引出陈述的语用功能。如"凡 X 法"专就一种法术展开说明或发表看法,如:

626)凡存修上法,礼祝之时,皆先叩齿,上下相叩,勿左右也,一呼一吸,令得三叩为善,须礼祝毕,更又叩齿,乃得咽诸炁液耳,此名为呼神和真以求升仙者也。(真诰·卷十)

例626)的全部内容均围绕"存修上法"来展开说明,表示接下来叙述的流程是修习"存修上法"的一般步骤。"存修上法"是整个语篇的主题,"凡"获得了标引语篇主题的篇章功能。此时表范围限制的功能由句中的"皆"承担,"凡"的用法进一步偏离范围副词的功能。"凡"作为主题标记进一步成熟的标志是后面可接动词性成分或小句,这种情况多见于指南篇章。例子如下:

627)凡入室烧香,皆当对席心拜,叩齿阴祝,随意所陈,唯使精专,必获灵感。(真诰·卷十)

628)凡服仙世方药,皆当如此,唯初神丸及金丹,云东向耳。(登真隐诀·卷中)

629)凡五气出内,皆各随其色还本藏主。(登真隐诀·卷中)

630）凡旦夕拜静竟，亦又还经前，更烧香，请乞众真，求长生所愿者。（登真隐诀·卷下）

631）凡辟鬼符，皆自宜尔。（登真隐诀·卷下）

632）凡旦夕入静朝神，亦宜别衣，岂但此二事而已。（登真隐诀·卷下）

633）凡入静烧香，必也存注神真，有所愿欲。（登真隐诀·卷下）

634）凡始学既未甚贞强，其质自易为劬倦，久久习之，乃可闲便，不得初决努力，而后稍致怠替。（登真隐诀·卷中）

以上8例都以"凡"作为"发语之辞"，其中有4例后文有"皆"字，一方面说明"凡"字作主题标记的用法进一步成熟；另一方面也说明"凡"仍需要与"皆"形成呼应之势，来表示后面的说明是一般的、大致的情况，这体现了语法化过程对源出语义的保留原则。如例628）先用"凡……皆"说明一般情况，后面用"唯"另外说明特殊情况。总的来说，"凡"发展出主题标记的过程如下所示：

功能：动词──→范围副词──→话题标记──→主题标记

语义：总共──→皆、一切──→通指──→类指──→专指──→关于

属性：句内成分─────────→句外成分─────→篇章成分

位置：句中──────────→句首──────→篇首

副词"凡"发展出篇章功能在汉语副词中并非个别现象，屈承熹（1991）曾引Li&Thompson的话对此类现象做过总结："主语或主题前的副词，主要是用来表示说话者的观点（attitude/evaluation）的，而主语或主题后面的，则主要是用来说明句中事物的情态的。"[①] 通过"凡"的演化，我们可以更清楚地观察到副词衍生出篇章功能的具体过程，在这个过程中，副词的功能、语义、属性和位置都发生了相应的变化。

董秀芳（2012）考察了议论语篇中话语标记"夫"的演化路径，即由带名词性成分发展到后面可以出现谓词性成分，继而发展到引入小句时获得话语标记的语篇功能。"凡"与"夫"的演化路径有异曲

[①] 屈承熹：《汉语副词的篇章功能》，《语言教学与研究》1991年第2期。

同工之妙,不同之处在于"凡"的功能是引入用于展开说明的主题,常见于说明语篇,"夫"的功能是"引入用以作为认证前提的道理,这种道理往往是叙述者自己的观点"①,常见于议论语篇。如同期以指南语体为主的《齐民要术》中,"凡"共出现107次,"'凡'作为总括性范围副词,出现在《要术》概括规律、总结经验的句子中,起到标记主题的作用"②。陶书"夫"作主题标记共计77例,"凡"58例,其中用于指南语篇的"夫"有21例,占其全部用例的27%;"凡"35例,占全部用例的60%。这些数据表明,作主题标记的"凡"倾向于与指南语篇共现。"夫"的功能较为多元,标引的主题后面可接表示判断、描述、解释和说明的内容;"凡"的功能相对单一,述题部分主要用于对主题部分的说明。在"说明"这项功能上,"凡"和"夫"的用法有交叉之处。如后接"……时"时,"夫"与"凡"可互换而意思不变:

635)夫存拜及心行道之时,皆烧香左右,如欲行事状也。此谓内研太玄,心行灵业,栖息三宫,偃逸神府者矣。(真诰·卷十)

636)凡书服符时,先烧香于左也,按,诸经服符多有祝辞,而此云随意者,是不必须也,亦可作四言音韵,取召见之旨而祝之,已别有立成。(登真隐诀·卷上)

后接"……者"有时也可互换:

637)夫学道者,固不宜恃其质分,必当保任于清全矣。(真诰·卷十二)

638)凡修道者,皆不裸身露髻,枉滥无辜,起止饮食,悉应依科。(冥通记·卷一)

同样是在指南语篇中,"夫"和"凡"在使用上也有一些细微的差别。一是"夫"不能与"此"连用,"凡"则不受此限制,陶书"凡此"出现了7例,如:

639)凡此杂事,皆与真经相符,并可按而施用也。(真诰·卷十)

---

① 董秀芳:《上古汉语议论语篇的结构与特点:兼论联系语篇结构分析虚词的功能》,《中国语文》2012年第4期。
② 熊迎辉:《〈齐民要术〉中的副词"凡"》,《井冈山学院学报(哲学社会科学版)》2008年第7期。

640）凡此明堂之事，乃有七条，皆备尽诸法，唯通无祝辞一事，按常真之道，亦是明堂家法，而存祝殊为委曲，又恐明堂别有太经，此传中盖是钞略耳。（登真隐诀·卷上）

这是因为主题标记"夫"本来是一个远指代词，义同"彼"，本源义与近指代词"此"相悖。二是"凡"有3例"凡云X者"的说法，"夫"无此用法。如：

641）凡云在诸官者，皆谓太清三气之官，患祸所继之府，君吏所由之曹，故令各先到其官，乃下治之。（登真隐诀·卷下）

642）凡云君五人者，犹共官将百二十人。（登真隐诀·卷下）

643）凡直云君者，皆一人也。（登真隐诀·卷下）

这种用法上的差别也可追溯到各自的源头："凡"曾用作范围副词，故此可依附在言说类动宾结构前一起用作"者"的修饰语，构成"凡V……者"结构。由于同时期句首的"凡"多为主题标记，这里的"凡"既可被分析为范围副词，又能被分析为主题标记。如例643）"凡直云君者"，既可以理解为"所有只说君的情况"，"凡"作范围副词；又可以理解成"关于只说君的情况"，却又是主题标记了。从上面的分析可以看出，"凡"作为话语标记的演变路径与同期主题标记"夫"语法化历程相似，用法上有交叉，但二者作主题标记的用法仍然打上了各自源出义的烙印，造成了篇章语用上的差异。

第二节 指南语体的篇章连贯

一 回指

回指（anaphora）是篇章分析的重要课题。徐赳赳（2003）给回指下了这样一个定义："某个成分引进篇章后，如再次提及，作者有可能重复使用这个成分，也可能不再重复使用这个成分，而是使用另一个成分来指称前一个成分，这一前一后两个成分之间的关系我们称为回指关系。"[①] 陈平（1987）把汉语篇章中的回指分为三种：零形回指、代词回指和名词回指。由于核心句式大多由祈使句构成，一般

[①] 徐赳赳：《现代汉语篇章回指研究》，中国社会科学出版社2003年版，第1页。

叙述语体常见的主语先行词在操作语体里一般作为预设对象予以缺省。能够见到的论元是谓语动词的宾语成分，所以指南语篇比较适于观察动词性成分和名词性宾语成分的回指。

（一）动词的回指

一般认为回指与事物有关，其实动作也需要"回指"。传统语言观念认为，词类系统中动词和名词对立的根本在于"陈述"和"指称"的对立，然而动词性成分能够充当无标记主语和宾语成分也是明显的语言事实。朱景松（1997）认为："词语之为指称的、陈述的，都是使用中的分类，都是'用于指称'或'用于陈述'。"[①] 他的观点相当于将"陈述"和"指称"这两个概念从词语本身的固有特性中剥离出去，同语境挂钩，片面夸大了语境的作用。但必须看到的是，语境对词语的性质确实能起到某种程度的宏观管控作用。指南语篇的连续主要是通过行为的延续来实现，行为的延续是话题延续性的表现之一。在对操作流程的说明过程中，对于前面提到的某一个动作，后面需要再次提到的时候，可能使用相同的动词或动词短语来表现，也可能换另外一种形式来说明，这两个动作成分之间也是一种回指的关系。动词的回指可以分为同形回指、零形回指、泛义回指和代词回指几种。看下面两个语段：

644）《明堂内经开心辟妄符》，王君撰用。开日旦，向王朱书，再拜服之。祝曰："五神开心，彻听绝音，三魂摄精，尽守丹心，使我勿妄，五藏远寻。"拜毕祝，祝毕乃服，服毕，咽液五过，叩齿五通，勿令人见。若不用开日，以月旦、月十五日、二十七日，一月三服，一年便验。秘术也。（真诰·卷九）

645）"太虚真人南岳赤君内法"曰："以月五日夜半时，存$_1$日象在心中，日从口入也，使照一心之内，与日共光相合会。Ø$_1$毕，当觉心暖，霞晖映验。良久，乃祝$_2$曰：'大明育精，内炼丹心，光晖合映，神真来寻。'Ø$_2$毕，咽液，九过。到十五日、二十五日、二十九日，复作如上$_4$，使人开明聪察，百关鲜彻，面有玉光，体有金泽，行之$_5$十五年，太一遣宝车来迎，上登太霄。行之$_6$务欲数，不必此数

[①] 朱景松：《陈述、指称和汉语词理论》，载中国语文杂志社编《语法研究和探索（八）》，商务印书馆1997年版，第201页。

日作也。"（真诰·卷九）

例644）"拜毕祝，祝毕乃服，服毕，咽液五过，叩齿五通"，以"毕"作为前后两个动作的起讫点，"毕"前都复现了相应的动词成分，这是一种同形回指现象；例645）情况有所不同，两处"毕"都自成一个小句。通过对比我们知道，这里的"毕"前隐去了一个动词成分，如 $Ø_1$ 处就照应操作第一步"存日象"，此处采用了零形回指形式，"存日象"是 $Ø_1$ 的先行词。后面"作如上"和"行之"是前面全套动作的回指成分，综合使用了词语回指和代词回指形式，这两种形式有时候也可以分开使用。如"行之十五年"说成"行十五年"即是词语回指方式，如果说成"如此十五年"则是代词回指方式。接下来我们将探讨这几种动词回指方式的话语条件和制约因素。

1. 同形回指

同形回指是一种表义最清楚，但最不经济的回指方式。如下例：

646）太上真人步五星之道，以致五星降室，闭气上纲，当先呼五星、星夫人名字。毕，乃越纲蹈星。谓始上纲，便顿住呼名字，呼名字毕，乃越纲蹈星耳。（真诰·卷九）

上例内容以"谓"为界分为两部分，前一部分引述原文，后一部分对前一部分进行解释。解释的部分"始上纲，便顿住呼名字，呼名字毕，乃越纲蹈星耳"说明了两个主干动作，强调施行的前后顺序，在解释的语境下使用了同形回指。使用同形回指有一个条件：先行词的语言形式要短小精练，不能太长，我们见到的同形回指没有超过3个字的。如例644）中的"拜毕祝，祝毕乃服，服毕，咽液五过，叩齿五通，勿令人见"也使用了同形回指，该句复述了操作流程的梗概，各环节浓缩为一个单音节词。同形回指容易出现在复述和解释的语境中，这是因为复述和解释的目的在于尽可能说得清楚明白，这时候经济原则便退居次要地位。

2. 不完全同形回指

不完全同形回指是只取核心动词，舍弃宾语等附加成分的回指办法。例子如下：

647）服仙药常向本命。服毕，勿道死丧凶事。犯胎伤神，徒服无益。（真诰·卷九）

后一小句"服毕"中的"服"照应上句的"服仙药",此处只复说"服"表示承接上文,这种回指形式比起前一种同形回指相对经济。

3. 零形回指

动词的零形回指多发生在独用的完成动词"毕""讫""竟""已"之前。陶书126个语段中,"毕"独用61次、"讫"9次、"竟"1次、"已"1次。这些完成动词在南北朝时期往往位于一个持续动词之后,独用意味着此处存在零形回指现象。其先行语一般就是前一个小句的核心动词,也有以前面一系列动作作为先行语的情况,这时候往往使用"都毕""都讫"来回指。如下例:

648)杜广平所受介琰玄白之术,一名胎精中景玄白内法:常旦旦坐卧任意,存泥丸中有黑气,存心中有白气,存脐中有黄气,三气俱生如云以覆身,因变成火,火又绕身,身通洞彻,内外如一。旦行至向中乃止。于是服气一百二十,都毕。道正如此,使人长生不死,辟却万害。所谓知白守黑,欲死不得,知黑守白,万邪消却。(登真隐诀·卷中)

例648)中"都毕"的先行语比较复杂,总括了前文自"常旦旦坐卧任意"到"服气一百二十"的内容,此处运用零形回指是一种比较省力且经济的方法。

指南语篇中动词的零形回指与其先行语之间可以插入较长的外围成分。最为常见的是零形回指的先行词为祝祷动作时,其间可以插入祝词,内容的长短一般不影响回指的准确性。例如:

649)《太上箓淳发华经》上"案摩法":常以生气时,咽液二七过,毕,按体所痛处,向王而祝曰:"左玄右玄,三神合真,左黄右黄,六华相当,风气恶疫,伏匿四方,玉液流泽,上下宣通,内遣水火,外辟不祥,长生飞仙,身常体强。"Ø毕,又咽液二七过,常如此,则无疾,又当急按所痛处二十一过。(真诰·卷九)

4. 泛义回指

泛义回指是选择涵盖先行词词义的泛义词语作为回指。泛义词语回指的内容十分广泛,先行词既可以是单个词语,也可以是描述系列动作的小句。陶书指南语篇中常见的泛义动词有"行""为",也有名词"事"。例子分别如下:

650）山世远受孟先生法，暮卧，先读《黄庭内景经》一过乃眠，使人魂魄自制炼，恒**行此**，二十一年亦仙矣。是为合万过，夕得三四过乃佳。（真诰·卷九）

651）范幼冲，辽西人也。受胎化易形，今来在此，恒服三气。三气之法，存青炁、白气、赤气，各如縰，从东方日下来，直入口中，挹之九十过，自饱便止。为之十年，身中自有三色气，遂得神仙。此高元君太素内景法，旦旦**为之**，临目施行，视日益佳。其法鲜而其事甚验，许侯可为之矣。（真诰·卷九）

652）当以向画服佩三元符竟，仍北向，更书白素，如金质之长广，左手执，亦随意立祝，祝毕，卷内紫锦囊中，佩之左肘，佩亦至相见也。若立春在故年十二月者，仍以其日书佩，至正月朔乃更服之。佩此章符，并不得以履秽，今便曲举动，或致忘误，可以守一时佩之，**事**竟，脱着寝床器物中也。（登真隐诀·卷上）

严格说来，前2例并不是纯粹的泛义动词回指，例650）中的"行此"是泛义动词"行"与代词"此"联合回指前面的"暮卧，先读《黄庭内景经》一过乃眠"。例651）中的"为之"是泛义动词"为"与代词"之"联合回指前面的"服三气"和"挹之九十过"这一套动作。例652）中的"事"是一个表示"事件"义的泛义名词，回指前面的"书""执""制"和"佩"。泛义回指使用的动词或名词与它们照应的先行词相比而言形式更简洁，语义更模糊，这说明篇章回指在形式和语义上都体现了语言的经济原则。

5. 代词回指

用来回指动词性成分的代词主要由"如此"充当。例子如下：

653）学生之法，不可泣泪及多唾泄，此皆为损液漏津，使喉脑大竭，是以真人、道士常吐纳咽味，以和六液。凡甲寅、庚申之日，是尸鬼竞乱精神躁秽之日也，不可与夫妻同席，及言语面会。当清斋不寝，警备其日，遣诸可欲。凡五卯之日，常当斋入室，东向心拜，存神念炁，期感神明，亦适意所陈。恒**如此**者，玉女降侍。（真诰·卷十）

"如此"的意思是"这样"，作指示代词的用法开始得很早，先秦时期就已经十分常见。与其他回指形式相比，代词"如此"回指的内容篇幅更长，容量更为丰富，常常囊括所有的 MP 部分。如例

653），句末指示代词"如此"回指的内容从篇首一直到它的前一句。整个中古时期，"如此"都是重要的回指代词，"这样"接替"如此"则到近代汉语时期才发生。

以上5种动词回指方式各有优劣，在篇章构成中起到互相补充的作用。总的来说，形式回指方式有同形回指和不完全同形回指两种，前一种方式表义最清楚，但最不经济，这种回指方式有自己的适用语境，即强调表义清楚明白的解释语境。后一种方式既照顾到表义的明确性，又符合经济原则，通常用于两个操作步骤之间的衔接。其余三种方式都是语义回指方式，零形回指最经济，也最常见；泛义回指和代词回指是两种表义模糊，但概括性强的回指方式，一般用在篇章的结尾部分，起到总括的作用。

（二）名词的回指

在指南篇章的核心部分 MP 中，由于祈使句缺省主语为常态，因此篇章的构成小句中名词性成分只能充当动词的支配成分，在句子中或作受事主语成分，或作谓词的宾语成分。这些名词在语义上呈现出一些共同特点，即［-有定］［-生命］［-主动］。［-有定］是指篇章中的名词性成分都不是有定的，而是无定、泛指的。因为作为指南性质的文本来说，文中叙写的操作过程要求具有可重复性和泛时可能性，这决定了篇章中的名词成分只是一类事物的通指，而非特指。［-生命］是指操作涉及的名词多数表示无生命的事物，尤其是工具类名词。［-主动］和［-生命］的特征一脉相承，这些名词性成分既然没有生命，那么在操作过程中也不具有主观能动性，只是被动地接受处置。操作指南语篇的"驱动"性质决定了这些名词在语义上表现出的若干特点。

篇章中名词性成分的先行词和回指词语表现出不同的方式：一种是先行词在宾语位置，另一种是先行词在主语位置。前一种先行词在宾语位置容易理解，一个名词性成分在首次出现时是作为一个动词的宾语引入的，那么接下来的后续动作自然也以此作为对象，这与汉语是一种 SVO 语序的语言类型相吻合。例如：

654）上章毕，用真朱二分，合已上之章，于白中捣之，和以蜜成丸，分作细丸，顿服之。用平旦时，入静，北向，再拜服之。（登

真隐诀·卷下)

例654)中"用"的对象加上"合"的对象构成后面"捣"的对象,接下来"和以蜜成丸,分作细丸","丸"是动词的宾语,也是操作的结果,后面"服之"中"之"即是回指前面的"丸"。"丸"和"之"一是先行词,另一是回指代词,在句中都作宾语。

后一种是先行词在主语位置,这种情况是名词首次以句子的主语成分出现,后面又成为其他谓词性成分的宾语。也就是说,篇章起首是一个受事主语句,这个受事主语在后续篇章中转作宾语。不难想见,这种照应方式特别强调了动作的对象,是一种语用移位。这种情况多出现在药物炮制法一类的篇章中,如下例:

655)一雄黄、二雌黄、二铅黄。右三黄华。先投朱砂一,熟研之于器中。次投雄黄,熟研之。次投雌黄,熟研之。次投铅黄,合研之。良久成也。(真诰·卷十)

例655)篇首列出三种原料:雄黄、雌黄和铅黄。其后的MP部分分作四步,每一步都是先"投"后"研",所投原料篇首就已全部列出。这样安排符合一般的行事原则,炮制药物的过程必须先把所有的原料准备齐全,然后按部就班地照做即可。此期还产生了一种"宾语代词回指主语/话题"现象,例子如下:

656)炼麻脾法:清水三斛,麻脾一斛,薤白二斤,合三物会煎之,以木盖盖上,勿令脾烟散出,取一斛止,内酒中服之,亦可单服。(真诰·卷十)

657)《太素丹景经》曰:"一面之上,常欲得两手摩拭之使热。高下随形,皆使极匝。令人面有光泽,皱班不生。行之五年,色如少女。所谓山川通气,常盈不没。"(真诰·卷九)

658)先当摩切两掌令热,然后以拭两目。毕,又顺手摩发,如理栉之状,两臂亦更互以手摩之,使发不白,脉不浮外。(真诰·卷九)

例656)中,"清水三斛,麻脾一斛,薤白二斤"是整个篇章展开的起点,即篇章的主题(或话题),其后的内容都是以此作为起点展开叙述的。在后面的篇章中,"三物"是回指前面的三种原材料,"会煎"的对象"之"回指同样的事物。例657)中的"一面之上"是后面"摩拭之"中代词"之"的先行词,例658)中"两臂亦更互以手摩之"中"之"与"两臂"同指。这三例中表示回指的"之"均与前面的话题同指，句子结构类似汉语史后期发展出的处置式代词回指现象，但这两种用法在汉语史上未能推广开来，均只得到了短期或局部的使用。这种现象严格来说并不算回指，因为表示同指的两个部分处于同一个句子之内，彼此距离很近。我们分析，这可能是句法话题向语用话题过渡的句法形式。用"移位"的观点来看，句首的话题成分是由后面句子动词的宾语移到句首而成，因为留下了移位的痕迹——代词"之"。对于这种移位现象，唯一的解释是出于语用的需要，因为从信息传递的角度来讲，将受事成分移到句首能够起到强调凸显的作用；从篇章的连续性来说，"启后性最强的这两类所指对象，前一类通常以主语的身份出现，以有定形式居多，后一类一般以存现动词后的名词性成分或者普通及物动词后的宾语成分出现，以无定形式居多"①。将无定名词性成分提到句首作主语能起到很强的启后作用。在移位完成之后，新旧规则博弈的结果是在同一个句子内部出现了所指相同的两个成分，久而久之，随着语言自身规则的完善，其中之一被淘汰，即回指的"之"被淘汰。现代汉语操作语体中受事主语作话题的句子十分常见，如"鲤鱼一条剖开洗净"，但"鲤鱼一条剖开洗净它"却不合语法。但这种不合语法的句式在汉语史上曾经存在过却是不容否定的事实，至今仍有一些地区残留了这种说法。

二　主位和主位推进

"主位"这一概念的诞生缘于对句首成分成为论述起点的观察，虽然围绕它的争议从未停止过，但这似乎并不妨碍"主位"成为篇章分析的重要概念。Halliday（2000）认为："主位是小句中的第一出现的成分，信息的出发点，或者说主位指的是我（说话者）所选择的出发点；述位是你（听话者）已经知道的或可及的内容。"② 他把主位分成三种：简单主位（simple theme）、复杂主位（multiple theme）和小句主位（clausal theme）。其中复杂主位又分作三类：篇

---

① 陈平：《现代汉语零形回指的话语分析》，载《现代语言学研究——理论·方法与事实》，重庆出版社1991年版，第189页。

② 转引自徐赳赳《现代汉语篇章语言学》，商务印书馆2010年版，第436页。

章主位（textual theme）、人际主位（interpersonal theme）和概念主位（ideational theme）。简单主位的说法其实是相对于复杂主位的概念提出的，因此 Halliday 实际上提出了 4 种主位：篇章主位、人际主位、概念主位和小句主位。前三类从单句角度出发，后一类小句主位则牵涉复句。这些针对主位的分析多着眼于叙述篇章，指南篇章的主位相对而言较难确定，因为没有一般篇章常见的作为叙述起点的句首名词成分。不过 Halliday 在简单主位中列举了祈使句的主位用例，使我们得以一窥他对此的具体看法。例子见表 6.1。①

表 6.1　　　　　　　Halliday 对祈使句主述位的划分

序号	主位	述位
1	answer	all five questions！
2	you kids	keep out of the way！
3	first	catch your fish！
4	don't leave	any belongings on board the aircraft！
5	don't let's	quarrel about it！
6	let's	not quarrel about it！

由上表可知 Halliday 在分析祈使句的主述位时，归入主位的成分并不单一，其中有谓词性成分（如句 1），这类成分一般是归入述位的；有称呼语（如句 2），这类成分又叫称呼主位，属于人际主位的一种（句 6 的 let's 亦属此类）②；有位序词（如句 3），这类成分属篇章主位。由此可见，Halliday 关于祈使句主位的认识相当混乱，首先是表中反映出来的祈使句主位在语义上并不单一；更重要的是如此一来，主位这一概念无所不包，失去了存在的价值，祈使句主述位的划分大有商榷的余地。

我们对操作篇章内部祈使句的观察发现，祈使句主位构成相当

---

① 徐赳赳：《现代汉语篇章语言学》，商务印书馆 2010 年版，第 437 页。
② Halliday 认为人际主位包括：1. 表称呼主位，如人名，用于称呼的；2. 表情态主位，如 probably，in my opinion，evidently，at first，understandably 等；3. 表语气主位，如 WH-疑问成分，祈使句中的 let's。具体参见徐赳赳《现代汉语篇章语言学》，商务印书馆 2010 年版，第 435—439 页。

复杂，Halliday 提出的 4 种主位都能进入。我们划分的原则是，除复句之外的所有祈使句的动词成分（包括动词前的否定成分，如勿、别等）应一律视为述位成分，述位前面的成分都宜看作主位。主位分四类，第一类：篇章主位。主要功能是构建篇章，操作语篇中主要指一些表示时间顺序的词，如先、又、再、然后等。第二类：人际主位。主要功能是显示人际关系，操作语篇中主要包括①称呼主位，如人名，用于称呼；②情态主位，如当、应、可等；③语气主位，如 let's。由于祈使句的主语往往是第二人称且经常不出现，我们提出"零形主位"的概念（用 $Ø_T$ 表示），专门用于指称无主语祈使句的主位。第三类：概念主位，又叫经验主位和话题主位，包括句首的受事主语成分等；第四类：小句主位，指核心动词前的小句成分，如条件小句等。这四种主位的排列顺序仍然参考 Halliday 的观点，小句主位的位序在其他三种主位之前，这样四种主位的排列顺序如下：

小句主位 > 篇章主位 > 人际主位 > 概念主位

这样上表的 6 个祈使句主述位重新划分见表 6.2。

表 6.2　　　　　　**英语祈使句主述位的重新划分**

序号	主位				述位
	小句	篇章	人际	概念	
1	/	/	$Ø_T$	/	answer all five questions!
2	/	/	you kids	/	keep out of the way!
3	/	first	$Ø_T$	/	catch your fish!
4	/	/	$Ø_T$	/	don't leave any belongings on board the aircraft!
5*	/	don't	let's	/	quarrel about it!
6	/	/	let's	/	not quarrel about it!

＊注：句 5 的 don't 和 let's 同现，该句的合法性存疑。

由表 6.2 可见，除零形主位以外，英语祈使句最常见的主位是人际主位，这与祈使句的驱动功能相一致。为了解汉语祈使句的主位情况，我们在刘月华《实用现代汉语语法》第五章"祈使句"中挑出了一组例句，各句主述位划分情况见表 6.3。

表6.3　　　　现代汉语会话语体祈使句主述位的划分

序号	主位				述位
	小句	篇章	人际	概念	
1	/	/	∅_T	/	快跑!
2	/	/	∅_T	把药	喝了!
3	/	/	我们	/	马上离开这里!
4	/	/	您	/	慢走!
5	/	/	你们给我	/	出去!
6	/	/	∅_T	/	不要相信他!
7	/	/	∅_T	手	别松开!
8	/	/	/	照片	挂得再高点儿!
9	/	/	∅_T	上课	不许随便说话!
10	那本书已经找到了,	/	你	/	不必找了!

上面10个句子都是比较典型的祈使句,句式简短,口语性较强,因而主位在语义上与英语祈使句一致,多为人际主位,用于显示听说双方的人际关系。其次是概念主位,多为动作施行的对象,也就是受事成分。小句主位和篇章主位在会话中较少出现。下面这个句子4种主位都出现了:

要是你真的病了,　首先　　你　　把药　喝了!
└ — 小句 — ┘ └篇章┘ └人际┘ └概念┘
└ — — — — — — 主　位 — — — — — — ┘ └述位┘

这里篇章主位"首先"在句中似乎既可以在人际主位之前,也可以在人际主位之后。比如日常生活中我们经常会说:"你先过来,然后再想办法。"这说明"除了Halliday的序列'语篇主位^人际主位^经验主位'外,其他序列也确实存在着"①。至少在祈使句会话中,人际主位具有比篇章主位和概念主位更高的优先权。我们还需注意,操作语篇对于人际主位中零形主位的运用不如口语会话那么频繁,而是采用了另一类特殊的主位,即以前一小句的述位为主位。在一个完整

---

① 张大群:《主位研究述评》,《现代外语》2009年第3期。

的篇章中，每一个小句都置身于连绵不断的信息流之中，成为一个操作流程中的一个片段。每一个片段产生之时都说明一定的新信息，然而又随即成为下一个片段的叙述起点，我们称之为承前主位。假设一个操作流程有 ABCD 四个步骤，只需按顺序罗列 4 个句子即可成篇，但实际上完整的认知语义应该是：

A。(A 毕，) B。(B 毕，) C。(C 毕，) D。

除起始步骤以外，每一个步骤都以前一个小句的完成作为叙述起点，许多小句就这样首尾衔接，构成一个完整的篇章。为了叙述的简洁，操作篇章的承前主位一般隐而不现，但偶尔会在程序的一个步骤后面以类似于"该步骤完成之后，……"的形式出现，这也是我们提出"承前主位"的理据之一。

为了弄清陶书操作篇章中祈使句的主位表现，我们以例619）为例进行分析，见表6.4。

表 6.4　　　　　　　　例 619) 各句主述位的划分

序号	小句	主位				述位
		承前主位	篇章	人际	概念	
1	入静户，	/	/	/	/	先前右足著前，
2	/	先前右足著前，	/	/	/	后进左足，令与右足齐。
3	/	后进左足，令与右足齐。	毕，乃	/	/	趋行如故。
4	/	趋行如故。	/	/	/	使人陈启，通达上闻。

上面这一实例的主位分析表明，操作篇章的祈使句主要采用3类主位形式，除了小句主位和篇章主位之外，主要采用了承前主位。在所有按照时间先后顺序展开的篇章中，承前主位都是一种重要的主位形式。唯有理清了"主位"这个概念，接下来我们才能更好地讨论"主位推进"的问题。

"主位推进"最早是由捷克语言学家 František Daneš 在20世纪70年代提出来的，他说："所谓主位推进是指话语主位的选择和排序，它们互相之间的平行连接和上下层次，以及它们跟上一级篇章单位

(如段落、章节等）的超主位之间的关系，跟整个篇章的关系，跟环境的关系。主位推进可以被看成故事情节的脉络。"① 目前汉语学界能够接受的几种主位推进模式建立在对叙述语篇的观察上，如平行型（又名主位同一型、放射型）、集中型（又名述位同一型）、延续型和交叉型等。据我们观察，陶书操作篇章的主位推进主要有平行型和延续型两种。平行型又叫放射型，指的是主位相同，但述位从不同角度围绕主位进行放射状的展开。我们的理解是在操作语篇中围绕同一个目的，根据事件的性质和情况分别采取不同的措施，彼此之间是平行选择关系。延续型即前一小句的述位或述位的一部分为后一小句的主位，我们的理解是操作篇章的前后小句循时间轴展开，事件的各个环节以时间的先后顺序依次排列，前一个步骤正是下一个步骤进行的起点。表6.4正是延续型主位推进模式的一个实例。下面我们将进一步讨论这两种主位推进模式在陶书的具体运用。

1. 延续型

延续型主位推进模式一般如图6.4所示。

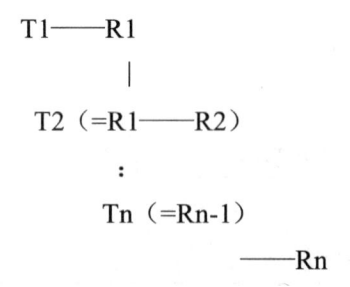

$$T1\text{——}R1$$
$$|$$
$$T2\ (=R1\text{——}R2)$$
$$\vdots$$
$$Tn\ (=Rn\text{-}1)$$
$$\text{——}Rn$$

图6.4 延续型主位推进模式

延续型的特点是"前一句的述位或述位的一部分成为后一句的主位"②，按照"承前主位"的观点，前后相继的流程一般采用延续型主位推进模式。一个指南语篇的MP部分由多个环节组成，这些环节按一定的顺序在一维时间轴上相继展开。"顺序义是以时间关系为基

---

① 转引自姜望琪《语篇语言学》，北京大学出版社2011年版，第29页。
② 何伟、高文生主编：《功能句法研究》，外语教学与研究出版社2011年版，第197页。

础的，它反映了相关事件在开放或封闭的时间序列中的位置……一般情况下，篇章中对事件的描写顺序与事件本身实际发生的先后顺序大体一致。"① 指南篇章在对一个操作流程进行说明时，一般默认按照时间的先后顺序逐一说明，先进行的动作放在前面，后进行的动作放在后面，无须使用特别的顺序用词。但是为了加强篇章的连贯性，同时也为了强调和对比，语篇中仍然会使用一些词语来表明顺序义，这类词一般称之为"位序词语"，从篇章角度看，这些词语即篇章主位，它们的作用是使过程体的篇章架构标记化，便于受众阅读和记忆。陶书指南篇章使用的位序词语主要有起始顺序、后时顺序和终止顺序三类。

"起始就是表示某一事件是一系列事件中最先发生的，或者表示某一阶段是几个阶段中最早的。"② 陶书表示起始顺序的位序词语是两个单音节词语："初"和"先"。这两个词语充当先时位序标记的用法很早就产生了，是沿袭上古的位序词语，此期双音节词语"开始""起初"和"最初"等尚未产生。

表示后时顺序的位序词语并非只引出后时步骤，同时还要承接上文，处理好先时环节和后时环节之间的衔接过渡，因此又名"承接词语"，用于"引出连续的几个事件中承接前一个事件后发生的事件，或一个事件中承接前一个动作而发生的动作，它表示一个特定的时间流程中前一个事件之后事件或前一个动作之后动作的时间位置"。除了副词，连词、时间方位词、时间词、一些固定短语都可以用于顺序承接。后时位序词语可以多次出现，因为"时间流程是由无数点组成的线段，起始和终止词语以外的点是无数的，因而在理论上承接词语可以无限多地运作于同一个或一组事件的时间流程中"③。陶书表后时顺序的词语主要是"次""又""乃"三个单音节词。

终止顺序就是整个事件过程的终结，意味着在时间顺序中处于

---

① 张谊生：《副词的篇章连接功能》，《语言研究》1996 年第 1 期。
② 同上。
③ 杨同用、谢淑芬：《现代汉语的位序词语与时间表达模型》，《语文研究》2005 年第 3 期。

最末休止节点。陶书表示终止顺序的标记由动词"毕"或小句"事竟"充当。有时候篇章随着说明语句的完结自然终结,采用无标记终止顺序的手段。

总的来说,操作篇章通常采用承前主位和篇章主位两种方式,以承前主位为主,使操作流程的各个步骤环环相扣,延续展开。有的时候辅之以篇章主位标记篇章结构,这种主位方式并不改变延续式主位推进方式,只是一种辅助手段。这些主位手段以位序词语为主,也可由短语或小句充当,这种方式的采用使整个篇章的布局更有条理。

下面我们以一个语段为例来观察:

659) 汉中入治朝静法 先东向云:甲贪生乐活,愿从诸君丈人,乞匄长存久视,延年益寿,得为种民,与天地相守。当使甲家灾祸消灭,百病自愈,神明附身,心开意悟。次北向:甲欲改恶为善,愿从太玄上一君乞匄原赦罪过,解除基谪,度脱灾难,辟斥县官。当令甲所向,金石为开,水火为灭,恶逆宾伏,精邪消散。次西向:甲好道乐仙,愿从天师乞匄所乐者得,所作者成。当使甲心开意解,耳目聪明,百病消除,身体轻强。次南向:甲修身养性,还年却老,愿从道德君乞丐恩润之气布施骨体,使道气流行,甲身咸蒙慈恩,众病消除,福吉来集。思在万福君为甲致四方钱财,治生进利,所向皆至。(登真隐诀·卷下)

上例是阐述"汉中入治朝静法"的具体修习办法,主要是向东、北、西、南四个方向念诵祷辞,篇章主位标记词语是"先……次……次……次……"这里将整个"汉中入治朝静法"视为一个线段,"先"是这段语篇的起点,只能出现一次。组成过程的承接位序词语"次"则可以连续使用多次。作者运用这些词语就是为了体现整个篇章的简洁性,并能清楚地区分各个操作步骤的界限。如果去掉顺序标记词语,无损于读者对整个修习步骤的理解,但是那样做会破坏篇章的规范性和条理性。延续型主位推进方式相对固定,实行过程中按部就班即可,较少灵活性。

2. 平行型

平行型主位推进模式一般如图 6.5 所示。

$$T1——R1$$
$$|$$
$$T2(=T1)——R2$$
$$\vdots$$
$$Tn(=T1)——Rn$$

图 6.5　平行型主位推进模式

操作篇章的平行型主位推进模式和这个模式的一般意义有些不同，一般意义是指主位相同而述位不同，操作篇章的主位一般采取小句主位，分述不同的情况。每一句话的小句主位摆出一种情况，其后的述位部分会说明应该采取哪些相应的对策，通常几种情况依次说明，彼此并无主次之分。常见的方式是以"若"字条件小句开头，紧接着在后面给出相关的解决办法。例子如下：

660）若道士恐畏，存三神，使鸣玉铃，使声闻太极，存使吐玉镜赤光，令万丈，存之俱毕，因三呼三君名字，叩齿九通，则千妖伏息，万鬼灭形也。若道士饮渴，亦存三君，并口吐赤气使灌己口，口因吸而咽之，须臾自饱也。若道士夜行，暗不见路，又存三君，使口出三火光照前，须臾路自朗明也。若行凶处危难之中，有刀兵之地，急存三君，使鸣玉铃，精而想之，敌人自然心骇意慑，不复生割心也。（登真隐诀·卷上）

例660）用4个平行的"若"小句指导道士在4种危机情形下采取相应的化解之道。4种情况没有主次之分，但并不缺少内在联系，如述位中的"存三神""亦存三君"和"又存三君"能够看出句子之间的内在关联，从而构成一个具有共同主题的篇章。

延续型主位推进和平行型主位推进两种模式在具体篇章中往往结合使用，这样做能够使指导文本兼顾程序的规范性和执行的机动性，一方面不至于在实施过程中变形走样，另一方面不至于僵化呆滞，缺少应对性。请看下例：

661）章符　若急事上章，当用朱笔题署。若欲上逐鬼章，当朱书所上祭酒姓名。若欲上治邪病章，当用青纸。三官主邪君吏，贵青色也。若注气鬼病，当作击鬼章。上章毕，用真朱二分，合己上之章，于臼中捣之，和以蜜成丸，分作细丸，顿服之。用平旦时，入静，北向，再拜服之。垂死者皆活。勿令人知捣合之时也，使病者魂神正，鬼气不敢干，他病亦可为之也。若病者能自捣和为佳，不尔即上章祭酒为捣之，先以蜜渍纸，令软烂，乃捣为丸。上章当别有笔砚以书，不得杂也。墨亦异之。左行摩墨四十九过止，重摩墨亦四十九转。书章时烧香，向北书之。若因病入静，四面烧香，安四香炉。若大事言功可三四百，垂死言功可五百，小小可止一二等耳。多则正气齉，吏兵厌事。书符当盥洁，乃后就事，向月建闭气书之。（登真隐诀·卷下）

例661）在篇首列出了"上章符"的4种情况：急事上章、上逐鬼章、上治邪病章和注气鬼章。每种情况适用不同的方法，对章符的名称、书写的颜色、书写的纸张、书写的内容等提出了不同的要求。这是平行型主位推进模式；上章完毕后的捣、做丸和服符是前后相继的单线流程，不管哪种情况都适用，这是延续型主位推进模式。后面补充说明部分对"捣"的实施者作了分别：病人能自捣和为佳，不能自捣则上章祭酒代为捣之；如果是因病入静，还需要四面烧香，安四个香炉；事大事小言功不一：大事言功三四百，垂死言功五百，小事只需言功一二百等。这些具体情况不同因而对策也不一样的地方主要采用条件句"若……，（可）……"来说明。这些部分则又采用了平行型主位推进模式。整个"章符"一节的主位推进模式大致如图6.6所示。

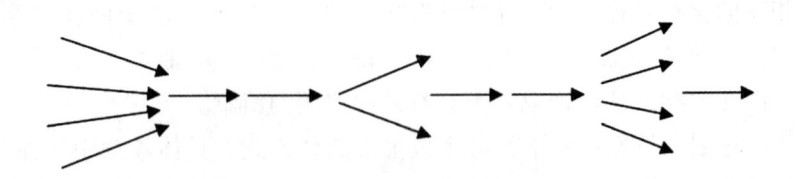

图6.6 "章符"一节的主位推进模式

主位推进模式是篇章研究者关于"篇章是如何展开的"这个问题提出的分析方法，目前"主位"和"主位推进模式"已成为篇章分析的热词，吸引了大批学者的目光。本节针对操作语篇中祈使句的特点，提出了"零形主位"和"承前主位"等概念，并在此基础上，对语篇的主位推进模式进行了考察。我们发现，操作语篇中流程的展开主要运用了延续型和平行型两种主位推进模式，这两种模式具有各自不同的特点，在具体篇章中经常联合使用。我们的观点是否具有普适性，还有待在今后的研究中调整、检验。

第三节 小结

本章是在第五章祈使句式研究的基础上，引入篇章理论关注陶弘景三部道书的重要内容——"修道指南"部分的尝试。我们重点探讨了陶弘景道书126个操作篇章在篇章结构和篇章连贯两个方面的表现。

我们把"操作指南篇章"界定为："由多个具有内在联系的祈使句充当必要成分，根据需要添加信息说明为外围成分，指导读者完成某项操作任务的语言片段。"从功能上讲，操作指南语篇都是"驱动—传信"篇章，主要由三个部分组成：操作条件、操作过程和操作效果，其中MP是核心成分，MC和ME是外围成分。操作篇章的典型结构是MC+MP+ME，并以现代汉语和陶书两类语料进行了验证。结果表明，实验语料的操作篇章都围绕MP展开，基本上和我们提出的典型结构吻合，个别小句的分布有小的偏差，属正常现象。我们专门分析了充当篇章核心部分MP的祈使句群之间的语义关系，发现存在6种关系：并列关系、选择关系、对立关系、补充关系、顺接关系和层递关系。出现在会话语体祈使句群中的重复关系不见于操作篇章，这与两种语体媒介的特点有关。另外以占60%比例的篇章主题标记"凡"为例探讨了指南篇章中主题标记的用法和来源。"凡"的语法化经历了由副词向主题标记演变的过程，语义由通指变为类指，又演化为专指，最后变为"关于"，句法位置也相应地由句中挪至句首，最后发展到篇首。在某些语境下，"凡"与"夫"可以互换，但"凡"倾向于与指南语篇共现，"夫"倾向于与议论语篇共现，这是受到了两个词的源出义的影响。

我们从"回指"和"主位"两个方面讨论了指南语体的篇章连

贯。陶书动词回指方式有同形回指、不完全同形回指、零形回指、泛义回指和代词回指5种。这5种回指方式各有优劣，适用于不同的语境。名词在操作篇章中都是受支配、被处置的对象，在语义上有［－有定］［－生命］［－主动］这些共同点。主要的回指方式是采用代词"之"，本期还出现了宾语代词"之"回指主语/话题的现象，我们用"移位"解释了这种现象，认为"之"是宾语移到句首充当主语之后的残留，"之"的消失是语义冗余导致的语法变革。

对于祈使句的"主位"概念，我们对Halliday的主位分类作了改良，认为祈使句主位也是复杂主位，提出"零形主位"的概念用以解决会话语体祈使句的主位问题；另外提出"承前主位"的概念用以解决操作语体祈使句的主位问题。在厘清"主位"概念之后，再来讨论操作篇章中的"主位推进模式"，通过对实际语料的观察，得出操作篇章主要采用"延续型"和"平行型"两种主位推进模式，两种模式的结合使用能够兼顾规范性与灵活性，较好地契合了操作语篇的写作要求。

结　　语

　　历史上道教徒偏好把道教经典的造制渲染成"真仙诰受"的结果，加上道教经典在流传的过程中可能受到人为的篡改和增饰，故而道书的语言往往纷错杂糅，新故兼该。《真诰》《登真隐诀》和《周氏冥通记》三本道书是陶弘景编集公元4世纪中叶至6世纪期间出世的上清派经典教义而成，语言成分亦具有多元化的特点，但大体反映了魏晋—齐梁150多年间的汉语面貌。我们对三部道书的量词、判断句、疑问句、祈使句和操作指南语篇这些专题进行了系统的描写，并就相关专题的形成和功能及其发展脉络作了较为系统、深入的揭示与科学的解释，同时以语词、句类等语体要素与特定语体类型之间的适应关系为辅线，希望能对汉语语法史的纵深研究有所启示。现将各专题的主要结论归结如下。

　　关于量词。陶弘景三部道书中的名量词系统完备成熟，个体量词成员数量与活跃在同时期的量词情况一致。名词和数词通过量词介绍结合的情况占多数，其中"名+数+量"的比率略高于"数+量+名"，陶书个体量词的语法化程度略高于南北朝同期文献平均水平。陶书动量词的使用频率和语法化程度均高于同期其他文献，语法结构以"V（+O）+数+量"为主，陶书动量词代表了同时代动量词发展的最高水平。这启示我们重新审视南北朝动量词发展与道教发展的关系，"修道指南"式道书的兴起很可能为动量词的产生发展提供了契机，对此期道书更大范围的检索分析有望收获更有说服力的证据。

　　关于判断句。陶弘景时代"是"字的系词身份转换已经完成，"是"字句占到全部肯定判断句的3/4，否定判断主要还是依赖"非"

字，未见"不是"的用例。我们修正了王力先生的观点，即利用系词"是"前的副词作为判断系词"是"成熟的标准，提出：当且仅当三类谓词性副词——时间副词、情状方式副词和程度副词出现在"是"之前的时候，系词"是"才可以说完全谓词化，而谓词化正是系词"是"成熟的重要标志。加上同样具有谓词化功能的助动词，这两类词语都能用来鉴别系词"是"的成熟程度。以修订后的标准来检验，系词"是"走向成熟的历程当始于汉末，盛于南北朝时期。具体到陶书来说，"是"字句的成熟表现有三：一是有较多谓词性副词能够修饰"是"。分别是5个时间副词：今、正、方、先、已；2个程度副词：多、最；12个情状方式副词：犹、似、止、若、兼、别、仍、如、特、直、脱、或。二是有5个助动词修饰系词"是"：当、应、恐、可、疑。三是宾语成分的复杂化。复杂的谓词宾语对应的语义往往是对某种情况的解释或说明。以谓词短语或谓词小句作宾语的"是"字句有187句（其中谓词小句57例），占全部"是"字句用例的1/5还多。石毓智（2005）提出，现代汉语的"是"字具有的焦点、强调和对比三种功能是系词"是"判断功能进一步语法化的结果。这种语法化的势头在陶书中即有表现，出现了"是"字作焦点标记、强调标记和连词的用例。说明在"是"字判断词用法臻于成熟的同时，又开始了新一轮的语法化。

  关于疑问句。受表达内容的影响，陶弘景三部道书中疑问句的分布并不均衡。《周氏冥通记》疑问句密度最高，《真诰》稍次，《登真隐诀》罕少疑问句。陶书疑问句一方面体现了对上古用法的继承，如特指疑问句的疑问词仍以"何"系词为主，兴起于汉魏之际的"云何""那""若"陶书都有用例；是非问句的句尾语气词"乎"仍占较高比例；选择问句仍承袭上古用法，使用"为"字作为标记词。另一方面也出现了此期新兴的语法现象，如正反问句的主要形式特征是句尾添加"不、否、未"，此期"不（否）"处在由否定副词向语气词过渡的初级阶段，多数情况下尚能够分析出明确的否定意义，语法化程度不高。值得注意的是陶书疑问句反映出的地域特点。具体来说有：①书中2例充当程度副词的"几"是现代汉语南方方言程度副词"几"的源头。②是非问句的句尾语气词除"乎"之外大量使用

"邪（耶）"，陶书"邪（耶）"的使用频率较高，接近《世说新语》，是"北魏三书"合计使用频率的好几倍。与"乎"的语气直率、传疑程度高、通语性的特点相比，"邪（耶）"表达语气委婉，说话者对自己提出的命题半信半疑，带有南方方言的地域色彩。另外，我们重点考察了陶书的6个疑问句话题标记，这6个标记的共时表现和历时演化均呈不均衡状态，语法化、主观化等级和语用标记度存在差异。在陶书这个封闭的语料系统中，"不审""未审"是专职表现"不确定"义的话语标记。这两个词后来在佛典中演绎了特殊的发展脉络："不审"的功能、词性发生了较大的改变，演变轨迹可以概括为：

　　短语→认知情态固定语→交互式话语标记→问候语标记→问候语→表"问候"的动词

　　"未审"填补"不审"留下的空白，成为盛极一时的话语标记。"不知"与疑问小句的结合开始得较早，虽不是专职话语标记，但使用频率高，后期发展势头强劲。"未知"曾经是"不知"的有益补充，但受其组成部分"未"字本义的影响，没有进一步语法化的条件。"未测"与"莫测"只在陶书中有表达语用功能的倾向，后期并无实质性发展。这说明"Neg + VP"式否定认知结构能否最终语法化为话语标记受到语体色彩、使用频率、语境等因素的影响，并且构造相同的结构组内部成员之间也会相互影响和竞争，这是语言内部聚合成分和组合成分系统性的反映。

　　关于祈使句。我们提出关注祈使句在操作指南语体这种类型化语境中的动态表现和特征，关注情态分布、句式特点和语用价值等要素与特定语体之间的适应关系。考察表明，陶书对话语体祈使句和指南语体祈使句之间表现出鲜明的语义句法差异：①肯否比例差异较大。指南语体祈使句的肯否比为8∶2，肯定形式占绝对优势；对话语体祈使句肯否比为5∶5，大致相当。②情态等级对比鲜明。就肯定祈使句而言，指南语体情态单一，以零形式和［义务］情态为主；对话语体情态等级丰富多样，［请求］占一半还多，［许可］［义务］和［必要］均有适量分布。否定祈使句的情况是，指南语体［告诫］义和［禁止］义平分秋色；对话语体［禁止］义占绝对多数（70.2%），

[告诫]和[劝免]义比例较小。③特定句式结构的运用。指南语体运用了"指令—动量式"和"指令—使役式"两种综合句式,前者解决"做多少"的问题,后者解决"做成什么样"的问题,语义表达倾向于[客观][准确],和对话语体[主观][简洁]风格相对立。两种语体祈使句在论元的"减价"特征和[+述人][+可控][+自主]动词的进入上有相通之处;句法上的差异和对立归根结底都能从两种语体的语用功能上得到解释,体现了语体对句法的塑造作用。

关于指南语体。本专题是上一章祈使句研究的延伸。我们提出,一个完整的操作指南篇章包括3个部分:操作条件(MC)、操作过程(MP)和操作效果(ME),以此为标准筛选出陶书的126个指南语篇为对象展开研究。篇章的核心部分操作过程(MP)包含多个祈使句,构成祈使句群,句群中句与句之间的语义关系具体来说有6种:并列、选择、对立、补充、顺接和层递。我们分析了陶书操作指南篇章的回指,动词有5种回指方式:同形回指、不完全同形回指、零形回指、泛义回指和代词回指。分析了这5种回指方式的表义特点和适用范围,其中同形回指表义最清楚,但最不经济;不完全同形回指既照顾到表义的明确性,又符合经济原则,适用范围较广;零形回指最经济,对上文的依赖性较强;泛义回指和代词回指是两种表义模糊,但概括性强的回指方式,一般用在篇章的结尾部分,起到总括的作用。名词的回指方式根据先行词位置的不同分为回指宾语和回指主语两种。附带还研究了位于指南语篇篇首起标引作用的"凡",数据表明,作主题标记的"凡"倾向于与指南语篇共现。

在言语风格上三部道书明显不同于陶弘景的其他文学作品。具体来说,三部道书语言的口语程度要高于陶的其他传世文献,特别是文学作品。作为南朝"多才多艺,学识广博"的杰出道教学者[1],陶弘景自身拥有极高的文学、艺术修养,10岁左右即能造文赋辞,15岁时创作的《寻山志》文辞优美,时人评价很高。《陶隐居集》保留了他创作的大量文学作品,如诗、赋、书、表、序、论、碑、铭等,这

---

[1] 参见王明《论陶弘景》,载中国社会科学院科研局组织编选《王明集》,中国社会科学出版社2007年版,第397页。

些作品语言清新雅致，风格自然圆融，作者运用骈体文写作的手段娴熟自如，堪称弄文高手。与他的文学作品相比，这三本道书除去玄言诗以外的语言面貌浅近平实，个别内容如《周氏冥通记》口语化程度胜过《世说新语》。这其中的原因首先与三本道书的内容有关。《真诰》和《周氏冥通记》以亲历者的口吻记叙了"仙降"的过程，整个过程中亲历者的所见所闻、真人的一言一行都采用纪实的笔法，叙述颇为生动。陶氏的随文校注重在剖滞释疑，文字平白易晓。《登真隐诀》主要内容是传授一些导引、仪轨、符咒的技巧，写作风格平实简明。其次与三本道书的语体形式有关。《真诰》和《周氏冥通记》在体裁上是宗教个体通灵体验的日志体实录，语体上多选择叙事语体和对话语体，如疑问句式的出现频率较高。《真诰》的部分卷篇和《登真隐诀》用大量的篇幅详细阐明了修行的一应事宜，包括选择修行地址，建筑修行静室，修炼的具体步骤、实施时间和禁忌，还有上章、制符、驱邪、念咒等，几乎达到了事无巨细又精确无比的地步，为道士个体修炼提供了详细可靠的"指南"，是一种"操作指南语体"。这些"操作指南语体"体现了简明准确的语体风格，具有注重实效等功能特点，语法上表现为大量使用量词、较少疑问句用例、祈使句情态等级单一等，在剔除韵文之后较适宜作为南朝后期口语文献资料。还有一个原因是受到阅读者知识水平的限制。虽然当时士大夫阶层也流行服食修道，但道书的阅读对象仍以职业道士为主。这类人靠驱魔禳灾谋食民间，以谋生为第一要务，他们的知识水平普遍不高，粗通文墨，更关注解厄疗疾的实用技术，一般无暇也无力修炼所谓的道术。考虑到读者群的实际情况，同时也考虑到本门宗派教义的弘扬与传承，陶弘景必须适当割舍典雅华丽的骈体文风格，尽量采用符合一般道众阅读水平的语言来造制与诠释相关的道书作品。

总的来说，陶弘景的三本道书语法特征大部分与同时期文献整体一致，个别语法现象如动量词的高频率使用和系词"是"的连词化功能扩展为同期文献所鲜见，体现了未来的发展趋势，反映了陶弘景道书局部语法特征超前的特点。三本道书的口语化程度整体上高于陶氏的文学作品，呈现出平实朴真的面貌，是中古汉语研究不可多得的珍贵语料。

在本文既有结论的基础上，我们对前文有所涉及但未及全面展开的两个问题提出自己的思考，对未来的研究作出展望。

一　语言的范畴化功能及其标记研究

人类是唯一具有从具象世界抽象出经验世界的物种，这种抽象的认知活动包括观察并总结事物的共同点、在实践活动中积累与客观世界互动的经验、把握表象背后潜藏的规律性、将纷繁的物质世界进行归类并形成概念等。这种认知的过程就是范畴化的过程，是人类基本的语言能力的重要部分。我们平时所说的"概念化"就是指范畴化的过程或能力，表现为人对世上万物的命名，内在的范畴化能力与外在的命名化过程即是概念产生的过程。概念的产生体现了人类的这种基本认知能力和语言能力，古人通过运用某种语言模式表达他们对客观世界和精神世界的分类，进而建构更为复杂的概念世界。这种语言模式应当为全部人类语言所共有，而且应当是一种解释和描述语言的元语言模式。我们的研究发现，"为"字判断句本质上是一种人类语言"范畴化"功能的表现形式，是一种具有"范畴化"功能的语言模型。这个语言模型及其反映认知过程的全部奥秘如图7.1所示。

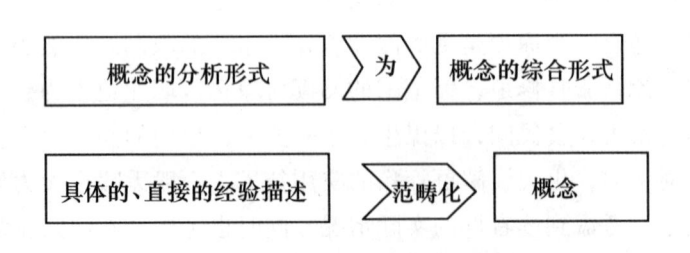

| 概念的分析形式 | 为 | 概念的综合形式 |

| 具体的、直接的经验描述 | 范畴化 | 概念 |

图7.1　"为"字判断句"范畴化"功能的语言模型

上图分为上下两个部分，上半部分是语言的形式表现，下半部分是认知的心理过程。也可以说，"为"字句反映了人类的抽象思维能力，通过对"为"字句前后项的分析，可以有效地识解人类的概念化过程。概念化过程无一例外都是从表象到本质，从经验到概念。通过我们对先秦"为"字句的调查，几乎都能验证我们的假设，即"为"字句的前项较长，是人类对经验世界的具体描述，后项较短，是经过提炼后命名的概念,非常整齐,罕有例外。南北朝时期"为"字判断句的发展表现为三个方面:主观性的增强;形式规律的突破;功能的扩展。"为"字判断句的发展是局部的、保留式的发展,这种发展一方面是和"是"字判断句竞争的结果,另一方面是受后者影响的结果。"为"字句的这一特性一直保留至现代汉语中,我们对CCL语料库(现代汉语)的几种概念构式进行了检索,其中"称之为"4422例,"称之是"4例;"命名为"1686条,"命名是"0条;"名之为"89条,"名之是"0条;"称其为"309例,"称其是"12例。上述数据表明经过了2000多年的发展,汉语使用者在进行范畴化思维时仍然选择范畴化模式"为"字句作为表达的基本句式。这促使我们思考以下问题:在纵向的汉语史层面,"为"字句各项功能的共存状态如何,其范畴化功能在历时层面的演变有哪些细节表现?汉语范畴化句式除了"为"字句以外,还有无其他语言手段?这些语言手段分布如何?在共时语言内部,这些范畴化手段之间的相互关系如何?既然"为"字句是范畴化手段之一,那么从这个角度反观"是"字句,"是"字句的概念本质如何归纳?这些都是值得我们深入思考的问题。

二 语体视野下的句法研究

长期以来,语体研究是修辞学的重要内容之一,语体研究重视的是"语境"和"篇章",语法研究者重视的是"小句"和"结构",二者泾渭分明,并无多少交集。20世纪80年代以来,汉语语法学者开始注意到不同语体的语言材料会影响语法研究的结论,朱德熙、廖秋忠和胡明扬等学者较早提倡在语法研究的框架内要重视语体因素。进入21世纪以后又有陶红印、张伯江、冯胜利、方梅等学者用力颇勤,成果颇丰。陶红印(1999)明确提出整合语体研究和语法研究,指出以语体为中心的语法研究应该是今后语言研究的基本出发点,希望语法研究者能够展开语体分类下的语法研究。

我们对祈使句的研究即是将语法研究纳入语体视野下的有益尝试。在检讨了以往祈使句研究的理论困境之后,提出祈使句的语体分类设想。具体实施过程中,我们对指南语体和对话语体下的祈使句句长、句式相关参数作了统计,数据显示,语体分类可以对一般意义上的祈使句实行有效的分化,并且语体需要是该句式分化的最大功能动因。我们关于本课题全部的研究都更多地强调语体视野下的语法研究,比如动量词蓬勃发展的动因也可以从语体背景上得到解释,祈使句的句群语义关系和操作语体的篇章结构及连贯性研究无不如此。我们对未来研究的设想大致包括:除了对话语体和指南语体之外,单就祈使句来说,有无其他的语体分布,如广告语体下的祈使句句法语义特征表现如何?如果在未来想走出一条语体研究和语法研究的整合之路,那么我们的研究必须从宏观层面上考虑与适用的理论结合,另一方面也要从微观层面入手,考察具体语言形式如句类、句式在语体视野下的分布表现。如此宏观和微观结合,方能将语体语法研究推向深入。

语料库参考书目

《论语译注》，中华书局 2009 年版。
《韩非子集解》钟哲点校本，中华书局 1998 年版。
《子夏易传》，中华书局 1991 年版。
《老子》四部要籍注疏丛刊影印本，中华书局 1998 年版。
《南华真经注疏》曹础基，黄兰发点校本，中华书局 1998 年版。
《墨子间诂》，上海书店 1986 年版。
《荀子集解》，中华书局 1988 年版。
《春秋左传注》，中华书局 2009 年版。
《六韬》徐玉清、王国民注译本，中州古籍出版社 2008 年版。
《吕氏春秋》，中华书局 1991 年版。
《史记》，中华书局 1959 年版。
《汉书》，中华书局 2000 年版。
《汉纪》张烈点校本，中华书局 2002 年版。
《汉武帝内传》钱熙祚校本，中华书局 1985 年版。
《列女传译注》张涛译注本，山东大学出版社 1990 年版。
《盐铁论校注》，中华书局 1992 年版。
《金匮玉函经》李顺保注本，学苑出版社 2005 年版。
《论衡校释》，北京师范大学出版社 1986 年版。
《搜神记》，中华书局 1985 年版。
《肘后备急方》王均宁校本，天津科学技术出版社 2011 年版。
《脉经（新校版）》张帆点校本，人民军医出版社 2005 年版。
《裴松之注三国志》邹德金整理，天津古籍出版社 2009 年版。

《世说新语校笺》，中华书局1984年版。
《道藏》，文物出版社等1988年版。
《太平经正读》，巴蜀书社2001年版。
《六度集经》蒲正信注本，巴蜀书社2012年版。
《全上古三代秦汉三国六朝文（五）》严可均校辑，上海古籍出版社2009年版。
《魏书》，中华书局2000年版。
《敦煌变文12种》，吴福祥《敦煌变文12种语法研究》附录，河南大学出版社2004年版。
《备急千金要方》鲁兆麟主校本，辽宁科学技术出版社1997年版。
《古尊宿语要》萧萐父、吕有祥点校本，中华书局1994年版。
《朱子语类》王星贤点校本，中华书局1986年版。
《景德传灯录译注》顾宏义译注本，上海书店出版社2010年版。
《五灯会元》苏渊雷点校本，中华书局1984年版。
《祖堂集校注》，商务印书馆2009年版。
《拍案惊奇》许建中校点本，中州古籍出版社1996年版。
《三宝太监西洋记通俗演义（二）》，上海古籍出版社1990年版。
《初级瑜伽经典教程》，中国妇女出版社2009年版。
《健美操实用技法解析》，中国商务出版社2008年版。
《生活小窍门1400例》，金盾出版社1991年版。
CCL语料库，北京大学中国语言学研究中心2009年（网址http：//ccl.pku.edu.cn：8080/ccl_corpus/index.jsp）。

参考文献

一 期刊论文

［日］大河内康宪：《量词的个体化功能》，《汉语学习》1988年第6期。

曾海清：《说"几"》，《贵阳金筑大学学报》2003年第3期。

曾毅平：《语言材料语体分化论析》，《福建师范大学学报（哲学社会科学版）》2008年第2期。

陈敏：《20世纪中国道教学研究1900—1949》，《江海学刊》1999年第4期。

陈昌来：《现代汉语介词的语用功能分析》，《广播电视大学学报（哲学社会科学版）》2005年第2期。

陈建裕：《〈世说新语〉中的判断句》，《平顶山师专学报》1996年第2期。

陈经卫：《谈〈洛阳伽蓝记〉中的"是"字用法》，《衡水学院学报》2008年第6期。

陈顺成：《疑问语气词"邪""耶"的历时考察》，《古汉语研究》2011年第4期。

储泽祥：《现代汉语的命名性处所词》，《中国语文》1997年第5期。

戴婉莹：《量词"个化"新议》，《汉语学习》1984年第1期。

董秀芳：《"是"的进一步语法化：由虚词到词内成分》，《当代语言学》2004年第1期。

董秀芳：《词汇化与话语标记的形成》，《世界汉语教学》2007年第

1 期。

董秀芳：《上古汉语议论语篇的结构与特点：兼论联系语篇结构分析虚词的功能》，《中国语文》2012 年第 4 期。

董志翘、王东：《中古汉语语法研究概述》，《南京师范大学文学院学报》2002 年第 2 期。

段业辉：《〈世说新语〉疑问句分析》，《南京师范大学学报（社会科学版）》1998 年第 3 期。

段业辉：《中古汉语助动词句法结构论》，《南京师范大学学报（社会科学版）》2002 年第 3 期。

范妍南：《魏晋六朝时期小说中的判断句》，《陕西教育学院学报》2003 年第 3 期。

方梅：《语体动因对句法的塑造》，《修辞学习》2007 年第 6 期。

方梅：《自然口语中弱化连词的话语标记功能》，《中国语文》2000 年第 5 期。

冯青：《〈齐民要术〉个体量词使用特点》，《昭通师范高等专科学校学报》2010 年第 6 期。

冯利华、徐望驾：《陶弘景〈真诰〉的语料价值》，《中国典籍与文化》2003 年第 3 期。

冯利华：《〈真诰〉版本考述》，《古籍整理研究学刊》2006 年第 4 期。

冯利华：《道书音注的语料价值》，《古籍整理研究学刊》2007 年第 9 期。

冯胜利：《古汉语判断句中的系词》，汪维辉译，《古汉语研究》2003 年第 1 期。

傅书灵、祝建军：《助动词"会"的起源新探》，《烟台大学学报（哲学社会科学版）》2004 年第 3 期。

高育花：《中古汉语副词语义指向分析》，《古汉语研究》2001 年第 2 期。

葛兆光：《中国（大陆）宗教史研究的百年回顾》，《二十一世纪》1999 年第 1 期。

郭广敬：《古汉语中的"不亦……乎？"句式分析》，《信阳师范学院学报（哲学社会科学版）》1985年第2期。

郭作飞：《百年中古近代汉语专书词汇研究述略》，《前沿》2011年第4、6期。

何亚南、张爱丽：《中古汉语疑问句中为字的词性及来源》，《南京师范大学学报（社会科学版）》2004年第6期。

何亚南：《试论有判断词句产生的原因及发展的层级性——兼论判断词成熟的鉴别标准》，《古汉语研究》2004年第3期。

贺敬华、刘金虎：《古代汉语的判断句》，《大庆师范学院学报》2005年第1期。

洪波：《先秦判断句的几个问题》，《南开学报》2000年第5期。

黄盛璋：《两汉时代的量词》，《中国语文》1961年第8期。

江蓝生：《禁止词"别"考源》，《语言研究》1991年第1期。

姜生：《论道教与科学》，《自然辩证法通讯》2003年第5期。

姜炜、石毓智：《"什么"的否定功用》，《语言科学》2008年第3期。

解文超、崔红艳：《〈六韬〉真伪考》，《青海大学学报（哲学社会科学版）》2005年第2期。

金颖：《禁止性否定副词"勿"的历史演变》，《龙岩学院学报》2006年第1期。

金颖：《试论动量词"过"的产生发展及其相关问题》，《古汉语研究》2006年第1期。

孔令宏：《道、学、术·道教史研究的新视角》，《文史哲》2006年第3期。

兰碧仙：《从出土战国文献看"不"与"未"的异同》，《中国石油大学学报（社会科学版）》2011年第6期。

雷冬平：《古汉语判断句"为"、"是"连用补说》，《汉字文化》2011年第3期。

黎洁琼：《近三十年中古汉语量词研究述评》，《中南大学学报（社会科学版）》2010年第5期。

李焱、孟繁杰：《禁止副词"别"来源再考》，《古汉语研究》2007年第1期。

李建平、张显成：《从简帛文献看汉语量词系统建立的时代》，《古籍整理研究学刊》2011年第1期。

李建平、张显成：《泛指性量词"枚/个"的兴替及其动因——以出土文献为新材料》，《古汉语研究》2009年第4期。

李建平、张显成：《先秦两汉魏晋简帛量词析论》，《中华文化论坛》2009年第4期。

李思明：《〈敦煌变文集〉中的量词》，《安庆师范学院学报（社会科学版）》1983年第1期。

李熙宗：《关于语体的定义问题》，《复旦学报（社会科学版）》2005年第3期。

李小平：《〈齐民要术〉中的量词及其特点》，《广西社会科学》2006年第9期。

廖秋忠：《篇章与语用和句法研究》，《语言教学与研究》1994年第4期。

林涛：《〈左传〉序数考》，《广西大学学报（哲学社会科学版）》1984年第1期。

刘光明：《〈水经注〉"是"字判断句考察》，《池州学院学报》2010年第1期。

刘光明：《论〈颜氏家训〉的"是"字判断句》，《湛江海洋大学学报》2004年第5期。

刘红妮：《〈搜神记〉与〈世说新语〉疑问句语气助词初探》，《玉溪师范学院学报》2006年第2期。

刘开骅：《试论中古汉语疑问代词宾语的句法位置》，《南京师范大学文学院学报》2005年第1期。

刘开骅：《中古汉语VP–neg式疑问句句末否定词的虚化问题》，《南京师范大学文学院学报》2006年第4期。

刘开骅：《中古新生疑问代词"如"、"若"、"若为"及其来源》，《浙江师范大学学报（社会科学版）》2006年第1期。

刘丽艳：《话语标记"你知道"》，《中国语文》2006年第5期。

刘林鹰：《〈晏子〉三例"是也"答句之"是"的系词性——兼论系词"是"在先秦的俗口性》，《文史博览（理论）》2012年第4期。

刘祖国：《试论道经语言学》，《船山学刊》2010年第3期。

柳士镇：《试论中古语法的历史地位》，《南京大学学报（哲学·人文科学·社会科学版）》2001年第5期。

柳士镇：《萧统〈令旨解二谛义〉中的选择问句》，《古汉语研究》2002年第4期。

卢烈红：《古汉语判断句中"为"、"是"的连用》，《中国语文》2008年第6期。

卢烈红：《魏晋以后疑问代词"云何"的发展与衰亡》，《长江学术》2008年第4期。

陆俭明：《构式语法理论的价值与局限》，《南京师范大学文学院学报》2008年第1期。

孟繁杰、李如龙：《量词"片"的语法化》，《语言研究》2011年第3期。

孟繁杰：《量词"条"的产生及其历史演变》，《宁夏大学学报（人文社会科学版）》2009年第1期。

彭利贞、刘翼斌：《论"应该"的两种情态与体的同现限制》，《语言教学与研究》2007年第6期。

亓文香：《从〈世说新语〉〈搜神记〉等看魏晋南北朝物量表示法》，《上饶师范学院学报》2006年第2期。

庆泽彭：《苏联学者塔瓦涅茨论判断的组成与特点》，《学术月刊》1958年第3期。

屈承熹：《汉语副词的篇章功能》，《语言教学与研究》1991年第2期。

冉永平：《话语标记语的语用学研究综述》，《外语研究》2000年第4期。

沈家煊：《语言的"主观性"和"主观化"》，《外语教学与研究（外国语文双月刊）》2001年第4期。

石锓：《论疑问词"何"的功能渗透》，《古汉语研究》1997年第4期。

石毓智：《论焦点、判断、强调与对比之关系——"是"的语法功能和使用条件》，《语言研究》2005年第4期。

石毓智：《判断词"是"构成连词的概念基础》，《汉语学习》2005年第5期。

陶红印：《操作语体中动词论元结构的实现及语用原则》，《中国语文》2007年第1期。

陶红印：《从语音、语法和话语特征看"知道"格式在谈话中的演化》，《中国语文》2003年第4期。

陶红印：《试论语体分类的语法学意义》，《当代语言学》1999年第3期。

万献初：《汉语量词分类系源》，《咸宁师专学报》2000年第4期。

汪维辉：《六世纪汉语词汇的南北差异——以〈齐民要术〉与〈周氏冥通记〉为例》，《中国语文》2007年第2期。

汪维辉：《系词"是"发展成熟的时代》，《中国语文》1998年第2期。

王青：《〈汉武帝内传〉研究》，《文献》1998年第1期。

王保国：《语句、判断和命题辨析》，《东疆学刊》2007年第1期。

王云路、楚艳芳：《中古汉语语法研究综述》，《古汉语研究》2010年第3期。

魏世民：《南朝梁七部小说成书年代考》，《衡阳师范学院学报（社会科学版）》2003年第1期。

魏兆惠、华学诚：《量词"通"的历史发展》，《汉语学报》2008年第1期。

夏先忠、俞理明：《〈真诰〉用韵年代研究》，《湖北民族学院学报（哲学社会科学版）》2012年第3期。

夏先忠、俞理明：《从陶弘景诗文用韵看〈登真隐诀〉作者及成书年代》，《古籍整理研究学刊》2012年第4期。

熊迎辉：《〈齐民要术〉中的副词"凡"》，《井冈山学院学报（哲学社会科学版）》2008年第7期。

杨同用、谢淑芬：《现代汉语的位序词语与时间表达模型》，《语文研究》2005年第3期。

杨永龙：《论〈祖堂集〉中以"不、否、无、摩"收尾的问句》，《中山大学学报》1985年第4期。

杨子路：《从修行方法互补性看魏晋南北朝佛道双修现象》，《法音》2009 年第 5 期。

姚占龙：《"说、想、看"的主观化及其诱因》，《语言教学与研究》2008 年第 5 期。

于惠棠：《论辩证逻辑的判断分类》，《山东大学学报（哲学社会科学版）》1988 年第 1 期。

俞理明：《汉魏六朝的疑问代词"那"及其他》，《古汉语研究》1989 年第 3 期。

张华：《〈左传〉否定词"非"研究》，《佛山科学技术学院学报（社会科学版）》2007 年第 5 期。

张大群：《主位研究述评》，《现代外语》2009 年第 3 期。

张和友：《聚焦式"是"字句的句法、语义特点》，《语言教学与研究》2006 年第 1 期。

张闻玉：《试论何·何有·何 P 之有》，《贵州大学学报》1992 年第 2 期。

张延成：《中古汉语表序法》，《长江学术》2009 年第 4 期。

张谊生：《副词的篇章连接功能》，《语言研究》1996 年第 1 期。

赵益：《〈真诰〉与唐诗》，《中华文史论丛》2007 年第 2 期。

周娟：《动量词"番、通、气"的语义差异及其历时解释》，《宁夏大学学报（人文社会科学版）》2010 年第 7 期。

周国光：《概念体系和词汇体系》，《安徽师范大学学报（哲学社会科学版）》1986 年第 1 期。

周国正：《"是"的真正身份——论述记号——"是"的句法、语义、语用功能的综合诠释》，《语文研究》2008 年第 2 期。

朱德熙：《自指和转指——汉语名词化标记"的"、"者"、"所"、"之"的语法功能和语义功能》，《方言》1983 年第 1 期。

朱维德：《"草具"、"晨炊蓐食"及"一旦不能有输来其间……"注译商兑》，《武汉教育学院学报》1995 年第 4 期。

朱永生、苗兴伟：《语用预设的语篇功能》，《外国语》2000 年第 3 期。

二 专著

［法］安娜·塞德尔：《西方道教研究史》，蒋见元、刘凌译，上海古籍出版社 2000 年版。

［法］索安：《西方道教研究编年史》，吕鹏志、陈平等译，中华书局 2002 年版。

［美］Adele E. Goldberg：《构式：论元结构的构式语法研究》，吴海波译，冯奇审订，北京大学出版社 2007 年版。

［美］鲍尔·J. 霍伯尔、伊丽莎白·克劳丝·特拉格特：《语法化学说》，梁银峰译，复旦大学出版社 2008 年版。

［美］卫真道：《篇章语言学》，徐赳赳译，中国社会科学出版社 2002 年版。

［英］伯纳德·科姆里：《语言共性和语言类型（第二版）》，沈家煊、罗天华译，陆丙甫校，北京大学出版社 2010 年版。

［日］太田辰夫：《中国语历史文法》，蒋绍愚、徐昌华译，北京大学出版社 2003 年版。

（宋）张君房：《云笈七签》，李永晟点校，中华书局 2003 年版。

（元）戴侗：《六书故》，上海社会科学院出版社 2006 年版。

蔡林波：《神药之殇：道教丹术转型的文化阐释》，巴蜀书社 2008 年版。

曹广顺、遇笑容：《中古汉语语法史研究》，巴蜀书社 2006 年版。

陈平：《现代语言学研究——理论·方法与事实》，重庆出版社 1991 年版。

陈振宇：《疑问系统的认知模型与运算》，学林出版社 2010 年版。

程乐松：《即神即心——真人之诰与陶弘景的信仰世界》，中国人民大学出版社 2010 年版。

董秀芳：《词汇化：汉语双音词的衍生和发展》，商务印书馆 2011 年版。

冯利华：《中古道书语言研究》，巴蜀书社 2010 年版。

冯胜利：《汉语的韵律、词法与句法》，北京大学出版社 1997 年版。

高育花：《中古汉语副词研究》，黄山书社 2007 年版。

郭纯洁：《项位语法概论》，南京大学出版社 2011 年版。

何伟、高文生：《功能句法研究》，外语教学与研究出版社 2011 年版。

何乐士：《〈史记〉语法特点研究》，商务印书馆 2007 年版。

何乐士：《〈左传〉虚词研究》，商务印书馆 2004 年版。

何亚南：《〈三国志〉和裴注句法专题研究》，南京师范大学出版社 2004 年版。

洪波：《汉语历史语法研究》，商务印书馆 2010 年版。

黄珊：《〈荀子〉虚词研究》，河南大学出版社 2005 年版。

蒋绍愚、曹广顺：《近代汉语语法史研究综述》，商务印书馆 2005 年版。

李葆嘉：《语义语法学导论》，中华书局 2007 年版。

李明晓：《战国楚简语法研究》，武汉大学出版社 2010 年版。

李宇凤：《现代汉语偏向问研究》，巴蜀书社 2010 年版。

廖秋忠：《廖秋忠文集》，北京语言学院出版社 1992 年版。

刘世儒：《魏晋南北朝量词研究》，中华书局 1965 年版。

刘永霞：《茅山宗师陶弘景的道与术》，社会科学文献出版社 2010 年版。

刘月华：《实用现代汉语语法》，商务印书馆 2001 年版。

柳士镇：《魏晋南北朝历史语法》，南京大学出版社 1992 年版。

卢植：《认知与语言——认知语言学引论》，上海外语教育出版社 2006 年版。

卢烈红：《〈古尊宿语要〉代词助词研究》，武汉大学出版社 1998 年版。

吕叔湘：《中国文法要略》，商务印书馆 1982 年版。

马建忠：《马氏文通》，商务印书馆 1983 年版。

潘允中：《汉语语法史概要》，中州书画社 1982 年版。

彭利贞：《现代汉语情态研究》，中国社会科学出版社 2007 年版。

齐沪扬：《语气词与语气系统》，安徽教育出版社 2002 年版。

钱敏汝：《篇章语用学概论》，外语教学与研究出版社 2001 年版。

任继愈：《道藏提要》，中国社会科学出版社 1991 年版。

邵敬敏：《现代汉语疑问句研究》，华东师范大学出版社1996年版。
沈家煊等主编：《语法化与语法研究3》，商务印书馆2007年版。
汪维辉：《汉语词汇史新探》，上海人民出版社2007年版。
王卡：《道教经史论丛》，巴蜀书社2007年版。
王力：《汉语史稿》，科学出版社1958年版。
王力：《汉语语法史》，商务印书馆1989年版。
王力：《龙虫并雕斋文集》，中华书局1980年版。
王力：《中国现代语法》，商务印书馆1985年版。
王家葵：《陶弘景丛考》，齐鲁书社2003年版。
王京州：《陶弘景集校注》，上海古籍出版社2009年版。
吴福祥：《汉语主观性与主观化研究》，商务印书馆2011年版。
席建国：《英汉语用标记语意义和功能认知研究》，浙江大学出版社2009年版。
肖娅曼：《汉语系词"是"的来源与成因研究》，巴蜀书社2006年版。
萧红：《〈洛阳伽蓝记〉句法研究》，中国社会科学出版社2008年版。
萧泰芳等：《〈古代汉语〉注释商榷》，山西古籍出版社1999年版。
徐晶凝：《现代汉语话语情态研究》，昆仑出版社2008年版。
徐赳赳：《现代汉语篇章回指研究》，中国社会科学出版社2003年版。
徐赳赳：《现代汉语篇章语言学》，商务印书馆2010年版。
许余龙：《对比语言学》，上海外语教育出版社2010年版。
杨伯峻：《文言虚词》，中华书局1965年版。
叶建军：《〈祖堂集〉疑问句研究》，中华书局2010年版。
袁宾：《禅宗著作词语汇释》，江苏古籍出版社1990年版。
袁晖、李熙宗：《汉语语体概论》，商务印书馆2005年版。
袁毓林：《现代汉语祈使句研究》，北京大学出版社1993年版。
袁毓林：《朱德熙选集》，东北师范大学出版社2001年版。
张赪：《汉语语序的历史发展》，北京语言大学出版社2010年版。
张军：《汉藏语系语言判断句研究》，中央民族大学出版社2005年版。

张伯江、方梅：《汉语功能语法研究》，江西教育出版社1996年版。

张国宪：《现代汉语形容词功能与认知研究》，商务印书馆2006年版。

张舜徽：《说文约注（上）》，中州书画社1983年版。

张维鼎：《意义与认知范畴化》，四川大学出版社2007年版。

赵微：《指令行为与汉语祈使句研究》，上海社会科学院出版社2010年版。

赵毅、钱为钢：《言语交际学》，生活·读书·新知三联书店2003年版。

钟国发：《陶弘景评传》，南京大学出版社2005年版。

朱德熙：《语法讲义》，商务印书馆1982年版。

朱越利：《真诰校注》，中国社会科学出版社2006年版。

三　专著中析出的文献

［法］贝罗贝：《上古、中古汉语量词的历时发展》，载北京大学中文系《语言学论丛》编委会《语言学论丛（第21辑）》，商务印书馆1998年版。

洪波：《建国以来古汉语语法研究的反思和创新》，载袁晓园《中国语言学发展方向》，光明日报出版社1989年版。

李明：《两汉时期的助动词系统》，载北京大学中文系语言学论丛编委会《语言学论丛（第25辑）》，商务印书馆2002年版。

马庆株：《数词、量词的语义成分和数量结构的语法特征》，载马庆株《忧乐斋文存——马庆株自选集》，南开大学出版社2004年版。

卿希泰：《百年来道教研究的回顾与展望》，载曹中建《中国宗教研究年鉴（2001—2002）》，宗教文化出版社2003年版。

谭景春：《使令动词和使令句》，载中国语文杂志社《语法研究与探索（七）》，商务印书馆1995年版。

王卡：《道教研究》，载卓新平《中国宗教学30年：1978—2008》，中国社会科学出版社2008年版。

王明：《论陶弘景》，载中国社会科学院科研局《王明集》，中国社会科学出版社2007年版。

王一平：《从 HSK（初、中等）主考手册的"指令"看——汉语使役言语行为语篇的话语结构和语用表现》，载朱永生等《复旦汉学论丛（第6辑）》，复旦大学出版社2008年版。

邢志群：《汉语量词的语义和结构演变及语法化》，载吴福祥、崔希亮《语法化与语法研究（四）》，商务印书馆2007年版。

邢福义：《小句中枢说》，载邢福义《邢福义学术论著选》，华中师范大学出版社2003年版。

朱景松：《陈述、指称和汉语词理论》，载中国语文杂志社《语法研究和探索（八）》，商务印书馆1997年版。

四 学位论文

解植永：《中古汉语判断句研究》，博士学位论文，四川大学，2007年。

李宗澈：《〈史记〉量词研究》，博士学位论文，复旦大学，2004年。

万曼璐：《〈华阳国志〉的文献和语法研究》，博士学位论文，复旦大学，2011年。

汪祎：《中古佛典量词研究》，博士学位论文，南京师范大学，2008年。

叶贵良：《敦煌道经词汇研究》，博士学位论文，浙江大学，2004年。

后　　记

　　我常常在想，与我有着相似履历的人应该有这样一个标签——"最后的中专生"。互联网上有人加上了这样的形容词"被遗忘的"和"被捉弄的"，多少人的生命轨迹在这里拐了一个弯，其中蕴蓄着多少不甘，多少不堪。1996年中师毕业，应父之命回到名叫马良的故乡小镇，开始了长达十年的基层教书生涯。有悔？无悔？相对于十年青春都显得太过单薄。结婚生子后，带着模糊的梦想和对未来不甚清晰的方向在斗室里捧起课本。2005年春负笈武汉修读外语本科，2007年9月考取武汉大学文学院汉语言文字学硕士研究生，2009年毕业遭遇就业难，于是再战考取博士，2013年博士毕业，距离当时出发已经整整过去了8年。

　　感慨时代弄人、造化弄人是简单的，但我仍然认为，生在这个时代，无疑是幸运的，当初走出小镇的我怀着极大勇气，两手空空，唯有"天道酬勤"的单纯信念。一路行来，开启了第二段由我选择的人生路，就此改变了可能终老小镇的人生轨迹。虽然大学教师依然清贫，但我很知足，也非常感恩。

　　《陶弘景道书语法研究》书稿是在笔者博士论文的基础上修订而成的。现在论文即将付梓出版，首先要感谢恩师萧红老师对我多年的关怀和指导！

　　2006年春为研究生入学考试二战作准备，我去旁听了几门本科专业课，其中就有萧师的古代汉语。记得那是在老理学楼的大阶梯教室，坐在后排望过去，讲台上的老师温润超然。次年九月有幸忝列门墙，亲炙教泽。从硕士到博士，从学习到生活都从老师那里受益良多，老师言谈间爽朗的真性情，敏锐的洞察力每每令我折服。在恩师的点拨下得以粗辨学术门径，暂窥汉语语法研究之堂奥。愚钝如我，但凡在学术上有一点所得的话，都要归功于恩师对我的不离不弃。

博士论文的写作最初框定写中古道经语法，在萧师的指导下梳理了道经语言研究的既有成果，在此基础上选择了南北朝道教名人陶弘景存世14部著作语法研究，后来感觉语料过于繁杂，缩减为三部经书《真诰》《周氏冥通记》和《登真隐诀》的语法研究，文本总计21万字，8516句。2012年春夏之交开始整理语料，确立框架，然后动笔。每个月都是上旬围绕某一个语法专题搜集阅读已有的文献，结合语料特点从中搜寻着手之处，中下旬则挥发铺演。自进入状态后，保持着一月一章的进程，在萧师的指导下，书稿在次年春顺利完成。博士毕业后我入职湖北工程学院研究传统文化，因此有三年多的时间中断了语言研究，后来经过努力调整到文学与新闻传播学院，方得以从事汉语教学与研究工作。此时的我已入不惑之年，不禁有岁月蹉跎，论学情怯之感！

感谢求学以来给予我帮助和支持的老师和朋友，他们是卢烈红老师、赵世举老师、万献初老师、骆瑞鹤老师、熊桂芬老师、张延成老师、肖圣中老师、阮桂君老师、陈海波老师、陈练文老师、王统尚老师、王玥雯老师、袁卫华师姐、许艳平师姐、李书超师兄、黄雪晴同学、杨欣烨同学、屠爱萍同学、徐英同学、杜文涛同学、陈云豪同学、黄修志同学和邓娟同学。论文评审和答辩过程中，曾得到柳士镇教授、孙玉文教授、李崇兴教授、汪国胜教授、萧国政教授的指导，在此一并表示由衷的感谢。

感谢我的家人。爱人贺海波和我一同考取硕士研究生，先后考取博士研究生，一路风雨兼程，但我们携手同行。女儿贺雅图更是在我们读书后换了2所幼儿园，4所小学，一度成为农村留守儿童，过早地品尝了人生的各种况味，她在2018年高考以675分的高分考入北京大学，成为我们一家新的骄傲。我的母亲、叔叔婶婶、公婆等亲人也在我们求学的过程中付出了劳动和关心，充当了我们坚实的后盾。尤其要感谢我远在天国的父亲，在给了我生命的同时还以他的坚韧、乐观、勤劳、幽默给我极大影响，他教语文，写地方志的经历也间接促成我走上研究语言的道路。遗憾的是他英年早逝,未能看到我们读研读博,每念及此,不禁潸然泪下。

　　本成果的出版得益于湖北省社科基金项目的支持,得益于湖北省教育厅人文社会科学研究青年项目的支持,得益于工作单位湖北工程学院相关领导对教学科研的重视。同时感谢社会科学出版社吴丽平老师的大力支持。由于学识有限,本书肯定存在这样或那样的疏漏与失误。比如对陶书的整体语言面貌把握得仍不够全面,一些语法专题未加开掘。有些地方文字不够洗练,仍需进一步斟酌。

　　宋人张载《咏芭蕉》诗云:"芭蕉心尽展新枝,新卷新心暗已随。愿学新心养新德,长随新叶起新枝。"这首极富哲理的小诗深情地赞美了不断涵养积累,吸取养分,获取新知的创新精神,体现了学者常新的道德性情。我愿以此作为终身借鉴,在学术追求的道路上克服怠惰和功利心态,发扬蹈厉,奋勇追求,永不停息!

袁　媛

2019 年 4 月 30 日